NUEVOS MUNDOS

LECTURA,
CULTURA
Y COMUNICACIÓN

CURSO DE ESPAÑOL PARA
ESTUDIANTES BILINGÜES

NUEVOS MUNDOS

LECTURA,
CULTURA
Y COMUNICACIÓN

CURSO DE ESPAÑOL PARA
ESTUDIANTES BILINGÜES

ANA ROCA

Florida International University

con la contribución de

HELENA ALONSO
Maritime and Science Technology (MAST) Academy

ELOY E. MERINO
Dickinson College

JOHN WILEY & SONS, INC.
New York   Chichester   Weinheim   Brisbane   Singapore   Toronto

ACQUISITIONS EDITOR Lynn McLean
MARKETING MANAGER Carlise Paulson
SENIOR PRODUCTION EDITOR Christine Cervoni
TEXT DESIGNER Joan O'Connor
PHOTO EDITOR Hilary Newman
PHOTO RESEARCHER Ramon Rivera Moret
ILLUSTRATION EDITOR Anna Melhorn
COVER DESIGNER Dawn L. Stanley
COVER ART Jamie Colson (1901–1975), *Merengue*, 1938, óleo sobre cartón. Photo courtesy Museo Bellaport, Santo Domingo, República Dominicana. Reproduced with permission.

This book was set in New Baskerville by UG and printed and bound by Donnelley/Willard. The cover was printed by Phoenix Color Corp. ∞

This book is printed on acid-free paper.

Library of Congress Cataloging in Publication Data:
Roca, Ana.
    Nuevos mundos : lectura, cultura y comunicación : curso de español
para estudiantes bilingües / Ana Roca; con la contribución de
Helena Alonso, Eloy E. Merino.
    p. cm
    Includes index.
    ISBN 0-471-19205-8 (pbk. : alk. paper)
    1. Spanish language—Readers. 2. Spanish language—Textbooks for
Spanish speakers. I. Alonso, Helena. II. Merino, Eloy E.
III. Title.
PC 4117.R562 1999
468.6—dc21   98-38407
                                                                CIP

Printed in the United States of America

10 9 8 7 6 5 4 3 2 1

To the Instructor

$\mathcal{N}$*uevos mundos: lectura, cultura y comunicación* is designed primarily for Hispanic bilingual students whose home language is Spanish but whose dominant and school language is English. Depending on the abilities of the students, it can be used in intermediate or advanced courses. Its emphasis on reading and communication skills makes the text—with minor adaptations—suitable for high-intermediate to advanced courses for non-native speakers.

Nuevos mundos uses the cultures and voices of the major Hispanic groups in the United States, as well as those of Latin America and Spain, to familiarize students with a variety of issues and topics which are sometimes controversial and always thought-provoking.

Nuevos mundos contains eight units or chapters that are structured thematically. A selection of high-interest topics is presented vis-à-vis literary, cultural, and journalistic readings, thus providing contact with a variety of narrative styles, voices, registers, and genres. The first four chapters revolve around the major Hispanic groups in the United States: Mexican Americans, Puerto Ricans, and Cubans. Other Hispanic voices are also represented through the inclusion of selected authors from Spain and Latin America. The final four chapters of the book are: *La herencia multicultural de España*; *Los derechos humanos*; *La mujer y la cultura*; and *Nuevos mundos del futuro*.

The text can be covered in either one or two semesters. Instructors who use the book in a single-semester course will necessarily pick and choose from the reading selections and topics that most suit their interests and those of their students. Teachers who emphasize more formal oral presentations, individual and group projects which require some research, and the optional assignments suggested in each chapter will find that there is room for creativity, as well as ample material and ideas for use over two semesters. A workbook designed for Hispanic bilingual students is also available. It provides a variety of straightforward exercises in spelling and selected grammar, as well as language-related practice dealing with false cognates, anglicisms, idiomatic expressions, proverbs, and other vocabulary topics.

Each chapter of *Nuevos mundos* contains a brief "warm up," *Para entrar en onda*, followed by five sections: *Conversación y cultura, Lectura, Mundos hispanos, El arte de ser bilingüe,* and *Unos pasos más: fuentes y recursos. Conversación y cultura* is a short, easy-to-understand essay which introduces the chapter theme and offers some activities for class conversation and small group work. The *Lectura* section presents students with a selection of readings including poetry, short stories, selections from novels, autobiographies and biographies, and journalistic pieces. *Mundos hispanos* is a short section about a particular person or a topic of interest related to the reading selections or the chapter theme. *El arte de ser bilingüe* provides an extended activity which requires that students use their communication skills, either orally, in writing, or both. Sample activities include writing a short autobiographical composition, translating a short narrative, role-playing, writing an editorial for a newspaper, preparing a resumé, and preparing for a job interview.

Finally, *Unos pasos más* should be thought of as a brief resource section providing a starting point for further full-class, small group, or individual activities which may be given as supplementary or extra-credit assignments and practice. This section provides projects based on film reviewing and interpretation, out-of-class readings, library research, community involvement (conducting interviews in Spanish, for example), reporting, and exploration and research through Web sites easily found via links in the *Nuevos mundos* home page (http://www.wiley.com/college/nuevosmundos). The text also offers useful appendices. These include maps, a list of dictionaries, cultural and media resources (films, video, slides, recordings), and useful Web sites in Spanish and English.

It is my hope that instructors will be creative and flexible in using this text, and incorporate a variety of pedagogical strategies and techniques. There are several models or approaches which I think go well with these materials. Among these: 1) content-based language instruction, also known as integrated language instruction; 2) theme-based approach (sections evolve around carefully-selected topics which should be interesting and relevant to the target audience); and 3) language across the curriculum, since an effort has been made to include subject matter which directly relates to other fields of study, such as political science, history, feminism, anthropology, communications, computer science, and literature.

Cooperative learning, involving group work and interpersonal communication skills, sharing information and working as a team, is an integral part of the text. Strategies which emphasize meaningful communication (for example, exchange of information, explaining and defending opinions, debating a point or a position, defending one's stance on an issue in a formal or informal context, writing reading-response journal entries, etc.) would be worth experimenting with in multiple ways.

In the last decade we have seen a proliferation of articles and books on theories, approaches, strategies, and techniques, mostly aimed at the second-language learner. And while we have also made significant progress with regard to teaching Spanish as a heritage language, we still have much to explore both as classroom practitioners and researchers in bilingual literacy development.[1] It is my sincere wish that you find this textbook useful and enjoyable as a starting point from which your students can learn about their cultural and literary heritage, while expanding their bilingual range and their interest in the Spanish language itself.

Ana Roca
Department of Modern Languages
Florida International University
Miami, Florida 33199

---

[1]For recommended readings on teaching Spanish to bilingual students, see Apéndice D.

To the Student

Welcome to *Nuevos mundos*, where to read is to enter new worlds, and where Spanish is your visa.

If you learned to speak Spanish at home—perhaps because that was the only language you could use to communicate with your grandparents, or perhaps because your parents insisted on speaking to you in Spanish (just as you may have sometimes insisted on responding to them in English)—then this might be among the first formal courses that you will take in Spanish. Or perhaps you and your family immigrated to the United States, and Spanish is your mother tongue. Indeed, some of your schooling may have been in Spanish when you were young and you want to brush up on the skills you learned in grade school. In any of these cases, while you probably understand and speak Spanish, your academic skills in this language did not have an opportunity to develop on a par with your academic skills in English.

Your class, if it is like many Spanish for native speakers classes, consists of students with a wide range of language abilities and life experiences. You and your classmates may also have the idea that certain types of Spanish are somehow "better" than others, or that you don't really know how to speak Spanish because you sometimes mix English words into your own speech. Well, this is simply untrue. Linguists, the scientists who study language, will tell you that all languages are created equal, and that the mixing of languages has likely taken place since human beings first began speaking them.

Whether you are a Hispanic bilingual student or an advanced non-native speaker of Spanish, this text is designed to provide you with opportunities to develop your academic and communicative skills. In one-toone conversations with peers, in small discussion groups, as well as interacting with your instructor and with the entire class, you will practice using and building upon your interpersonal language skills. You will also practice writing, as well as prepare for and present formal class presentations in Spanish. Finally, you will discuss films, literature, ideas, and current events and issues, so that you can convey and defend your point of view, perhaps even win more than an argument or two in Spanish. This exposure to and practice with more formal registers of Spanish will give you new abilities and confidence with the language, honing a very marketable skill which may come in handy in your chosen career or profession.

Building and maintaining such mastery takes time and study—indeed, it is a lifelong task. As a bilingual speaker, you should congratulate yourself on how far you have already come. The purpose of expanding your bilingual repertoire and cultural horizons is to help you to communicate more effectively and with more confidence with others—be they from Spain, Latin America, or the United States. I hope that this text will help you to do just that, and that you enjoy your journey into new worlds through literature, culture, films, discussion, and an exploration of the vast territories of the Spanish-language Internet. I hope, too, that it will encourage you to explore and observe other corners or your own community, and perhaps to see your own world in a different light.

Acknowledgments

The work of the following scholars has been a beacon for me as I developed the ideas about bilingualism, pedagogy, and heritage language learners that guided me in writing this text: Guadalupe Valdés, Stephen Krashen, Richard V. Teschner, Frances Aparicio, and John M. Lipski.

I am particularly grateful to the colleagues and friends who gave me advice and offered their ideas at various stages of this book's development: Cecilia Colombi, Isabel Campoy, Librada Hernández, Sandy Guadano, Lucía Caycedo Garner, Claire Martin, María Carreira, Nora Erro-Peralta, Margaret Haun, Reinaldo Sánchez, and Isabel Castellanos. I must also thank my students at Florida International University, who provided me without fail with a realistic gauge to register interest level in the many topics and readings I considered for inclusion in this text.

I am delighted to have had the opportunity to work with the eminently professional and capable staff at John Wiley and Sons: my editor, Lyn McLean, assistant editor Valerie Dumova, photo editor Hilary Newman, photo researcher Ramón Rivera Moret, Karin Holms and the staff in the permissions department, senior production editor Christine Cervoni, copy editor Luz Garcés-Galante, and last, but by no means least, developmental editor Madela Ezcurra, whose dedication, creativity, and eye for detail were invaluable.

I am indebted also to my former graduate assistant, Eloy E. Merino, for his contributions and his assistance with most of the preliminary version of the manuscript. My most heartfelt gratitude goes to Helena Alonso, not only for her work on the text, but for serving as my sounding board and rock of Gibraltar throughout the book's development.

I would also like to express my sincere thanks to the the following colleagues who served as anonymous reviewers, offering valuable and constructive suggestions which I have tried to incorporate in the final version: Gabriel Blanco, *La Salle University*; Maria Cecilia Colombi, *University of California at Davis*; María C. Dominicis, *St. John's University*; Nora Erro-Peralta, *Florida Atlantic University*; Barbara Gonzalez Pino, *University of Texas at San Antonio*; Librada Hernández, *Los Angeles Valley College*; Lillian Manzor, *University of Miami*; Ximena Moors, *University of Florida*; Cheryl L. Phelps, *University of Texas at Brownsville*; Lourdes Torres, *University of Kentucky*.

Finally, to my mother, María Luisa Roca, who gave me the gift of Spanish and made sure that I valued, developed, and preserved it, *un millón de gracias.*

Índice

Capítulo Dos

Los mexicanoamericanos, 33

Capítulo Tres

Los puertorriqueños, 57

Capítulo Cuatro

Los cubanos y cubanoamericanos, 81

Capítulo Cinco

La herencia multicultural de España, 111

Capítulo Ocho

Nuevos mundos del futuro, 211

Apéndices

Capítulo Uno

La presencia hispana en los Estados Unidos

"La historia más antigua de los Estados Unidos está escrita en español".
[Traducción]—Thomas Jefferson

Grupo de estudiantes universitarios revisando sus notas de clases.

Para entrar en onda

Para ver cuánto sabe del tema del capítulo, responda a este cuestionario lo mejor que pueda. Escoja la respuesta apropiada. Luego compruebe sus conocimientos, consultando la lista de respuestas que aparecen invertidas al pie de este ejercicio.

1. Se calcula que para el año 2000, los latinos formarán el grupo minoritario más grande de los Estados Unidos.
   a. verdadero   **b.** falso

2. La ciudad más antigua de los Estados Unidos es
   a. Boston, MA.   **c.** San Diego, CA.
   b. Nueva York, NY.   **d.** San Agustín, FL.

3. ¿Cuál de estas palabras en inglés *no* viene del español?
   a. *pueblo*   **c.** *yard*
   b. *ranch*   **d.** *barbecue*

4. ¿Cuáles de los siguientes alimentos se conocían en Europa antes de la colonización de las Américas?
   a. el chocolate   **c.** el plátano
   b. el trigo   **d.** el tomate

5. Los conquistadores españoles trajeron el tabaco a las Américas, donde lo intercambiaban con los indígenas por oro y joyas.
   a. verdadero   **b.** falso

6. ¿Cuál de estos presidentes se negó a servir como soldado en la guerra entre los EE.UU. y México?
   a. Andrew Jackson   **c.** Theodore Roosevelt
   b. Abraham Lincoln   **d.** Ulysses S. Grant

7. ¿De dónde son los músicos de la popular banda de salsa "Orquesta de la Luz"?
   a. De Puerto Rico.   **c.** De Japón.
   b. De Nueva York.   **d.** De Miami.

8. ¿Quién no es hispano/a?
   a. la cantante Mariah Carey   **c.** la actriz Raquel Welch
   b. el actor Charlie Sheen   **d.** el actor Tom Cruise

9. Los españoles llegaron al territorio que hoy día es los Estados Unidos mucho antes que los franceses y los ingleses.
   a. verdadero   **b.** falso

10. El idioma más hablado en los Estados Unidos después del inglés es
    a. francés.   **c.** español.
    b. alemán.   **d.** italiano.

Respuestas: 1a, 2d, 3c, 4b, 5b, 6b, 7c, 8d, 9a, 10c

I. Conversación y cultura

Latinos en los Estados Unidos

Las raíces de los hispanos del suroeste de los Estados Unidos se remontan al siglo XVI, cuando las tierras de la región fueron exploradas, tomadas y pobladas por los españoles. Es de señalar, que ya se hablaba español en el siglo XVI en lo que hoy día son los Estados Unidos—
5 decenios antes de que los primeros peregrinos de habla inglesa llegaran y establecieran el poblado de *Jamestown* (1607), y de que desembarcaran luego del *Mayflower* y fundaran la colonia de *Plymouth Rock* en Massachusetts (1620). Es importante también recordar que durante aquella época de "descubrimientos" del Imperio Español, los españoles
10 exploraron gran parte del continente, fundaron misiones, pueblos y ciudades, y se establecieron en la Florida y por toda la región del suroeste desde Texas hasta California. En 1521 Juan Ponce de León ya había fundado San Juan, en Puerto Rico; para 1542 los españoles habían arribado a lo que en la actualidad es la zona de San Diego. La
15 ciudad que se identifica como la más antigua de los Estados Unidos, San Agustín (en la Florida), fue fundada por Pedro Menéndez de Avilés en 1565; y en 1609 la ciudad de Santa Fe (Nuevo México) fue fundada por Juan de Oñate.

Es de notar en los Estados Unidos los numerosos topónimos, o
20 nombres propios de lugar, de origen español, los cuales se siguen usando, aunque no siempre se mantenga la ortografía normativa propia-

El descubrimiento del Mississippi por de Soto, *William Powell, 1853. Se encuentra en la Rotonda del Capitolio en Washington, D.C.*

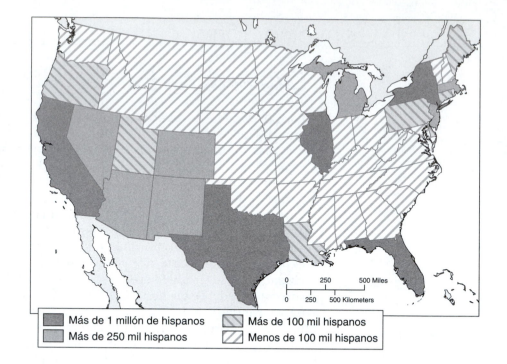

| Más de 1 millón de hispanos | Más de 100 mil hispanos |
| Más de 250 mil hispanos | Menos de 100 mil hispanos |

mente española. Existen topónimos en los nombres de los estados que a través de los años mantuvieron sus nombres en español (por ejemplo, Florida, Nevada, Colorado, Texas, Arizona y Nuevo México). Igualmente
25 se encuentran numerosos nombres en español de pueblos y ciudades (Nogales, Los Ángeles, San Francisco, Palo Alto, San Rafael, La Jolla, San José, San Diego, El Paso, Amarillo, Las Cruces y Santa Fe); nombres de montañas (Sierra Nevada, Sierra de Salinas, Santa Ana), de ríos, misiones y calles.

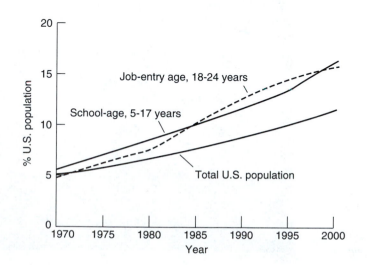

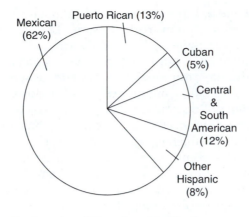

Mexican (62%)
Puerto Rican (13%)
Cuban (5%)
Central & South American (12%)
Other Hispanic (8%)

Total number of Hispanics = 20 million

30   Los hispanohablantes en los Estados Unidos forman en el presente la minoría lingüística más grande del país, dato que se traduce, en otras palabras, en alrededor del 10 por ciento de la población total. Las estadísticas del Censo de los Estados Unidos (1990) muestran que existen más de 23.4 millones de hispanos en nuestra nación. Estas cifras de 1990 no
35   incluyen a los indocumentados ni a otras personas que, por una razón u otra, no llenaron las planillas o formularios que utiliza el gobierno para "contar" la población. Algunos demógrafos calculan que para fines de la década ya habrá más de treinta millones de hispanos. Las proyecciones de los demógrafos también indican que habrá un porcentaje más alto de
40   centroamericanos en los Estados Unidos. Según el Censo de 1980, había 14.6 millones de hispanos, lo que significa que en una década—de 1980 a 1990—la población latina creció enormemente, casi un 38 por ciento.
       Los tres grupos hispánicos principales en los Estados Unidos son los mexicanoamericanos, los puertorriqueños y los cubanoamericanos. Sin
45   embargo hoy día hay millones de centroamericanos y otros latinoamericanos de diferentes culturas que han llegado más recientemente a los Es-

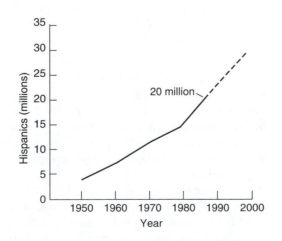

tados Unidos y que se han establecido, en su mayoría, en las grandes ciudades como Nueva York, Boston, Los Ángeles, Houston, San Diego, Chicago, Washington, D.C., y Miami.

50   Entre ellos, por ejemplo, están los nicaragüenses. Desde fines de los años sesenta, y durante las décadas de los setenta y ochenta, empezaron a llegar miles de nicaragüenses a los Estados Unidos, debido a la inestable situación política en que estaba su país, primero bajo la dictadura de Anastasio Somoza, y después con el gobierno sandinista. Se calcula que
55 en Miami posiblemente haya más de 130.000 nicaragüenses, pero miles de "nicas"—como ellos mismos se llaman orgullosamente—también se han establecido en otras regiones del país.

En Nueva York, aparte de la presencia significativa de puertorriqueños y/o *nuyoricans*, hay un creciente número de dominicanos y
60 colombianos. En California, Texas y Washington, D.C., en particular, se cuentan miles de centroamericanos, sobre todo muchísimos salvadoreños y guatemaltecos. Se cree, por ejemplo, que hay más de 300.000 hispanohablantes en Washington, D.C., y en los suburbios que rodean la capital.

MESA REDONDA

A.   En grupos pequeños, contesten las preguntas y comenten los siguientes temas.

1.   ¿Se describe usted como norteamericano, americano, sudamericano, latinoamericano, caribeño, *U.S. latino,* hispano, o usa usted otra denominación que refleja sus raíces de una manera más específica? ¿Usa el mismo término tanto en español como en inglés?

2.   ¿De dónde son sus amigos hispanos? ¿Vienen sus familias de diferentes partes del mundo hispano? ¿De qué lugares son o eran originalmente?

3.   ¿Cuáles son dos o tres ventajas o beneficios de su herencia hispana? ¿Por qué cree que son ventajas o beneficios?

4.   ¿Qué grupos hispanos hay en el lugar donde vive? Si hay varios grupos, ¿cree usted que tienen una experiencia y cultura comunes o que existen muchas diferencias? Explique.

5.   Se calcula que va a aumentar considerablemente el número de latinos en los Estados Unidos para el siglo XXI. ¿Qué efectos puede tener este aumento?

B.   Intercambio. En parejas, entrevístense para empezar a conocerse mejor.
Puede usar las siguientes ideas como base. Averigüe de la persona entrevistada:
   a.   Si nació en los EE.UU. y dónde se crió.
   b.   Si estudió español anteriormente; dónde y cuándo.
   c.   Si ha servido de intérprete alguna vez para ayudar a alguien.
   d.   Si está familiarizada con películas o representaciones teatrales en español.
   e.   Cuál es el origen de su familia.
   f.   Cuándo y por qué vino su familia a los EE.UU. o si sus antepasados vivían en lo que hoy son los EE.UU. desde antes que esas tierras fueran parte del territorio estadounidense.

g. Con qué frecuencia emplea el español para comunicarse.

h. Qué es lo que más le gusta de la cultura latina.

i. Con qué frecuencia ve la televisión o escucha la radio en español; cuáles son sus programas favoritos de televisión.

j. Con qué frecuencia lee revistas o periódicos en español.

k. En qué se especializa en la universidad; qué estudia y cúal es su objetivo profesional.

C.   Al terminar la actividad B, preséntele la persona entrevistada al resto de la clase, haciendo un resumen de la información obtenida.

*D.   Composición diagnóstica. Escriba el primer borrador de una composición dirigida y breve titulada **Autobiografía lingüística: ¿Quién soy y de dónde vengo?** Según indique su profesor o profesora, esta actividad se hará en clase o de tarea. Refiérase a la página 25 de El arte de ser bilingüe para más detalles.*

II. Lectura

Poesía

Francisco X. Alarcón, nativo de Los Ángeles y criado en México, es hoy profesor de español en la Universidad de California en Davis. Ganador de muchos premios y de becas prestigiosas como las de Danforth y Fulbright, Alarcón ha sido llamado un líder de su generación.

5 Sus poesías y traducciones han sido publicadas en varias colecciones, en revistas y en periódicos como *La Opinión* (Los Ángeles), *Estos Tiempos* (Stanford) y el *Berkeley Poetry Review*. La poesía a continuación se encuentra en su libro titulado *Body in Flames/Cuerpo en llamas* (San Francisco: Chronicle Books 1991). La traducción de la poesía al in-

10 glés es del autor.

ANTES DE LEER

En grupos de tres o cuatro estudiantes comenten lo siguiente. Compartan después sus observaciones con el resto de la clase.

1. ¿Se habla español en su casa? ¿Con quién lo habla?

2. ¿Cambia del español al inglés frecuentemente, o viceversa? ¿Con qué personas tiende a hacer eso? Dé dos o tres razones.

3. ¿A quién o a quiénes les debe el hecho de poder hablar y entender español?

4. ¿Desempeñaron sus abuelos o abuelas un papel importante en el desarrollo de su español? ¿Y sus padres? ¿Hermanos o hermanas? ¿Parientes?

Una señora hispana mayor de edad. ¿Cómo recuerda usted a su abuela? ¿Y a su abuelo?

EN UN BARRIO DE LOS ÁNGELES

IN A NEIGHBORHOOD IN LOS ANGELES

el español	I learned
lo aprendí	Spanish
de mi abuela	from my grandma
mijito	*mijito*
5 no llores	don't cry
me decía	she'd tell me
en las mañanas	on the mornings
cuando salían	my parents
mis padres	would leave
10 a trabajar	to work
en las canerías	at the fish
de pescado	canneries
mi abuela	my grandma
platicaba	would chat
15 con las sillas	with chairs

les cantaba	sing them
canciones	old
antiguas	songs
les bailaba	dance
20 valses en	waltzes with them
la cocina	in the kitchen
cuando decía	where she'd say
niño barrigón	*niño barrigón*
se reía	she'd laugh
25 con mi abuela	with my grandma
aprendí	I learned
a contar nubes	to count clouds
a reconocer	to point out
en las macetas	in flowerpots
30 la yerbabuena	mint leaves
mi abuela	my grandma
llevaba lunas	wore moons
en el vestido	on her dress
la montaña	México's mountains
35 el desierto	deserts
el mar de México	ocean
en sus ojos	in her eyes
yo los veía	I'd see them
en sus trenzas	in her braids
40 yo los tocaba	I'd touch them
con su voz	in her voice
yo los olía	smell them
un día	one day
me dijeron:	I was told:
45 se fue muy lejos	she went far away
pero yo aún	but still
la siento	I feel her
conmigo	with me
diciéndome	whispering
50 quedito al oído	in my ear
mijito	*mijito*

PARA COMENTAR

*Trabajando en parejas, conteste las siguientes preguntas sobre **En un barrio de Los Ángeles.** Justifique su opinión cuando sea necesario. Luego puede comprobar sus respuestas con las de otros compañeros.*

1. En su opinión, ¿cuál fue el mejor regalo que la abuela le pudo dar al nieto?

2. En la poesía de Alarcón, ¿cuándo se indica que la abuela ya ha muerto?

3. ¿Qué clase de educación recibió el narrador de su abuela? ¿Qué aprendió de la vida?

4. ¿Cómo son diferentes las relaciones entre abuelos y nietos a las relaciones entre padres e hijos? Explique.

5. Halle en el poema las palabras del español informal, o que han sido adaptadas del inglés.

6. ¿Cuáles son las ventajas que tiene el uso estándar de un idioma?

7. ¿Cuáles piensa que son las ventajas de conocer y poder usar expresiones coloquiales y expresiones que no sean estándar, en cualquier idioma?

PARA ESCRIBIR

Lea los siguientes temas. Luego escoja el que le interese más para escribir sobre el mismo. Comparta su trabajo con otro(a) compañero(a) e intercambien comentarios sobre lo que han escrito.

1. Poema

Si desea experimentar con la poesía autobiográfica en español, o en forma bilingüe, puede escribir una poesía acerca de un ser querido de su familia, o sobre algún recuerdo o sentimiento de su niñez.

2. Descripción o retrato

Escriba de uno a tres párrafos sobre alguien de su familia o sobre algún recuerdo o sentimiento de la niñez.

3. Entrevista

Hágale una entrevista a una persona hispana de cierta edad. Puede ser su abuelo o abuela, un miembro de su familia o alguien de su comunidad. Debe primero pedirle permiso a la persona que piensa entrevistar y explicarle que realiza la entrevista como tarea para una clase. Pregúntele sobre su vida cuando era más joven, sobre la conservación de la lengua y de las tradiciones hispanas, los cambios que ha visto en la comunidad y su opinión sobre esos cambios. Edite y transcriba la entrevista o haga un resumen de la misma. Puede ilustrar su trabajo con una foto de la persona entrevistada.

Narrativa

Sandra Cisneros, de familia mexicana y chicana, nació en Chicago en 1954, de raíces humildes. Estudió en *Loyola University* y más adelante obtuvo un título superior de la Universidad de Iowa. Es conocida por su poesía y su narrativa, y ha ganado muchos premios literarios. Vive y
5 trabaja actualmente en la ciudad de San Antonio, Texas. *The House on Mango Street* es un relato basado en breves viñetas sobre la niñez de Esperanza Cordero: el barrio donde se crió, los amigos, la escuela, su familia. Esta obra fue traducida al español por Elena Poniatowska, la conocida autora mexicana. Otros libros que ha publicado Cisneros
10 son: *My Wicked, Wicked Ways* (1987) y *Woman Hollering Creek and Other Stories* (1991).

ANTES DE LEER

En grupos de tres o cuatro estudiantes comenten lo siguiente. Compartan después sus observaciones con el resto de la clase.

1. ¿Está contento o contenta con su nombre? Si es de origen latino, ¿ha pensado alguna vez en americanizarlo?

2. El origen de los nombres propios es muchas veces curioso. El nombre Lidia, por ejemplo, significa "combate", y por eso existen en España y otros países hispanoamericanos "toros de lidia". ¿Sabe qué significa su nombre propio u otros que conoce?

3. ¿Cómo puede ser un nombre propio una señal de identidad cultural? Explique.

Unas estudiantes de una escuela primaria.

Mi nombre

lodoso: como el lodo o fango

rasura: afeitarse

sollozos: llanto, lloro

En inglés mi nombre quiere decir esperanza. En español tiene demasiadas letras. Quiere decir tristeza, decir espera. Es como el número nueve, como un color lodoso*. Es los discos mexicanos que toca mi padre los domingos en la mañana cuando se rasura*, canciones como
5 sollozos*.

Era el nombre de mi bisabuela y ahora es mío. Una mujer caballo nacida como yo en el año chino del caballo—que se supone es de mala suerte si naces mujer—pero creo que esa es una mentira china porque a los chinos, como a los mexicanos, no les gusta que sus mujeres sean
10 fuertes.

costal: saco grande

Mi bisabuela. Me habría gustado conocerla, un caballo salvaje de mujer, tan salvaje que no se casó sino hasta que mi bisabuelo la echó de cabeza a un costal* y así se la llevó nomás, como si fuera un candelabro elegante, así lo hizo.

15 Dice la historia que ella jamás lo perdonó. Toda su vida miró por la ventana hacia afuera, del mismo modo en que muchas mujeres apoyan su tristeza en su codo. Yo me pregunto si ella hizo lo mejor que pudo con lo que le tocó, o si estaba arrepentida porque no fue todas las cosas que quiso ser. Esperanza. Heredé su nombre, pero no quiero heredar su lugar
20 junto a la ventana.

hojalata: combinación de metales que se usa para guardar en las conservas

En la escuela pronuncian raro mi nombre, como si las sílabas estuvieran hechas de hojalata* y lastimaran el techo de la boca. Pero en español está hecho de algo más suave, como la plata, no tan grueso como el de mi hermanita—Magdalena—que es más feo que el mío. Magdalena,
25 que por lo menos puede llegar a casa y hacerse Nenny. Pero yo siempre soy Esperanza.

Me gustaría bautizarme yo misma con un nombre nuevo, un nombre más parecido a mí, a la de a de veras, a la que nadie ve. Esperanza como Lisandra o Maritza o Zezé la X. Sí, algo como Zezé la X estaría bien.

PARA COMENTAR

*Trabajando en parejas conteste las siguientes preguntas sobre **Mi nombre**. Justifique su opinión cuando sea necesario. Luego puede comparar sus respuestas con las de otros compañeros.*

1. ¿Por qué el nombre Esperanza puede también significar "tristeza"?

2. ¿Qué quiere decir Esperanza cuando afirma que no quiere heredar el puesto de la abuela junto a la ventana? ¿Qué significa esta afirmación?

3. ¿Por qué el nombre de Zezé la X es apropiado para la narradora? Explique, usando la imaginación.

4. ¿Qué quiere decir la narradora al escribir que ni a los mexicanos ni y a los chinos les gustan las "mujeres fuertes"?

5. ¿Por qué dice que su nombre suena como plata en español, como hojalata en inglés?

ANTES DE LEER

En grupos de tres o cuatro estudiantes comenten lo siguiente. Compartan después sus observaciones con el resto de la clase.

1. Piense en un deseo especial que tuvo en la infancia. ¿Qué sintió cuando se realizó o no se pudo realizar?

2. ¿Qué recuerda sobre los almuerzos de la escuela primaria? ¿Puede describir la gente que trabajaba en la cafetería, su almuerzo favorito, el comportamiento de sus compañeros y compañeras?

3. Si hizo la primaria en una escuela religiosa, ¿cuál fue su experiencia?

Un sándwich de arroz

refectorio: habitación destinada para la merienda o almuerzo en las escuelas religiosas

Los niños especiales, los que llevan llaves colgadas del cuello, comen en el refectorio*. ¡El refectorio! Hasta el nombre suena importante. Y esos niños van allí a la hora del lonche porque sus madres no están en casa o porque su casa está demasiado lejos.

5 Mi casa no está muy lejos pero tampoco muy cerca, y de algún modo se me metió un día en la cabeza pedirle a mi mamá que me hiciera un sándwich y le escribiera una nota a la directora para que yo también pudiera comer en el refectorio.

Ay no, dice ella apuntando hacia mí el cuchillo de la mantequilla
10 como si yo fuera a empezar a dar la lata, no señor. Lo siguiente es que todos van a querer una bolsa de lonche. Voy a estar toda la noche cortando triangulitos de pan: éste con mayonesa, éste con mostaza, el mío sin pepinillos pero con mostaza por un lado por favor. Ustedes niños sólo quieren darme más trabajo.

15 Pero Nenny dice que a ella no le gusta comer en la escuela—nunca— porque a ella le gusta ir a casa de su mejor amiga, Gloria, que vive frente al patio de la escuela. La mamá de Gloria tiene una tele grande a color y lo único que hacen es ver caricaturas. Por otra parte, Kiki y Carlos son agentes de tránsito infantiles. Tampoco quieren comer en la escuela. A ellos les
20 gusta pararse afuera en el frío, especialmente si está lloviendo. Desde que vieron es a película, *Trescientos espartanos*, creen que sufrir es bueno.

Yo no soy espartana y levanto una anémica muñeca para probarlo. Ni siquiera puedo inflar un globo sin marearme. Y además, sé hacer mi propio lonche. Si yo comiera en la escuela habría menos platos que lavar.
25 Me verías menos y menos y me querrías más. Cada mediodía mi silla estaría vacía. Podrías llorar: ¿Dónde está mi hija favorita?, y cuando yo regresara por fin a las tres de la tarde, me valorarías.

Bueno, bueno, dice mi madre después de tres días de lo mismo. Y a la siguiente mañana me toca ir a la escuela con la carta de Mamá y mi
30 sándwich de arroz porque no tenemos carnes frías.

Los lunes y los viernes da igual, las mañanas siempre caminan muy despacio y hoy más. Pero finalmente llega la hora y me formo en la fila de los niños que se quedan a lonchar. Todo va muy bien hasta que la monja que conoce de memoria a todos los niños del refectorio

35 me ve y dice: y a ti ¿quién te mandó aquí? Y como soy penosa no digo
nada, nomás levanto mi mano con la carta. Esto no sirve, dice, hasta
que la madre superiora dé su aprobación. Sube arriba y habla con ella.
Así que fui.

Espero a que les grite a dos niños antes que a mí, a uno porque hizo
40 algo en clase y al otro porque no lo hizo. Cuando llega mi turno me paro
frente al gran escritorio con estampitas de santos bajo el cristal mientras
la madre superiora lee mi carta, que dice así:

Querida madre superiora:

Por favor permítale a Esperanza entrar en el salón comedor porque vive de-
45 *masiado lejos y se cansa. Como puede ver está muy flaquita. Espero en Dios*
no se desmaye.

Con mis más cumplidas gracias,
Sra. E. Cordero

Tú no vives lejos, dice ella. Tú vives cruzando el bulevar. Nada más
50 son cuatro cuadras. Ni siquiera. Quizás tres. De aquí son tres largas
cuadras. Apuesto a que alcanzo a ver tu casa desde mi ventana. ¿Cúal es?
Ven acá, ¿cúal es tu casa?

Y entonces hace que me trepe en una caja de libros. ¿Es ésa? dice
señalando una fila de edificios feos de tres pisos, a los que hasta a los por-
55 dioseros les da pena entrar. Sí, muevo la cabeza aunque aquella no era mi
casa y me echo a llorar. Yo siempre lloro cuando las monjas me gritan,
aunque no me estén gritando.

Entonces ella lo siente y dice que me puedo quedar—sólo por hoy,
no mañana ni el día siguiente. Y yo digo sí y por favor, ¿podría darme un
60 Kleenex?—tengo que sonarme.

En el refectorio, que no era nada del otro mundo, un montón de
niños y niñas miraban mientras yo lloraba y comía mi sándwich, el pan ya
grasoso y el arroz frío.

PARA COMENTAR

*Trabajando en parejas, conteste las siguientes preguntas sobre **Un sándwich**
de arroz. Justifique su opinión cuando sea necesario. Luego puede comprobar sus respuestas con las de otros compañeros.*

1. ¿Por qué quiere Esperanza comer en el refectorio?

2. ¿Cúal es el trabajo especial de Kiki y Carlos?

3. ¿Por qué necesita Esperanza un permiso especial para comer en la
escuela?

4. Cuando la directora le pregunta a Esperanza por su casa, y señala un
edificio equivocado, ¿por qué cree que Esperanza no la corrige? Explique su opinión.

5. Compare como actúa Esperanza en su casa, en privado con su mamá,
con su forma de actuar en la escuela.

PARA ESCRIBIR

Lea los siguientes temas. Luego escoja uno de la categoría A y otro de la B para escribir sobre el mismo. Comparta su trabajo con otro(a) compañero(a) e intercambien comentarios sobre lo que han escrito.

A. Párrafos breves

1. Escriba un párrafo sobre su nombre, utilizando los textos de Cisneros como guía.
2. Si tuviera mellizos, ¿qué nombres les pondría? En una hoja aparte, haga una lista de los diez nombres que le gusten más. Comente por qué le gustan.

B. Composiciones

1. Escriba una composición de dos a tres párrafos en la que analice diferentes "caras" que usted ofrece al mundo. Compare su comportamiento privado con su comportamiento en público. ¿Cambia su personalidad? ¿Cómo?
2. Escriba una composición de dos a tres páginas en la que describa uno de los grandes deseos de su infancia. ¿Qué ocurrió? ¿Obtuvo su deseo? ¿Por qué?

Artículo periodístico

ANTES DE LEER

En grupos de tres o cuatro estudiantes comenten lo siguiente. Compartan después sus observaciones con el resto de la clase.

Escritoras latinas contemporáneas que escriben en los Estados Unidos: Sandra Cisneros, Denise Chávez y Julia Álvarez

1. ¿Cuáles son dos de sus autores favoritos en inglés o en español? ¿Por qué? ¿Qué libros de esos autores ha leído?
2. ¿Ha leído algunos libros en español o en inglés de algún escritor hispano o alguna escritora hispana durante sus estudios de secundaria o de la universidad? ¿Cuál o cuáles? ¿De qué país eran los autores? ¿Eran autores clásicos o contemporáneos?

ESTABA ESCRITO QUE ELLAS LLEGARÍAN[1]

Por JENNIFER MENA

(Servicios del New York Times) Las escritoras hispanas que han pasado años dándole forma a sus personajes finalmente están surgiendo en el mundo editorial.

En particular, cuatro jóvenes hispanas han llamado la atención de las casas editoriales y de los lectores por igual: Julia Álvarez, Ana Castillo, Denise Chávez y Sandra Cisneros.

Su feminismo impetuoso y sus puntos de vista satíricos respecto al catolicismo hicieron que la revista *Vanity Fair* les diera el nombre de "nuevas decanas de la literatura latina".

El despliegue que les ha dado la publicidad indica que los géneros que en una época eran considerados étnicos ahora forman parte de la vida literaria estadounidense. Un énfasis cada vez mayor en la educación multicultural ha contribuido a preparar el terreno para esta transformación.

"Somos mucho menos provincianos. No pensamos que existe un cierto tipo de americano", dijo Julia Álvarez, de 44 años, que vivió en República Dominicana hasta que tenía 11 años, cuando su familia se trasladó a Nueva York.

Su última novela, *In the Time of the Butterflies* (Algonquin Books, 1994), es un recuento de ficción de los esfuerzos de las hermanas Mirabal para derrocar a Trujillo, el inescrupuloso dictador de la República Dominicana en las décadas de los 30, 40 y 50.

"Tenemos una experiencia bicultural... soy el producto de esa combinación, y con los cambios en las fronteras y el flujo de inmigrantes, hay más personas como yo en este planeta", dijo Álvarez.

"La fisonomía de América está cambiando", dijo Chávez, autora de *Face of an Angel* (Farrar, Straus y Giroux, 1994), una novela que trata sobre una camarera.

"La gente se está dando cuenta de que el tapiz de América es multicultural". Hasta hace poco, no se leía mucho a los autores hispanos, particularmente a las mujeres. Solamente los disfrutaban aquéllos que conocían las casas editoriales pequeñas que lanzaban sus obras.

Bless me, Ultima, de Rudolfo Anaya (Warner Books, 1994) y *House on Mango Street* de Cisneros (Knopf, 1994) cambiaron todo eso, con la ayuda de *The House of the Spirits* (Bantam, 1985) y *The Infinite Plan*

---

[1]Tomado de Mena, Jennifer. "Estaba escrito que ellas llegarían". *Galería. El Nuevo Herald (The Miami Herald)* [Servicios del *New York Times*]. Sección C, páginas 1C-2C. Martes, 5 de septiembre de 1995.

(HarperCollins, 1993) de la chilena Isabel Allende, y *Like Water for Chocolate* (Doubleday, 1992) de la escritora mexicana Laura Esquivel.

Las casas editoriales ahora están aumentando el número de producciones en español, y en algunos casos traduciendo obras como *Mango Street* para los lectores hispanos que cada vez son más.

Cisneros, nacida en Chicago hace 40 años, y cuya colección de poesía *Loose Woman* (Alfred A. Knopf) fue publicada el año pasado, cree que su prosa atrae a un grupo de lectores más amplio.

Cisneros dijo, aun para los lectores no hispanos, "Somos importantes. Somos los que trabajamos en sus patios y les cuidamos los hijos. Van a recibir una arenga*. No es sólo una historia de latinos la que estamos contando".

arenga: discurso

Las cuatro mujeres creen que la atención que han recibido ha provocado una mayor calidad en el trabajo de todos los escritores hispanos, y a cambio, ha mantenido el interés de las casas editoriales grandes.

"Los escritores se han vuelto tan apasionados y creativos", dijo Chávez, que nació en Nuevo México. "La calidad del trabajo es óptima".

Chávez dijo además que las escritoras de raza negra, como Alice Walker, han ayudado a despejar el camino para que los hispanos revelen los tabúes de su cultura.

"No hay nadie que hable de la sexualidad… uno crece dentro de una cultura en la que todo se susurra. Pero los latinos podemos ser arriesgados y honestos, y es necesario que se nos describa de esa manera", dijo.

Sus temas y estilos varían, pero existen algunas similitudes entre estas cuatro autoras y otras de su género: una visión amena y risible del catolicismo; la descripción pintoresca de la fortaleza de la mujer hispana y la presentación en detalle del ambiente, incluyendo los paisajes como el desierto del suroeste, las islas del Caribe y las calles en los sectores urbanos.

En el caso de estas escritoras, existen referencias frecuentes a las luchas clásicas, incluso contra la percepción estereotipada de los personajes femeninos como ángeles o prostitutas; las relaciones entre los hombres y las mujeres y la dificultad para ubicarse en Estados Unidos—un país que tradicionalmente ha estado dividido en blancos y negros.

"Estas son imágenes que no se habían visto, que le dicen al niño o niña (hispana) que él o ella existen dentro de la sociedad", dijo Castillo, autora de *Massacre of the Dreamers*, publicada el año pasado por University of New Mexico Press.

Castillo, de 41 años, enriquece su trabajo con la experiencia de haberse criado en el Medio Oeste, y además comparte con sus colegas el énfasis en reafirmar esa cultura única. "Pueden comenzar a darse cuenta de que no son invisibles. El mensaje de estos libros es que no se tiene que ser anglo en América".

María Hinojosa, corresponsal en Nueva York de *National Public Radio*, dice que estas escritoras son una especie de historiadoras, porque están narrando la experiencia hispana y la están vindicando.

"Le están dando una voz a nuestras vidas", dijo, "las están plasmando en un papel. El conocimiento de nuestra experiencia es cada vez mayor".

En esta era de constantes tensiones raciales, la importancia de una literatura hispana de primera calidad y de destacado perfil, es inestimable.

PARA COMENTAR

*Trabajando en parejas, conteste las siguientes preguntas sobre **Estaba escrito que ellas llegarían**. Justifique su opinión cuando sea necesario. Luego puede comprobar sus respuestas con las de otros compañeros.*

1. ¿Qué significa el título del artículo, *Estaba escrito que ellas llegarían*?
2. Dice Julia Álvarez, "No pensamos que existe cierto tipo de americano". ¿Qué quiere decir ella? ¿Está usted de acuerdo?
3. ¿Qué cree que quiere decir Cisneros cuando comenta de los lectores no hispanos, "Van a recibir una arenga. No es sólo una historia de latinos la que estamos contando"?
4. ¿Por qué dice Chávez que las escritoras como Alice Walker, y otras, han ayudado a las hispanas a abrirse camino en el mundo editorial?
5. ¿Qué significa que los personajes femeninos se hayan representado tradicionalmente como "ángeles o prostitutas" (muy buenas o muy malas)? ¿Puede mencionar títulos de obras recientes (en español o en inglés), novelas, obras dramáticas, películas, en que las mujeres estén representadas de esa forma.

Cuento

José Antonio Burciaga, (1940–) de El Paso, Texas, escritor y artista, estuvo becado (*Resident Fellow*) en Stanford University. Ha escrito poesía y narrativa. Entre sus libros encontramos *Undocumented Love* (1992), de

El escritor chicano, José Antonio Burciaga.

poesía, el que le ganó el premio literario "American Book Award"; y *Drink*
5 *Cultura* (1993), donde cultiva el humor. Fue uno de los creadores originales del grupo latino conocido como *Culture Clash,* que se especializa en
satirizar la situación del hispano en los Estados Unidos, como su mismo
nombre lo dice.

ANTES DE LEER

En grupos de tres o cuatro estudiantes comenten lo siguiente. Compartan des-
pués sus observaciones con el resto de la clase.

1. ¿Cómo recuerda usted el primer día en que asistió a la escuela?

2. ¿Piensa que se les debe permitir a los estudiantes hispanos usar el es-
    pañol en las escuelas para comunicarse entre sí? ¿Por qué?

3. ¿En algún momento se le ha prohibido hablar español en un lugar
    público? ¿Cuál fue su reacción y cómo se sintió si tuvo esa experiencia?

Mareo escolar

Me acuerdo de mi tercer grado en El Paso, Texas, en 1949. Yo era uno de
los niños mexicanos. Éramos diferentes... y lo sabíamos. Muchos nos sen-
tíamos orgullosos.

5 Me sentaba en el parque de la escuela para comerme mi burrito de
chorizo con huevo, el cual manchaba la bolsa de papel y mis pantalones de
caqui. Frente a mí se sentaba una niña llamada Susy quien sacaba su sand-
wich de mantequilla de cacahuate con jalea de su lonchera Roy Rogers.

Las monjas anglo-sajonas entendían muy bien a Susy, pero nuestra
cultura y nuestra lengua era un misterio para ellas. Lo mismo era la de
10 ellas para nosotros: Dick y Jane tenían una casa de dos pisos, su papá se
vestía con saco y corbata y hasta su perro Spot ladraba en inglés: ¡Bow
Wow! Mis perros siempre ladraron en español: ¡Guau, Guau!

Me acuerdo que la maestra siempre le gritaba a Memo que se
metiera la camisa en los pantalones. La camisa era una guayabera. Memo
15 obedecía, pero se ponía furioso. Nos reíamos de él, porque se veía muy
chistoso con su guayabera metida en los pantalones.

Me sentaba en la clase y veía, por la ventana, la tienda de enfrente.
Tenía un letrero que decía *English Spoken Here*—Se habla inglés. Otras
tiendas decían se habla español. Pero en nuestra escuela católica, el
20 undécimo mandamiento era: No hablarás español. Cuando nos des-
cubrían hablando la lengua extranjera prohibida, nos castigaban después
de clase, o nos ponían a escribir cien veces *I will not speak Spanish.*

Mi hermano Pifas podía escribir con tres lápices a la vez y era el más
rápido para cumplir el castigo.

25 *I will not speak Spanish*
I will not speak Spanish
I will not speak Spanish

La maestra de música, quien también nos enseñaba latín, nos decía que no ejercitábamos bien los músculos faciales cuando hablábamos español. Nos explicaba que ésa era la razón por la cual los mexicanos viejos tenían tantas arrugas. Se me ocurrió que en los tiempos de antes los mexicanos vivían largos años en lugar de sucumbir a las enfermedades estadounidenses como cáncer, úlceras o ataques cardíacos.

Nunca perdimos la habilidad de hablar nuestra segunda lengua. En la secundaria a veces nos llamaban a interpretar para algún estudiante nuevo que venía de México cuando el conserje o la cocinera estaban ocupados.

Aunque el recién llegado normalmente había estudiado inglés, hablarlo en clase por primera vez lo aturdía.

A todo contestaba ¿*Wachusei*? (¿Qué dices?). Entonces alguno de nosotros inevitablemente le daba la traducción errónea de la pregunta del maestro. Le susurrábamos en español: El hermano Amedy quiere ver tu pasaporte. Como estudiante cortés, él le entregaba sus papeles de inmigración al hermano Amedy que se quedaba perplejo.

Pero más chistoso todavía fue cuando el Director, el hermano Raphael, nos advirtió que iba a colgar al joven llamado P-U-T-O, por escribir su nombre en todas las paredes del baño.

El noventa y cinco por ciento de los estudiantes éramos méxicoamericanos, pero en la Cathedral High School éramos todos irlandeses. Echábamos porras a nuestro equipo de fútbol al son de la canción de batalla de la Universidad de Notre Dame, en español, en espanglish y en inglés con acento. Pero no sirvió de nada; la escuela todavía mantiene el record de partidos perdidos.

Todas aquellas palabras que inventamos nosotros los estudiantes
55 chicanos de la frontera, ahora forman parte de los diccionarios de caló.
Algunas han llegado hasta el interior de México, a pesar del disgusto de
ese país.

Los jóvenes cubano-americanos están ahora reinventando algunas
palabras en espanglish que los chicanos crearon hace años en Texas.

60 Aunque los Estados Unidos es el cuarto país hispanohablante en el
mundo, todavía no tenemos un miembro en la Real Academia Internacional de la Lengua Española. Tan, tán.

PARA COMENTAR

*Trabajando en parejas, conteste las siguientes preguntas sobre **Mareo esco-
lar**. Justifique su opinión cuando sea necesario. Luego puede comprobar sus
respuestas con las de otros compañeros.*

1. El cuento que acaba de leer transcurre en 1949. ¿Ha escuchado comentarios de alguien que haya tenido una experiencia similar a la de
   Memo? Puede preguntarles a sus padres, familiares o a otras personas
   de esa generación de la comunidad hispana sobre el tema.

2. ¿Por que cree usted que las maestras no permitían que se hablara en
   español en la escuela? ¿Se justifican las razones?

3. ¿Por qué se ríen de Memo los niños cuando lo obligan a meterse la
   camisa dentro de los pantalones?

4. ¿Cuál era la situación respecto a los idiomas en su escuela primaria o
   secundaria?

*¿Se confunden los niños si se les
habla en más de un idioma?
¿Qué sabemos sobre
comunidades bilingües y qué
nos informa la lingüística?*

PARA ESCRIBIR

Comenten primero en grupos de dos o tres estudiantes los puntos siguientes. Escriba una breve composición que resuma los comentarios y exprese su propia opinión.

El español en los Estados Unidos

- ¿Cómo mantiene, mejora y desarrolla usted su español?
- ¿Qué papel tiene el español en su comunicación diaria?
- ¿Se comunica usted en español con los miembros de la familia? ¿Con quiénes? ¿Y con sus amigos?
- ¿Qué recursos disponibles existen en las comunidades latinas, las escuelas, las bibliotecas y los medios de comunicación?
- ¿Cómo planea usted mantener y desarrollar su español en el futuro?
- ¿Cree usted que gran parte de los los jóvenes latinos de los Estados Unidos mantendrán su español?
- ¿Qué piensa sobre el futuro del español en los Estados Unidos?

III. Mundos hispanos

CELIA CRUZ

Celia Cruz, cantante nacida en Cuba, es indiscutiblemente la voz más conocida de la música cubana popular, con la cual se asocia de forma natural. Comenzó a hacerse famosa con la orquesta cubana llamada "Sonora Matancera" hace más de cuarenta años. Celia Cruz salió de Cuba
5 en los años sesenta. Ha grabado varios discos con el famoso timbalero puertorriqueño, Tito Puente.

La popularísima cantante cubana Celia Cruz, conocida como "la Reina de la Salsa".

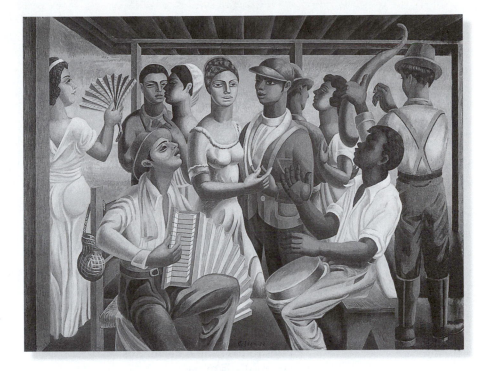

Merengue, *Jaime Colson (1901–1975); 1938, óleo sobre cartón. Museo Bellaport, República Dominicana.*

Hoy día Celia Cruz vive en Nueva York y se considera la reina de la música que se ha llegado a llamar salsa. Hace unos años tuvo un papel *(role)* en la película *The Mambo Kings,* basada en la novela de Oscar Hijuelos, *The* 10 *Mambo Kings Play Songs of Love.* Recientemente la Universidad Internacional de la Florida en Miami le otorgó un doctorado honorífico a Celia Cruz por su gran contribución al mundo de la música latina actual. En 1994 fue invitada por el Presidente Bill Clinton a la Casa Blanca para recibir la Medalla Nacional de Honor por sus contribuciones al arte en los Estados Unidos.

15 Lea la letra de la siguiente canción, y si tiene la oportunidad, escúchela (*The Best: Celia Cruz.* CD-80587. Miami, FL: Sony Discs, Inc., 1991).

LATINOS EN ESTADOS UNIDOS   *por Titti Sotto*

Latinos en Estados Unidos,
Ya casi somos una nación.
Venimos de la América india,
Del negro y del español.
5 En nuestra mente inmigrante

A veces hay confusión,
Pero no hay quien nos engañe
El alma y el corazón,
Porque vivimos soñando
10 Volver al sitio de honor.

(Coro)

Latinos en Estados Unidos,
Vamos a unirnos, vamos a unirnos.
Latinos en Estados Unidos,
15 Vamos a unirnos, vamos a unirnos.

En la unión está la fuerza.
Y al pueblo respeta,
Y le da valor.
No dejes que te convenzan.
20 Que no se pierda el idioma español.

Simón Bolivar, Sarmiento,
Benito Juárez, Martí.
Dejaron un gran comienzo
Para el camino seguir.
25 Debemos dar el ejemplo
Con la solidaridad.
Soy latinoamericano,
No tengas miedo decir,
Pues todos somos hermanos
30 De un distinto país.

(Coro)

Seamos agradecidos
Con esta tierra de paz,
Que nos da un nuevo futuro
35 Y una oportunidad.
Pero ya que estamos lejos
De nuestro suelo natal,
Luchemos por el encuentro
Con nuestra propia verdad.
40 Debajo de cualquier cielo
Se busca la identidad.

(Coro)

No discrimines a tu hermano.
Siempre que puedas, dale la mano.

45 América Latina, vives en mí.
Quiero que este mensaje
Llegue hacia ti.

Debemos unirnos,
Para que tú veas:
50 Sí, estamos unidos.
¡Ganamos la pelea!

ACTIVIDADES

1. **En clase.** En la canción se mencionan cuatro héroes de la historia latinoamericana. ¿Quiénes son y por qué son famosos? Trabajando en grupos de tres, intercambien toda la información que tengan sobre ellos. Compartan su información con el resto de la clase. Pueden anotar en la pizarra los datos más importantes sobre estos personajes.

2. **De tarea.** Obtenga más datos sobre los líderes de la Actividad 1. Vaya a la biblioteca y procure, como mínimo, tres datos importantes sobre esos héroes. Puede obtener la información en enciclopedias (preferiblemente en español) o en otros libros de recursos. Comparta sus hallazgos con la clase.

IV. El arte de ser bilingüe

A. COMPOSICIÓN AUTOBIOGRÁFICA DIRIGIDA

*Escriba una composición breve titulada **Autobiografía lingüística: ¿Quién soy y de dónde provengo?***

A la hora de escribir, es importante saber el tema, tener ideas o información que se pueda incluir, y también saber cómo organizar las ideas. Es importante también saber a quién va dirigido lo que uno redacta.

Retrato de Simón Bolívar en Lima, *José Gil de Castro, 1825. Biblioteca Nacional de Venezuela.*

Primero apunte algunas ideas relacionadas a las cosas de la siguiente lista:

a. de dónde proviene usted

b. dónde se crió

c. dónde asistió a la escuela primaria y la secundaria

d. cómo fue su niñez en el sitio donde nació o se crió

e. la familia

f. sucesos importantes en su vida que quisiera compartir (felices o tristes)

g. el mejor amigo, la mejor amiga de su niñez

h. sus pasatiempos favoritos

i. sus asignaturas predilectas y sus metas profesionales

j. el desarrollo y la importancia del español en su vida

k. la importancia de mantener y desarrollar el conocimiento sobre sus raíces culturales

Después, organice sus ideas, escogiendo las que quiere incluir y ampliar con más detalles, para así escribir su composición.

Concéntrese en el mensaje, o sea, en el contenido, en las ideas que quiere expresar en español. Escriba entre una y dos páginas a doble espacio, a máquina o en computadora.

B. EL ARTE DE HACER UNA ENTREVISTA

¿Ha hecho alguna vez una entrevista en inglés? ¿Cómo haría usted una entrevista en español? ¿Cómo se prepararía para ella?

Flower Day *de Diego Rivera (1886–1957), 1925. Oil on canvas. 58 × 47 ½ inches. Los Angeles County Museum of Art, Los Angeles County Fund. © 1998 Museum Associates. Reproduced with permission.*

La entrevista es un género que se utiliza ampliamente en la televisión, la radio y la prensa. Imagine que le han pedido que le haga una entrevista a un pariente, amigo o compañero de clase, para publicarla en un periódico estudiantil o comunitario.

La charla con una persona no termina con la entrevista, porque generalmente es necesario pulirla (*to edit it*) antes de publicarla.

Uno de los objetivos de una buena entrevista es informar sobre las ideas o la vida de una persona de la forma más exacta posible. Por eso es tan importante el contenido de las preguntas que se le hacen al entrevistado. Las preguntas no sólo indican a la persona lo que se quiere saber, sino también le sirven de guía en sus respuestas. Los entrevistadores son los responsables del éxito de una entrevista, no los entrevistados.

I. La entrevista

Usted va a entrevistar a un(a) compañero(a) de clase o a un(a) pariente o amigo(a) con el propósito de publicar la entrevista en un periódico. Recuerde que la entrevista siempre está precedida de una breve introducción sobre el entrevistado. Antes de hacer la entrevista:

1. Escoja un tema principal de los siguientes:
    a. Las raíces culturales de su familia y el efecto que éstas han tenido en su vida.
    b. La experiencia migratoria o de exilio de su familia (si así ocurrió) y el efecto que ha tenido en la vida de sus miembros, o en sus raíces familiares en los Estados Unidos.
    c. Sus aspiraciones profesionales para el futuro.

    Obtenga siempre permiso para grabar cualquier entrevista que haga.

2. Prepare algunas preguntas de antemano. Escriba todo lo que se le ocurra relacionado con el tema y después escoja lo mejor.

3. Esté preparado(a) para hacer otras preguntas que surjan de la entrevista.

4. Si quiere, puede grabar la entrevista para facilitar el trabajo de pulimento (*editing*).

II. La redacción de la entrevista

1. Empiece con una breve introducción acerca de la persona entrevistada. Diga quién es y dé algún dato interesante que haya surgido de la entrevista.

2. Pase en limpio el borrador de la entrevista (preguntas y respuestas). El formato de la entrevista terminada puede ser un resumen realizado a partir de las respuestas, o una relación de preguntas y respuestas, como es tradicional. Escoja uno de los dos.

3. Entregue la entrevista escrita a máquina o impresa en computadora, a doble espacio (limítese a no más de dos o tres páginas).

V. Unos pasos más: fuentes y recursos

A. PARA AVERIGUAR MÁS

Investigación y lectura. Busque una de las obras citadas a continuación, u otra que su profesor o profesora le recomiende. Escoja un capítulo o alguna selección apropiada que le interese, y comparta la lectura con uno o dos compañeros de clase, si puede. Luego prepare unos breves apuntes (de una a tres páginas) que incluyan sus impresiones o una lista de tres a cinco puntos principales basados en la lectura. Prepárese para poder compartir y resumir oralmente sus impresiones y lo que ha averiguado en su investigación.

Bibliografía hispana

La mayoría de los libros sobre los latinos en los Estados Unidos están escritos en inglés, pero hay abundante material en español también. Abajo se sugieren fuentes de lectura en los dos idiomas para que usted empiece a explorar temas para posibles informes escritos o breves presentaciones en clase.

Bibliografía selecta: Latinos en los Estados Unidos

Abalos, David T. *Latinos in the United States: The Sacred and the Political.* Notre Dame: University of Notre Dame Press, 1986.

Acosta-Belén, Edna, and Barbara Sjorstrom. *The Hispanic Experience in the United States.* New York: Praeger, 1988.

Arias, Davis. *Las raíces hispanas de los Estados Unidos.* Madrid: Editorial MAPFRE. S.A., 1992.

Augenbraum, Harold, and Ilan Stavans, eds. *Growing Up Latino: Memoirs and Stories.* New York: Houghton Mifflin, 1993.

Beardeskey, John, and Jane Livingston. *Hispanic Art in the United States.* New York: Museum of Fine Art, 1987.

Cortina, Rodolfo y Alberto Moncada, eds. *Hispanos en Estados Unidos.* 1988.

de la Garza, Rodolfo. *The Mexican American Experience: An Interdisciplinary Anthology.* Austin: University of Texas Press, 1985.

Fernández Shaw, Carlos M. *Presencia española en los Estados Unidos.* Madrid: Instituto de Cooperación Iberoamericana, Ediciones Cultura Hispánica, 1987.

Gutiérrez, Ramón, and Genaro Padilla, eds. *Recovering the U.S. Hispanic Literary Heritage.* Houston: Arte Público Press, 1993.

Hadley-García, George. *Hispanic Hollywood: The Latins in Motion Pictures.* New York: Carol Publishing Group, 1990.

Heck, Denis Lynn Daly. *Barrios and Borderlands: Culture of Latinos and Latinas in the United States.* New York: Routledge, 1994.

Kanellos, Nicolás, and Claudio Esteva Fabrega. *Handbook of Hispanic Culture of the United States.* Houston: Arte Público Press, 1994. Four Volume Set: Literature and Art; History; Sociology; and Anthropology.

Kanellos, Nicolás. *The Hispanic Almanac: From Columbus to Corporate America.* Detroit: Visible Ink Press, a division of Gale Research Inc., 1994.

———, ed. *Short Fiction by Hispanic Writers of the United States.* Houston: Arte Público Press, 1993.

Magill, Frank N. *Masterpieces of Latino Literature.* New York: Salem Press, 1994.

Moncada, Alberto. *Norteamérica con acento hispano.* Madrid: Instituto de Cooperación Iberoamericana, 1988.

Moore, Joan, and Harry Pachón. *Hispanics in the United States.* Englewood Cliffs: Prentice-Hall, 1985.

Novas, Himilce. *Everything You Need to Know About Latino History.* New York: Penguin Books, 1994.

Olivares, Julián, ed. *Cuentos hispanos de los Estados Unidos.* Houston: Arte Público Press, 1993.

Paz, Octavio. *Literatura de y en Estados Unidos. Al paso.* Barcelona: Seix Barral, 1991.

Reyes, Luis, and Peter Rubie. *Hispanics in Hollywood: An Encyclopedia of Film and Television.* New York: Garland Publishing, 1994.

Ryan, Bryan, ed. *Hispanic Writers: A Selection of Sketches from Contemporary Authors.* Detroit: Gale Research, 1991.

Shorris, Earl. *Latinos: A Biography of the People.* New York: W.W. Norton & Co., 1992.

Skerry, Peter. *The Mexican Americans: The Ambivalent Minority.* New York: Free Press, 1993.

Savans, Ilan. *The Hispanic Condition: Reflections on Culture and Identity in America.* New York: Harper Perennial, 1995.

Suro, Roberto. *Strangers Among Us: How Immigration is Transforming America.* New York: Alfred A. Knopf, 1998.

Varona, Frank de. *Hispanics in U.S. History.* New Jersey: Globe Book Co., 1989.

———. *Latino Literacy: The Complete Guide to Our Hispanic History and Culture.* New York: Owl Book/Round Stone Press Book/Henry Holt & Co., 1996.

Villareal, Roberto E., and Norma G. Hernández, eds. *Latinos and Political Coalitions: Political Empowerment for the 1990s.* New York: Greenwood Press, 1991.

Weber, David J. *The Spanish Frontier in North America.* New Haven: Yale University Press, 1992.

Zimmerman, Marc. *U.S. Latino Literature: An Essay and Annotated Bibliography.* Chicago: Marcha/Abrazo, 1992.

Bibliografía selecta: América Latina

Bethel, Leslie, comp. *The Cambridge History of Latin America. (5 volúmenes)* Cambridge: Cambridge University Press, 1984.

Collier, Simon, and Thomas Skidmore, eds. *The Cambridge Encyclopedia of Latin America and the Caribbean.* Cambridge: Cambridge University Press, 1992.

Foster, David William. *Literatura hispanoamericana: Una antología.* Hamden: Garland Publishing, 1994.

Fuentes, Carlos. *El espejo enterrado.* México, D.F., México: Fondo de Cultura Económica, S.A., 1992. [Libro que va con la serie de videos del mismo título.]

Henríquez Ureña, Pedro. *Historia de la cultura en la América hispánica.* México: FCE, Col. Pop, 1986.

Lipski, John M. *Latin American Spanish.* London and New York: Longman, 1994.

Morse, Richard. *New World Soundings: Culture and Ideology in the Americas.* Baltimore: Johns Hopkins University Press, 1989.

Rosenberg, Mark B., A. Douglas Kincaid, and Kathleen Logan. *Americas: An Anthology.* New York and Oxford: Oxford University Press, 1992.

Skidmore, Thomas E., and Peter H. Smith. *Modern Latin America.* Oxford: Oxford University Press, 1992.

Winn, Peter. *Americas: The Changing Face of Latin America and the Caribbean.* New York: Pantheon Books, 1992.

B. PARA DISFRUTAR Y APRENDER

Videos

Crossing Borders: The Journey of Carlos Fuentes. Video sobre uno de los más importantes novelistas de México. (58 min., en colores) *Films for the Humanities.*

El espejo enterrado: Reflexiones sobre España y el Nuevo Mundo. Serie de cinco programas en video, escrita y presentada por el escritor mexicano Carlos Fuentes: I. La virgen y el toro, II. La batalla de los dioses, III. La edad de oro, IV. El precio de la libertad, V. Las tres hispanidades. Hecho en colaboración con la Institución Smithsonian y Quinto Centenario España. Para más información: 1–800–323–4222, ext. 43, *Films Incorporated.* Video educacional.

The Americans: Latin American and Caribbean Peoples in the United States. Americas Series (Video Tape #10) Narrado por Raúl Juliá. Una co-producción de excelente calidad de WGBH-Boston y *Central Television Enterprises* para el Canal 4 en Gran Bretaña, en asociación con la Facultad de Asuntos Internacionales y Públicos de Columbia University, el Centro Latinoamericano y Caribeño de la Universidad Internacional de la Florida y Tufts University. Para obtener más información sobre los videos y sobre los textos relacionados distribuidos por la *Annenberg/CPB Collection,* llamar al: 1–800–*LEARNER.*

Challenging Hispanic Stereotypes: Arturo Madrid. 30 min., en inglés. Arturo Madrid es maestro y presidente del Tomás Rivera Center, un centro que tiene que ver con la política que tiene impacto en las comunidades latinas en los Estados Unidos. En este documental Bill Moyers conversa con él sobre la educación bilingüe y otras cuestiones palpitantes que afectan a los hispanos. Distribuida por *Films for the Humanities.*

Spanish Speakers and Bilingualism. Este programa analiza las variedades de español usadas en los Estados Unidos y se refiere al cambio de códigos. (19 mins., en colores) *Films for the Humanities.* Video educacional.

Biculturalism and Acculturation Among Latinos. 28 min; en inglés. Trata sobre las presiones que sienten muchos latinos en los Estados Unidos, quienes al mismo tiempo que quieren formar parte de la cultura dominante, quieren también mantener su idioma y su herencia hispana. Recomendado por el *Video Rating Guide for Libraries* y por el *American Film & Video Review.*

Bilingualism: A True Advantage. 28 min., en inglés. Este programa examina el programa de educación bilingüe en una escuela primaria en San Antonio, Texas; también hay una entrevista con estudiantes universitarias que hablan sobre las ventajas de ser bilingüe.

Power, Politics, and Latinos. 1992; 56 mins. Presenta en un marco histórico los esfuerzos de los latinos en la política de los Estados Unidos. PBS.

Recursos latinos de la red (*World Wide Web*): lista selecta

Si desea explorar la red, vaya a http://www.wiley.com/college/nuevosmundos, donde encontrará una lista de sitios relacionados con el tema de este capítulo.

Capítulo Dos

Los mexicanoamericanos

"Estamos encolerizados porque nos han robado nuestras tierras y nuestro idioma. Nos dan la 'libertad' que se da al pájaro enjaulado. Tomaron las tierras y nos cortaron las alas (tierra e idioma). El idioma es nuestra libertad—idioma que es resultado de los siglos acumulados—, el alimento que nos legaron nuestros antepasados."

[Reies López Tijerina, activista chicano de los años sesenta]. (Villanueva, Tino. *Chicanos: Antología Histórica y Literaria*. México: Fondo de Cultura Económica, 1976. 71)

Un mural de un barrio chicano de Chicago.

Para entrar en onda

Para ver cuánto sabe del tema del capítulo, responda a este cuestionario lo mejor que pueda. Escoja la respuesta más apropiada. Luego comprueba sus conocimientos, consultando la lista de respuestas que aparecen invertidas al pie de este ejercicio.

1. Por el Tratado de Guadalupe-Hidalgo (1848), al final de la guerra entre México y los Estados Unidos, México perdió alrededor del _____ de su territorio, a favor de los Estados Unidos.
   a. 10%   **c.** 50%
   b. 25%   **d.** 80%

2. Henry David Thoreau fue a la cárcel por no querer pagar su parte de los impuestos que financiaban la guerra de los Estados Unidos contra México.
   a. cierto   **b.** falso

3. Escoja tres autores chicanos contemporáneos:
   a. Julia Álvarez, Elías Miguel Muñoz, Oscar Hijuelos
   b. Pablo Medina, Cherríe Moraga, Cristina García
   c. Rudolfo Anaya, Sandra Cisneros, Gloria Anzaldúa
   d. Isabel Allende, Laura Esquivel, Rolando Hinojosa-Smith

4. Una de las ciudades más antiguas de los Estados Unidos, fundada en 1610 por los españoles es
   a. San Agustín, Florida.   **c.** Santa Fe, Nuevo Mexico.
   b. Pueblo, Colorado.   **d.** San Francisco, California.

5. El nombre azteca para las tierras que conocemos como el suroeste de los Estados Unidos y el norte de México era
   a. Aztlán.   **c.** Tenochtitlán.
   b. Tierra Amarilla.

6. Los estados de Nuevo México (el estado número 47) y Arizona (el número 48) no se incorporaron a la Unión hasta el año
   a. 1848.   **c.** 1904.
   b. 1898.   **d.** 1912.

7. Octavio Paz, uno de los más importantes escritores mexicanos del siglo—ensayista, poeta, crítico y comentarista, ganador del Premio Nobel de literatura, se asociará siempre con su obra clásica
   a. La región más transparente (1958).
   b. Días de guardar (1970).
   c. El laberinto de la soledad (1950).
   d. Los de abajo (1915).

8. César Chávez (1927–1993) será recordado siempre como un líder
   a. y por la creación del sindicato, *United Farm Workers Union.*
   b. de programas radiales dirigidos a los latinos.
   c. y por ser el abogado que fundó MALDEF, *Mexican Legal Defense Fund.*

9. El programa "Bracero" (término que viene de la palabra "brazo"), establecido originalmente para ayudar con la cosecha en tiempos de guerra, trajo a más de cinco millones de mexicanos a los Estados Unidos entre 1942 y 1964.

   a. verdadero   **b.** falso

10. En 1954 el programa conocido como *Operation Wetback* hizo volver a México a alrededor de un millón de mexicanos que estaban en los Estados Unidos. Con ellos fueron expulsados también mexicanoamericanos que eran ciudadanos estadounidenses.

    a. verdadero   **b.** falso

Respuestas: 1c, 2a, 3c, 4c, 5a, 6d, 7c, 8a, 9a, 10a

I. Conversación y cultura

Las raíces de los mexicanoamericanos

En 1990, había alrededor de trece millones de mexicanoamericanos en los Estados Unidos. Forman el sector más grande y más antiguo de los tres grupos hispánicos principales de los Estados Unidos. Siglos antes de que llegaran los anglosajones y luego se apoderaran de lo que ahora es la
5 región suroeste de los EE.UU., los mexicanos y luego los españoles vivían en toda esa área del territorio. La exploración española de los siglos XVI y XVII se extendió de costa a costa, desde San Agustín en la Florida, hasta las costas californianas.

Cuando en 1822 México proclamó su independencia de España,
10 todo el territorio español del suroeste pasó a convertirse en parte integrante de la nueva república hispanoamericana. Sin embargo, después de conseguir la independencia, la nueva nación mexicana sufrió años de inestabilidad en el terreno político. La política y filosofía del llamado "destino manifiesto" ya la habían expresado Thomas Jefferson y John Quincy

El Camión, *Frida Kahlo, 1929. Fundación Dolores Olmedo, México, D.F.*

Misión española de Carmel, California, fundada en el siglo XVIII.

15 Adams. El mismo Adams había escrito en una carta que seriá "inevitable que el resto del continente fuera nuestro". En 1848 México perdió todas sus tierras al norte del Río Grande (o Río Bravo, como lo llaman los mexicanos), como resultado de la guerra con su vecino del norte (1846–1848), los Estados Unidos.

20 El 2 de febrero de 1848 se firmó el famoso *Tratado de Guadalupe-Hidalgo*, acuerdo que puso el toque final a la contienda* entre los dos países, y dejó a México con sólo un 50% de su terreno anterior. Por medio del tratado, a cambio de unos quince millones de dólares, los Estados Unidos adquirieron los actuales estados de Texas, Nevada, Colorado, 25 California, Nuevo México, Arizona, y Utah.

Se podría afirmar entonces que los primeros mexicanoamericanos fueron los miembros de las familias que decidieron quedarse en sus lugares de asentamiento* luego que México perdió a favor de los Estados Unidos esta gran parte de su territorio. Según las condiciones estipuladas 30 en el tratado, se respetaría la propiedad privada de los 80.000 mexicanos que en el entreacto* se encontraban residiendo en el recién adquirido territorio estadounidense; se podría mantener el uso de la lengua española, conservar las tradiciones y costumbres culturales, y continuar la práctica de la fe católica. Sin embargo, la historia mostró claramente que 35 esas condiciones no siempre fueron respetadas.

Muchos de los hispanos que se quedaron en los Estados Unidos vivían en el territorio de Nuevo México. En el movimiento hacia el oeste de la segunda mitad del siglo XIX, muchos aventureros que llegaron al territorio de Nuevo México, se interesaron más que nada en 40 las tierras que quedaban cerca de los ríos. Para adquirir tierras deseables de sus dueños mexicanos—ahora ciudadanos del nuevo

*contienda: *guerra, pelea, disputa*

*asentamiento: *instalación provisional o permanente en un sitio dado*

*entreacto: *intermedio entre dos eventos*

territorio estadounidense—les pedían simplemente que mostraran las escrituras de propiedad que probaran que eran los legítimos propietarios. Como algunas de estas familias y sus antepasados llevaban cientos
45 de años en sus casas, no siempre tenían las escrituras o les era posible presentar los papeles que estos hombres demandaban. Al no tener pruebas por escrito, terminaban expulsados de sus tierras. En otras ocasiones, los estadounidenses no se molestaban en confirmar la validez de los documentos españoles o mexicanos, escritos en español,
50 por supuesto, y los sacaban de sus tierras aun teniendo papeles. Estos documentados incidentes pasaban en todo el suroeste, y no sólo en Nuevo México.

El español que hablan algunos hispanos de Nuevo México es algo distinto al español moderno del resto de los Estados Unidos. Como los
55 hispanos del estado llevan tanto tiempo en ese territorio, su idioma a veces refleja elementos arcaicos que ya no se usan en el español de otras partes. Esto y otras peculiaridades lingüísticas, hacen del español de Nuevo México una variedad aparte.

A aquellas antiguas familias hispanohablantes se unieron posterior-
60 mente muchas otras mexicanas, que a lo largo del resto del pasado siglo y del actual, fueron emigrando a los Estados Unidos por diferentes razones y por diversos medios. Muchos mexicanos se han integrado totalmente a la sociedad norteamericana y sólo conservan el apellido que muestra la ascendencia mexicana. Otra gran mayoría mantiene en
65 mayor o menor medida elementos de la cultura mexicana y la lengua española. A las diversas personas de ascendencia mexicana que residen en los Estados Unidos se les conoce generalmente como mexicanoamericanos, término que representa a mexicanos, chicanos y otros latinos de origen históricamente mexicano. Al mismo tiempo muchos mexi-
70 canoamericanos prefieren usar el término *chicano*, porque se sienten así participantes de dos culturas igualmente importantes (la mexicana y la estadounidense).

Muchos de los inmigrantes más recientes, ya sean indocumentados o residentes legales, están en circulación constante entre una y otra
75 nación a ambos lados del Río Grande. Aquellos que deciden probar fortuna en los Estados Unidos no se consideran formalmente mexicanoamericanos, pues en muchos casos no se establecen de modo permanente en el país. Hasta cierto punto ellos constituyen uno de los integrantes más importantes del desarrollo, la dinámica y el futuro de la
80 comunidad mexicanoamericana. Estos individuos o grupos familiares, cuyo tiempo de estancia en suelo norteamericano varía grandemente, representan una continua y vital infusión de aliento y renovación en el uso de la lengua española y en el mantenimiento de las costumbres propias mexicanas en los Estados Unidos. Es por esta razón que la natu-
85 raleza del mexicanoamericano no consigue diluirse en el transcurso del tiempo, sino que se fortifica y se define claramente en el mosaico multiétnico de los Estados Unidos.

Hay que reconocer, sin embargo, la compleja diversidad social, lingüística, económica, educativa y política, que existe dentro de esta

El crecimiento de la población mexicana, 1940-90

90 comunidad. Esto ofrece una rica perspectiva para el presente y futuro de este vasto grupo social, por cuanto su carácter variado beneficia la interacción entre sus componentes, y es base para destacar su presencia en la vida general del país, algo que ha de resultar en ganancia para todos.

MESA REDONDA

En grupos pequeños, contesten las preguntas y comenten los temas siguientes.

1. Si usted es mexicanoamericano, ¿cuáles son algunas costumbres o tradiciones culturales que usted y su familia han podido mantener? Si no, ¿puede describir algunas costumbres de su familia?

2. ¿En qué cree usted que se basa la variedad de términos con los que se denomina a los mexicanoamericanos en los Estados Unidos? ¿Piensa que algunos de esos nombres han indicado o todavía indican intolerancia o desprecio?

3. ¿Qué sabe de la cultura mexicana? Nombre a artistas, actores de cine o de teatro, músicos o cantantes, grupos musicales, políticos, educadores, compositores, etc. Hagan una lista breve para compartir con la clase.

4. Explique su opinión sobre la inmigración ilegal de ciudadanos mexicanos a los Estados Unidos. ¿Es beneficiosa o no para los dos países?

Las lechugueras, *Juana Alicia, 1983. All rights reserved. Photo by Tim Drescher. Acrylic mural on stucco 30′ × 50′*.

II. Lectura

Cuento

Rosaura Sánchez, de familia mexicana humilde, nacida en 1941 en San Ángelo, Texas, es una profesional que se ha destacado en el campo de la sociolingüística. En 1974 recibió su doctorado en lingüística de la Universidad de Texas en Austin, y desde entonces ha publicado numerosos
5 estudios y ensayos sobre el bilingüismo en el contexto de las comunidades chicanas. Una de sus obras académicas importantes, *Chicano Discourse*, trata del español de los chicanos desde un punto de vista histórico y sociológico.

Actualmente la profesora Sánchez enseña en la Universidad de Cali-
10 fornia en San Diego, en la Facultad de Literatura y de Estudios del Tercer Mundo. Aparte de su enseñanza y de sus trabajos de investigación sobre el bilingüismo en el suroeste de los Estados Unidos, Sánchez ha escrito cuentos que han sido publicados en *La revista bilingüe/The Bilingual Review*, en la *Revista Chicano-Riqueña* y en varias antologías. Aunque el
15 cuento que sigue, *Se arremangó las mangas*, está escrito en español, en su mayor parte, también tiene secciones en inglés que reflejan el medio bilingüe que existe en las grandes ciudades de los Estados Unidos. En este caso, el cuento se desarrolla en la ciudad de Los Ángeles.

*La profesora Rosaura Sánchez,
conocida lingüista y escritora.*

ANTES DE LEER

En grupos de tres o cuatro estudiantes comenten lo siguiente. Compartan después sus observaciones con el resto de la clase.

1. ¿Cómo ve usted la relación entre la apariencia de una persona y su estado social? ¿Existen ciertos estereotipos que identifican a ciertos integrantes de la comunidad latina en los Estados Unidos, en contraste con los ciudadanos de origen europeo o africano?

2. Aparte de los latinos, ¿qué otros grupos están marginados en los Estados Unidos?

3. ¿Cree que hay maneras, en general, de combatir la discriminación? ¿Cuáles son? Haga una lista.

4. Opcional. ¿Se ha sentido alguna vez que ha sido marginado o discriminado debido al color de la piel, la cultura, la lengua que habla, o por otra razón? Si puede, describa la situación y comparta la experiencia con sus compañeros(as).

Se arremangó las mangas

ROSAURA SÁNCHEZ

Se ajustó la corbata. El nudo se veía derecho. La camisa almidonada le lucía bien. Julio Jarrín se acomodó la solapa, se estiró un poco el saco y se dio un último cepillazo del bigote. Salió en seguida. Era temprano. La reunión empezaba a las 4:00 pero con el tráfico máximo tendría para rato.

5   Subió al auto y en tres minutos ya tomaba la rampa de la autopista hacia el norte. Era tanto el tráfico que tuvo que disminuir la velocidad a

40 m.p.h. Sería un caso difícil y la votación tal vez totalmente negativa, pero había otra posibilidad. Si no aprobaban lo de la permanencia—y seguro que no lo aprobarían—pues podrían ofrecerle un puesto de
10 instrucción en el departamento. De repente el tráfico se paró por completo. Aprovechó para sacarse el saco.

Ahora siempre andaba de traje y corbata. Sin el uniforme de rigor podrían haberlo tomado por indocumentado. Así se decía cada mañana al mirarse al espejo. Alto, prieto y bigotudo pero trajeado para que nadie
15 lo confundiera. Recordaba que cuando recién había llegado a Los Ángeles a trabajar en la universidad lo habían invitado a una recepción en casa de un colega donde daban la bienvenida a los profesores nuevos. Allá por el verano de 1970 tuvo su primer contacto con esas insoportables oleadas de calor que después supo llamaban la condición de "Santa Ana". El cam-
20 bio de temperatura atontaba a las comunidades costeras no acostumbradas a un clima tropical. Ese día había ido a la reunión en camisa sport de manga corta, como los otros colegas.

Le habían presentado a varios profesores y después de un rato de charla se había dirigido a la mesa de refrescos para prepararse de nuevo
25 un *wine cooler*. Al retirarse de la mesa oyó la voz de una señora mayor, esposa de uno de los profesores, que lo llamaba: —*Hey, boy*—, le había dicho, —*you can bring me another margarita.*

Disimulando, haciéndose el que no había oído, se había ido a refugiar a la cocina donde conversaba la mujer latina de un profesor an-
30 glosajón. Le dirigió unas palabras en español pero ella le contestó en inglés. Cuando quedaron solos por un momento, trató de dirigir la conversación hacia los problemas de los grupos minoritarios en el ambiente académico, pero no logró interesarla.

—*Oh no, there's no discrimination in California. I've never experienced any*
35 *discrimination whatsoever in the 15 years that we've lived here. My husband and I just love this area, particularly the beach area. We have a place right on the beach, you know, and it's so lovely. My sons just love it; they're really into surfing, you know...*—

No había vuelto a mencionar, la situación a nadie. Su ambición pro-
40 fesional lo llevó a discriminar de todo lo que pudiera asociarlo a esas minorías de clase obrera. Lo primero fue cambiar su apariencia. Nunca más volvió a salir fuera de su casa sin traje y corbata, ni aun cuando se había tenido que arrancar al hospital el día que se cortó la mano al trabajar en el jardín de su casa. Primero se había bañado, cambiado de ropa y ya de
45 traje había salido al cuarto de emergencia del hospital más cercano a recibir atención médica. No era mexicano. Era americano, con los mismos derechos que tenían los anglosajones.

Era la época de las protestas estudiantiles, del culturalismo nacional, pero él estaba muy por encima de todo eso. Cuando los estudiantes chi-
50 canos de su universidad habían acudido a él para pedirle apoyo para establecer un programa de Estudios Chicanos, les había dicho que haría lo que pudiera desde su capacidad oficial, como profesor, pero que no esperaran que los apoyara en manifestaciones ni en protestas. El no era chicano. Más de una vez, desde el atril donde dictaba sus conferencias, se
55 había dirigido a sus estudiantes minoritarios para quejarse de la dejadez

del pueblo mexicano, recomendándoles que estudiaran para que dejaran de ser mediocres. Se avergonzaba de ellos.

Su contacto con los profesores y estudiantes chicanos, por lo tanto, había sido mínimo. Lo despreciaban. Y él a ellos los consideraba tontos e
60 inferiores por no seguir el camino que él les señalaba. Había otras maneras de lograr cambios. El talento y el esfuerzo individual, eso era lo que valía. Pero desde esos tiempos habían pasado tantas cosas, tantas cosas que prefería olvidar.

No le alegraba para nada la reunión departamental que le esperaba.
65 Sería un caso difícil. Se trataba de un profesor negro, el profesor Jones, buen profesor, con pocas publicaciones. Un caso típico. Se había dedicado más a la enseñanza que a la investigación y eso no contaba para la administración universitaria, ni para sus colegas departamentales que lo evaluarían ese día. Claro que tenía el apoyo de los estudiantes minorita-
70 rios, pero eso poco contaba en estos tiempos. Ni los profesores minoritarios del departamento lo apoyarían. Nadie quería arriesgar el pellejo. Nadie quería tener criterio inferior para juzgar al colega. Algunos no lo apoyarían porque querían quedar bien con la administración o con el jefe del departamento. Tampoco él podría apoyarlo. Lo había conversado
75 con su mujer esa mañana.

—Ese profesor negro aún puede colocarse en otra universidad sin mucha dificultad. Su trabajo no es sobresaliente, ni mucho menos, y me temo que le den el hachazo hoy mismo.

—Pero, ¿no dices que tiene un libro publicado?
80 —Sí, así es, pero nada de calidad.

—Mira, bien sabes que para los que tienen palanca, no hay estorbos, y el cabrón Smith había trabajado para el State Department y tenía su apoyo en la administración.

—Y, ¿qué de la protesta de ayer? Salió en todos los periódicos que
85 los estudiantes armaron una manifestación muy grande pidiendo la permanencia para el profesor negro.

—Creen que todavía estamos en los 60. Si esa época ya pasó. Ya viste lo que hizo el Presidente. Se mandó llamar a la policía y los arrestaron a todos parejos.
90 —Sí, el periódico dice que estaba dispuesto a romper cascos con tal de sacarlos de su oficina donde se fueron a sentar en plan de protesta.

—Sí, sí, es un tipo peligroso. Le entró un pánico y perdió el control. Pudo hacerse un gran desmadre allí. Es un líder débil y dispuesto a cualquier cosa para sentirse en control de la situación.
95 —Y por eso mismo, ¿no crees que habría que apoyar al joven negro? Bien sabes cuánto ha costado traer a los pocos profesores minoritarios que hay.

—Sí, a los tres que hubo en mi departamento, los traje yo, pero sin protestas ni manifestaciones, usando mi propia palanca.
100 —Sí, sí, Julio, pero ¿cuántos de esos quedan aún? A todos los han botado y éste es el último, el último de los profesores minoritarios que tú ayudaste a traer. Ninguno ha sobrevivido. Ninguno.

Era tan difícil sobrevivir, pero allí estaba él. ¿Acaso no había sobrevivido? Hasta había alcanzado el nivel más alto de profesor en su departa-

mento. Y eso porque había sabido trabajar duro y abrirse camino, no
como profesor minoritario sino como profesor capacitado, excelente en
su campo, con una lista de publicaciones en su expediente.

Llegó a la salida de la autopista, tomó rumbo hacia la universidad y
subió un corto trecho más hasta el edificio de ciencias sociales. Bajó, se
volvió a poner el saco, entró al edificio y se dirigió a su oficina. Allí sobre la
mesa estaban los últimos exámenes de sus alumnos. Había uno en particular, el de Alejandro Ramírez, que era sobresaliente. Un joven estudiante de
clase obrera, pero inteligentísimo. Podría haber sido su hijo. Al lado de las
pruebas estaba el periódico universitario, con fotos de la manifestación estudiantil. Había una del Presidente universitario, con la cara airada ante un
policía. "Demolish the place if you have to. Just get them out". Así decía el título al pie de la foto. Se puso a mirar por la ventana. El campo universitario
se veía verde, con sus árboles y sus aceras muy bien cuidadas. Un verdadero
country club. Y él era miembro de este club campestre, miembro vitalicio.

Llegó al salón después de unos minutos para la reunión departamental. El comité de profesores presentó la evaluación y siguió la discusión. Era
buen profesor, atraía a cantidades de alumnos, pero porque era fácil,
porque no exigía mucho. Tenía un libro publicado, pero era parecido a su
tesis doctoral, y después de todo, el tema—el trabajo laboral de un líder
negro durante los años 30—no era realmente académico, le faltaba legitimi-
dad, el trabajo en sí era mediocre, y aunque la casa editorial había con-
seguido muy buenas evaluaciones, le faltaba metodología; no era lo que se
esperaba de un buen profesor universitario en ese departamento, en esa
universidad. La discusión siguió sin que nadie aportara nada a favor del profesor Jones. Por fin habló el otro profesor negro del departamento para dar-
les toda la razón. Pidió que le concedieran a Jones, aunque fuera un cargo
menor, algo que le garantizara empleo. Pero tampoco esto les pareció bien.

Fue entonces que Julio abrió la boca. Les recordó que él había
traído al profesor negro. Les recordó que antes no se habían dado clases
de historia minoritaria en ese departamento. Les recordó que la universidad tenía una obligación, un compromiso con las comunidades minori-
tarias que aumentaban cada año y que algún día serían la población
mayoritaria del estado. Les recordó que tenían un récord atroz en cuanto
al reclutamiento de estudiantes minoritarios. Les recordó que no había ni
un sólo estudiante graduado negro en el departamento. Les habló de la
investigación que estaba por hacerse en los campos minoritarios. Les hizo
recordar su propia producción a esa edad. Les mencionó precedentes de
otros profesores, algunos allí presentes, que habían recibido su cargo vitalicio con poca producción cuando esto sólo indicaba posibilidades de
crecimiento y mayor brillantez en el futuro. Les habló por 30 minutos. Al
ir hablando se dio cuenta que no se atrevía a alabar al profesor Jones pro-
fesionalmente, tratando siempre de encontrar razones contextuales para
fortalecer su propuesta de que le permitieran permanecer como miembro permanente del departamento. Calló un segundo y dijo: "Creo que el
Profesor Jones merece el *tenure* porque su trabajo promete mucho,
porque es un pionero en un campo poco explorado que ha suscitado
poca investigación. Es un buen profesor, un miembro productivo de este
departamento, interesado en períodos y contextos históricos totalmente

ignorados por este departamento que prefiere tener quince profesores de
155 historia europea. Repito, el Profesor Jones merece recibir el *tenure*."

Hubo un largo silencio. Se llamó a la votación y brevemente se anunció el resultado: 20 en contra del profesor Jones y uno a favor.

Se levantaron sus colegas y salieron rápido del salón. Era de esperarse, le dijo el jefe del departamento.

160 Sintió de repente su alienación. No era una sensación nueva. Lo nuevo era reconocerlo. Se había refugiado en la apariencia de ser parte del grupo académico mayoritario. Y ahora era el profesor Julio Jarrín ni formaba parte del círculo académico departamental ni formaba parte de la comunidad minoritaria. Su alienación era completa.

165 Salió al sol, al pasto verde. Ninguno había sobrevivido. El salvavidas lo había arrojado demasiado tarde para salvar al profesor Jones. Pero no era tarde para volver a empezar, no era tarde para aprender a luchar. Se quitó el saco y se aflojó el nudo de la corbata. Poco después se arremangó las mangas.

PARA COMENTAR

Trabajando en parejas conteste las siguientes preguntas sobre **Se arremangó las mangas**. *Justifique su opinión cuando sea necesario. Luego puede comparar sus respuestas con las de otros compañeros.*

1. ¿Qué piensan los estudiantes chicanos y los demás profesores acerca del profesor Julio Jarrín?

2. ¿Por qué en la fiesta le pide a Jarrín que le alcance otra "Margarita" una de las invitadas?

3. ¿Cuál es la reacción del profesor Jarrín cuando le hacen ese pedido? ¿Qué hace a partir de entonces?

4. ¿Dónde organizan los estudiantes la manifestación? ¿Qué motiva su protesta?

5. ¿Cuál es la opinión de Julio Jarrín sobre los estudiantes chicanos? ¿En qué se fundamenta?

6. ¿Por qué cree usted que el departamento no desea que el profesor Jones obtenga su cátedra de profesor en la universidad?

7. ¿Qué razones a favor de otorgarle la permanencia al profesor Jones presenta Jarrín en la reunión del departamento? ¿Cree que se muestra valiente Jarrín al defender a Jones? Explique su respuesta.

8. ¿Cómo es que la palabra "sobrevivir" adquiere un nuevo significado para Julio Jarrín a medida que el cuento progresa?

9. ¿Qué cree usted que significa el título del cuento (*Se arremangó las mangas*)? ¿Tiene en inglés esa expresión (*He rolled up his sleeves*) el mismo significado que en español?

10. Como estudiantes universitarios, ¿pueden ustedes identificarse con la enajenación (*alienation*) que debe sentir Julio Jarrín al final de la reunión, o sea, al final del cuento? ¿Cree que el cuento acaba en una nota negativa o positiva?

PARA ESCRIBIR

Lea los siguientes temas. Luego escoja el que le interese más para escribir sobre el mismo. Comparta su trabajo con otro(a) compañero(a) e intercambien comentarios sobre lo que han escrito.

1. ¿Qué piensa del sistema norteamericano de *tenure* (permanencia en el cargo)? Haga una lista de las ventajas y desventajas de este sistema. Después comparta sus ideas con otro grupo.

2. ¿Cómo piensa usted que el ambiente académico del grupo de profesores refleja la visión de cierta parte de la población norteamericana? Recuerde, por ejemplo, las razones que dan los profesores para votar en contra del profesor Jones.

3. ¿Cree usted que Jarrín toma al final la decisión correcta al apoyar al profesor Jones aun cuando los demás no lo hacen? ¿Por qué? ¿Por qué no?

4. ¿Le gustó este cuento o no? Explique sus razones.

5. ¿Qué piensa del hecho de que este cuento está escrito en dos lenguas? ¿Le parece una idea válida? ¿Qué ventajas y desventajas cree que presenta un cuento escrito de forma bilingüe? Explique.

Poesía

Abelardo Delgado es un escritor nacido en México en 1931, nacionalizado norteamericano. Ha desempeñado múltiples actividades, entre ellas las de ensayista, profesor, director de programas de servicio a la comunidad, etc. Es poeta y novelista. Fundó en 1970 la editorial *Barrio Publications*.

ANTES DE LEER

En grupos de tres o cuatro estudiantes comenten lo siguiente. Compartan después sus observaciones con el resto de la clase.

1. Identifique cuál es el aspecto más significativo que tiene para usted la celebración del Día de los Padres o el Día de las Madres.

2. Comente las posibles diferencias que existen en la idea del homenaje al padre en las dos culturas: mexicana (o hispanoamericana) y norteamericana.

3. En muchos casos nuestros padres procuran mantener vivo en nosotros la cultura y el idioma de nuestros antepasados. ¿Sus padres los han criado así? Comparta dos o tres experiencias sobre el tema con sus compañeros(as) de clase.

4. ¿Ha experimentado usted algún conflicto de índole lingüístico-cultural con sus padres y familiares? Explique.

Padre mexicano con su hijo.

HOMENAJE A LOS PADRES CHICANOS

*semblante: aspecto
del rostro

*templado: firme

*ampollada: con ampollas
(blisters)

     con el semblante* callado
con el consejo bien templado*,
demandando siempre respeto,
con la mano ampollada* y el orgullo repleto,
5 así eres tú y nosotros te hablamos este día,
padre, papá, apá, jefito, *dad, daddy… father,*
como acostumbremos llamarte, eres el mismo.
la cultura nuestra dicta

                    que el cariño que te tenemos

10 lo demostremos poco

                    y unos hasta creemos

que *father's day*

                    es cosa de los gringos,
                    pero no…

15 tu sacrificio es muy sagrado
para dejarlo pasar hoy en callado.
tu sudor es agua bendita
y tu palabra sabia,
derecha como esos surcos

*labran: trabajar la
tierra

20 que con fe unos labran* día tras día,
nos sirve de alimento espiritual
y tu sufrir por tierras
y costumbres tan extrañas,

amparo: abrigo o
defensa

tu aguante, tu amparo*, tu apoyo,
25 todo eso lo reconocemos y lo agradecemos
y te llamamos hoy con fuerza

para que oigas

aun si ya estás muerto

aun si la carga fue mucha

30 o la tentación bastante

y nos abandonaste

aun si estás en una cárcel
o en un hospital...
óyeme, padre chicano, oye también a mis hermanos,
35 hoy y siempre, papá, te veneramos.

PARA COMENTAR

*Trabajando en parejas conteste las siguientes preguntas sobre **Homenaje a los padres chicanos**. Justifique su opinión cuando sea necesario. Luego puede comparar sus respuestas con las de otros compañeros.*

1. ¿Por qué cree que es difícil expresarles nuestros sentimientos más importantes (agradecimiento, admiración, aprecio, cariño) a nuestros familiares o amigos, y por qué los ocultamos?
2. Relate alguna experiencia donde un pariente o amigo le ayudó a salir de una situación crítica con un consejo, una acción particular u otro tipo de apoyo.
3. En su opinión, ¿cuál ha sido el consejo más valioso que le han dado sus padres?
4. ¿Es diferente la relación que hay entre padres e hijos en la cultura mexicana o hispana de la que existe en la norteamericana? Explique.

PARA ESCRIBIR

Escoja una de estas ideas del poema y escriba un breve comentario.

■ "con la mano ampollada y el orgullo repleto"
■ "la cultura nuestra dicta / que el cariño que te tenemos / lo demostremos poco"
■ "tu aguante, tu amparo, tu apoyo"

IV. Mundos hispanos

El líder activista de los trabajadores agrícolas, César Chávez (1927–1993), durante el "Movimiento Chicano", fue uno de los organizadores que trabajó más arduamente por los derechos laborales y civiles de los trabajadores agrícolas. Por medio de sus esfuerzos pacíficos, logró ganarse el

César Chávez, el conocído activista chicano (1927–1993).

respaldo de miles de personas en la nación—políticos, trabajadores agrícolas, estudiantes, votantes "liberales" y gente de todas las clases sociales, convirtiéndose así, tanto en el líder principal del sindicato *National Farm Workers* durante la década de los sesenta, como en símbolo de la lucha de los chicanos contra los poderosos intereses de las variadas industrias agrícolas.

El actor y activista chicano, Edward James Olmos es conocido no sólo como hábil actor de cine sino también como activista. Olmos ha utilizado su notoriedad para llamar la atención sobre cuestiones importantes del momento relacionadas con la población latina de los Estados Unidos. Su activismo comunitario y sus éxitos de cine han inspirado a muchos méxicoamericanos, sirviéndoles de modelo y mentor, sobre todo para la juventud. Ha actuado en tales películas como *The Ballad of Gregorio Cortés, Zoot Suit* (1981), *Stand and Deliver* (1988)—disponible en español bajo el título *Con ganas de triunfar*—y *American Me.*

ACTIVIDADES

1. Vea una de las películas en que ha actuado Edward James Olmos y escriba en una o dos páginas un resumen de la trama. Puede escoger entre: *The Ballad of Gregorio Cortés, Zoot Suit, Stand and Deliver* y *American Me.*

Edward James Olmos, el actor y activista chicano.

2. Si escoge *Stand and Deliver* en español (*Con ganas de triunfar*), investigue en su biblioteca el caso verídico de Jaime Escalante y lo que ocurrió cuando sus estudiantes tomaron los exámenes de cálculo a través de la conocida agencia, *Educational Testing Service* (ETS).

IV. El arte de ser bilingüe

LEER EN INGLÉS E INTERPRETAR EN ESPAÑOL

Una de las habilidades que los latinos bilingües ejercitan es la capacidad de leer un texto en un idioma, inglés, y comunicar sus impresiones orales sobre éste en otro, el español. En una comunidad bilingüe y sobre todo en un ambiente universitario o profesional, es ventajoso desarrollar estas destrezas bilingües: poder leer algo en un idioma y conversar sobre lo leído en otro.

En el siguiente ejercicio, leerá un fragmento de una autobiografía polémica que se publicó en inglés. Este libro causó cierto escándalo en la comunidad mexicanoamericana del país porque su autor, Richard Rodríguez, parece renegar de su cultura. Ejercite el arte de ser bilingüe al leer el siguiente texto en inglés y luego realizar la práctica oral y escrita en español.

*El escritor Richard Rodríguez, autor de
la controvertida autobiografía,*
Hunger of Memory.

Richard Rodríguez, autor del fragmento que aparece a continuación en el original, cursó sus estudios primarios en Sacramento, California. Realizó estudios graduados en las Universidades de Stanford y Columbia. Actualmente vive en San Francisco. El fragmento a continuación está tomado de su libro, *Hunger of Memory: The Education of Richard Rodriguez* (New York: Bantam Books, 1983). Rodríguez publicó otro libro, *Days of Obligation: An Argument with My Mexican Father* (New York: Viking, 1992), y trabajó de comentarista para el conocido programa de televisión *MacNeil/Lehrer News Hour* por un tiempo.

EXCERPTS FROM HUNGER OF MEMORY

Regarding my family, I see faces that do not closely resemble my own. Like some other Mexican families, my family suggests Mexico's confused colonial past. Gathered around a table, we appear to be from separate continents. My father's face recalls faces I have seen in France. His complexion is white—he does not tan; he does not burn. Over the years, his dark wavy hair has grayed handsomely. But with time his face has sagged to a perpetual sigh. My mother, whose surname is inexplicably Irish—Moran—has an olive complexion. People have frequently wondered if, perhaps, she is Italian or Portuguese. And, in fact, she looks as though she could be from southern Europe. . . . My older brother has inherited her good looks.

When he was a boy people would tell him that he looked like Mario Lanza, and hearing it he would smile with dimpled assurance. He would come home from high school with girl friends who seemed to me glamorous (because they were) blonds. And during those years I envied him his skin that burned red and peeled like the skin of the gringos. His complexion never darkened like mine. My youngest sister is exotically pale, almost ashen. She is delicately featured, Near Eastern, people have said. Only my older sister has a complexion as dark as mine, though her facial features are much less harshly defined than my own. To many people meeting her, she seems (they say) Polynesian. I am the only one in the family whose face is severely cut to the line of ancient Indian ancestors. My face is mournfully long, in the classsical Indian manner; my profile suggests one of those beak-nosed Mayan sculptures—the eaglelike face upturned, open mouthed, against the deserted, primitive sky.

"We are Mexicans", my mother and father would say, and taught their four children to say whenever we (often) were asked about our ancestry. My mother and father scorned those "white" Mexican-Americans who tried to pass themselves off as Spanish. My parents would never have thought of denying their ancestry. I never denied it: My ancestry is Mexican, I told strangers mechanically. But I never forgot that only my older sister's complexion was as dark as mine.

My older sister never spoke to me about her complexion when she was a girl. But I guessed that she found her dark skin a burden. . . . She revealed her fear of dark skin to me only in adulthood when, regarding her own three children, she quietly admitted relief that they were all light.

That is the kind of remark women in my family have often made before. As a boy, I'd stay in the kitchen (never seeming to attract any notice), listening while my aunts spoke of their pleasure at having light children. (The men, some of whom were dark-skinned from years of working out of doors, would be in another part of the house.) It was the woman's spoken concern: the fear of having a dark-skinned son or daughter. Remedies were exchanged. One aunt prescribed to her sisters the elixir of large doses of castor oil during the last weeks of pregnancy. (The remedy risked an abortion.) Children born dark grew up to have their faces treated regularly with a mixture of egg white and lemon juice concentrate. (In my case, the solution never would take.) One Mexican-American friend of my mother's, who regarded it a special blessing that she had a measure of English blood, spoke disparagingly of her husband, a construction worker, for being so dark. "He doesn't take care of himself," she complained. But the remark, I noticed, annoyed my mother, who sat tracing an invisible design with her finger on the tablecloth.

There was affection too and a kind of humor about these matters. . . . At times relatives spoke scornfully of pale, white skin. A *gringo*'s skin resembled *masa*—baker's dough—someone remarked. Everyone laughed. Voices chuckled over the fact that the *gringos* spent so many hours in summer sunning themselves. ("They need to get sun because they look like *los muertos*".)

I heard the laughing but remembered what the women had said, with unsmiling voices, concerning dark skin. Nothing I heard outside the house, regarding my skin, was so impressive to me.

PARA COMENTAR

Trabajando en parejas conteste las siguientes preguntas sobre **Hunger of Memory**. *Justifique su opinión cuando sea necesario. Luego puede comparar sus respuestas con las de otros compañeros.*

1. ¿Cuál es la actitud de Richard hacia los problemas que sus hermanos, padres y familiares encuentran en la vida diaria en los Estados Unidos? ¿Es él un simple narrador, o se solidariza con ellos?
2. ¿Cómo se compara la actitud de los familiares de Richard con la actitud de los afroamericanos hacia el color de la piel?
3. Los padres de Richard critican la disposición de algunos mexicanoamericanos a negar sus raíces. ¿Qué le parece esta práctica?
4. En la familia de Rodríguez se encuentran los dos extremos: los que defienden su identidad y los que la niegan. ¿Podría hablarse de un justo medio?

ACTIVIDAD ESCRITA

A. Traducción

En una hoja aparte, traduzca las siguientes oraciones, tomadas del texto de Rodríguez. Use su propio diccionario o uno de los diccionarios bilingües que se recomiendan en el Apéndice.

1. *My older brother has inherited her good looks.*
2. *I would be paralyzed with embarrassment, unable to return the insult.*
3. *My parents would never have thought of denying their ancestry.*
4. *My mother...sat tracing an invisible design with her finger on the tablecloth.*
5. *There was affection too and a kind of humor about these matters.*

B. Composición

Escoja uno de los temas siguientes y escriba su impresión de lo que escribe Rodríguez al respecto en un párrafo de cien palabras aproximadamente: la postura de sus padres ante la cuestión de la identidad mexicana; las dificultades encontradas por su hermana mayor a lo largo de su educación; la preocupación y la actitud de ciertos familiares por la mayor o menor "blancura" de sus hijos nacidos en el país.

V. Unos pasos mas: fuentes y recursos

A. PARA AVERIGUAR MÁS

Busque uno de los libros indicados a continuación u otro que su profesor o profesora le recomiende. Escoja un capítulo o una sección que le interese, y prepare una lista de tres a cinco puntos principales basados en la lectura. Anote sus impresiones generales. Prepárese para compartirlos oralmente en clase.

Los mexicanoamericanos: bibliografía seleccionada

Anaya, Rudolfo A. *Bless Me, Ultima*. New Mexico, 1972.

———. *Bendíceme Ultima*. New York: Warner Books, 1992. (Traducido del inglés.)

Bruce-Novoa, Juan. *Retro-Space: Collected Essays on Chicano Literature, Theory, and History*. Houston: Arte Público Press, 1990.

Cisneros, Sandra. *Woman Hollering Creek and Other Stories*. New York: Random House, 1991.

Corpi, Lucha. *Delia's Song*. Houston: Arte Público Press, 1988.

de la Garza, Rodolfo O., et al, eds. *The Mexican American Experience*. Austin: University of Texas Press, 1985.

Fregoso, Rosa Linda. *The Bronze Screen: Chicana and Chicano Film Culture*. Minneapolis: University of Minnesota Press, 1993.

Hernández-Gutiérrez, Manuel de Jesús. *Literatura chicana*. Hamden: Garland Publishing, 1997.

García, Mario T. *Mexican Americans*. New Haven: Yale University Press, 1989.

Gómez-Quiñones, Juan. *Chicano Politics: Reality and Promise, 1949–1990*. Albuquerque: University of New Mexico Press, 1990.

Griswold del Castillo, Richard, Teresa McKenna, and Yarbro-Bejarano, eds.

Chicano Art: Resistance and Affirmation, 1965–1985. Los Angeles: Wright Art Gallery, University of California, 1991.

Herrera-Sobek, María. *Northward Bound: The Mexican Immigrant Experience in Ballad and Song*. Bloomington: Indiana University Press, 1993.

Keller, Gary D. and Francisco Jimenez, eds. *Hispanics in the United States: An Anthology of Creative Literature, 2 vols*. Ypsilanti: Bilingual Review Press, 1982.

López, Tiffany Ana, ed. *Growing Up Chicano/a*. New York: Avon Books, 1993.

Martinez, Julio, and Francisco Lomeli. *Chicano Literature: A Reader's Guide*. Westport: Greenwood Press, 1985.

Meyer, Michael C., and William L. Sherman. *The Course of Mexican History*. Oxford and New York: Oxford University Press, 1991.

Penuelas, Marcelino C. *Cultura hispánica en los Estados Unidos: los chicanos.* Madrid: Ediciones Cultura Hispánica del Centro Iberoamericano de Cooperación, 1978.

Rieff, David. *Los Angeles: Capital of the Third World.* New York: Simon & Schuster, 1991.

Rivera, Tomás. *...y no se lo tragó la tierra.* Houston: Arte Público Press, 1996.

————. *The Harvest Short Stories.* Bilingual Edition. Edited and Translated by Julián Olivares. Houston: Arte Público Press, 1989.

Rodríguez, Richard. *Days of Obligation: An Argument with my Mexican Father.* New York: Viking, 1992.

Rosales, F. Arturo. *Chicano! The History of the Mexican American Civil Rights Movement.* Houston: Arte Público Press, 1997.

Ruíz de Burton, María Amparo. Rosaura Sánchez & Beatrice Pita, Eds. *The Squatter and the Don.* Houston: Arte Público Press, 1997.

Sánchez, Rosaura. *Chicano Discourse: Socio-historic Perspectives.* 2nd edition. Houston: Arte Público Press, 1994.

Sperling Cockcroft, Eva, and Holly Barnet-Sánchez. *Signs from the Heart: California Chicano Murals.* Venice: Social & Public Art Resource Center; Albuquerque: University of New Mexico Press, 1993.

Ulibarrí, Sabine R. *Cuentos de Nuevo México/Stories of New Mexico.* Albuquerque: University of New Mexico Press, 1971.

Villanueva, Tino. *Hay otra voz Poems.* Staten Island: Editorial Mensaje, 1974.

Villareal, José Antonio. *Pocho.* New York: Doubleday, 1959.

B. PARA DISFRUTAR Y APRENDER

Películas en video

And the earth did not swallow him (99 min., 1996), una impactante película sobre la vida de un jovencito mexicanoamericano en los años cincuenta.

La Bamba (108 min., 1987) sobre la vida de Richie Valens, quien a la temprana edad de diecisiete años tuvo un gran éxito en el mundo del *rock and roll*, y luego murió en un accidente de avión.

El Norte (139 mins., 1984), película nominada para un "Oscar", acerca de la dura vida de unos hermanos guatemaltecos, Rosa y Enrique, que se ven forzados a escapar de su pueblo en Guatemala debido a la guerra civil.

The Milagro Beanfield War (118 min., 1988). Dirigida por Robert Redford. Trata sobre la corrupción en un pequeño pueblo del suroeste.

Documentales

Mapa del corazón (28 min., 1995). Producido por The University of New Mexico's Office of Research Administration, KNME TV-5 113 University Blvd. N.E., Albuquerque, NM, 87102–1798. 1–800–328–5663/ 505–277–2121. Trata de las familias hispanas en Nuevo Mexico y el mantenimiento del español, las tradiciones y costumbres.

Chicana (23 min., 1991). Sobre el papel de las mujeres mexicanas/chicanas, desde tiempos pasados hasta el presente y muestra cómo las mujeres han hecho grandes contribuciones aun cuando la mujer ha sido generalmente oprimida en varias formas en la cultura latina.

The Time has Come! (42 min., 1996). Trata sobre los abusos de la Patrulla de la Frontera (*Border Patrol*).

Chicano! La historia del movimiento de los derechos civiles de los mexicanoamericanos. PBS. Contact: http://www.pbs.org/chicano/sindex.html

REVISTAS Y EDITORIALES DE INTERÉS

Aztlán—International Jounal of Chicano Studies
Grito del Sol: A Chicano Quarterly
Revista Chicano-Riqueña (The Hispanic Review)
La revista bilingüe/The Bilingual Review
Arte Público Press (Houston)
Bilingual Review Press (Arizona)

Recursos de la red *(WWW)*

Si desea explorar la red, vaya a http://www.wiley.com/college/nuevosmundos, donde encontrará una lista de sitios relacionados con el tema de este capítulo.

Capítulo Tres

Los puertorriqueños

"El orgullo de ser boricua (el nombre indígena para los habitantes originales de la isla) es siempre la consigna de la marcha, que busca subrayar la necesidad de conservar y cultivar el sentimiento de identidad común, y el afán de superación social. Los que desfilan, con comparsas, música y baile, comunican el gozoso sentir del ser puertorriqueño y la importancia de su cultura".

Desfile puertorriqueño en la ciudad de Nueva York.

Para entrar en onda

Para ver cuánto sabe del tema del capítulo, responda a este cuestionario lo mejor que pueda. Escoja la respuesta más apropiada. Luego compruebe sus conocimientos, consultando la lista de respuestas que aparecen invertidas al pie de este ejercicio.

1. El nombre indígena de Puerto Rico es
    a. Isla del Encanto.
    b. Borinquén.
    c. Isla de los taínos.

2. El coquí es
    a. un insecto de lugares pantanosos.
    b. un juego infantil.
    c. una rana diminuta.

3. Luis Palés Matos es
    a. un salsero de última moda.
    b. un conquistador español.
    c. un poeta, cultivador de la poesía negra.

4. El jíbaro es
    a. un campesino del interior de la isla.
    b. un animal doméstico.
    c. una persona de la clase social más alta.

5. Areíto es
    a. una combinación local de danza y canto.
    b. el nombre de una localidad precolombina.
    c. el apodo de un personaje histórico.

6. Puerto Rico está situado
    a. entre Cuba y México.
    b. al este de la República Dominicana.
    c. al sur de Jamaica.

7. El guineo es
    a. una moneda de diez centavos.
    b. un tipo de pavo salvaje.
    c. una fruta.

8. La habichuela es
    a. el diminutivo de la palabra "hábito".
    b. un frijol que se come en Puerto Rico.
    c. un ave muy pequeña.

9. El jugo de china es
    a. el jugo de naranja.
    b. un popular juego infantil.
    c. la savia de un árbol tropical.

10. En Puerto Rico se le dice "zafacón" a
    a. el lacón.
    b. el cesto de la basura.
    c. un árbol de la zona.

I. Conversación y cultura

Los puertorriqueños en Nueva York

De los más de 2.3 millones de puertorriqueños que residen en los Estados Unidos[1], más de un millón vive en el estado de Nueva York; cerca de 900.000 en la misma ciudad. Los puertorriqueños son ciudadanos estadounidenses y no se consideran inmigrantes. A diferencia de otros grupos
5 latinos—los cubanos, por ejemplo—, los puertorriqueños han podido viajar siempre entre los Estados Unidos y la isla sin problemas. El constante intercambio de personas e ideas ha contribuido a que las costumbres y

El Pan Nuestro, *Ramón Frade, 1905.*

[1]Según el censo de 1990, la población puertorriqueña se calcula en alrededor de 6.3 millones. Esta cifra incluye a los habitantes de la isla y a los residentes en los Estados Unidos.

Un grupo de músicos en Nueva York toca música folklórica puertorriqueña en un concierto de la zona conocida como el Lower East Side. ¿Sabe usted tocar la pandereta o el güiro? ¿La tumbadora o las maracas? ¿Conoce las claves, el bongó y el cencerro? ¿Sabe lo que es una plena?

tradiciones, la música y la cultura puertorriqueñas en general prosperen en los Estados Unidos.

10   Uno de los eventos más notables en este sentido es el llamado *Puerto Rican Day Parade*. Desde 1958 la comunidad puertorriqueña de Nueva York organiza anualmente un gran desfile para celebrar tanto la herencia como el aporte de sus miembros a la nación norteamericana. A este desfile que actualmente se ha convertido en una enorme fiesta popular,
15   patrocinada por empresas y asociaciones hispanas, asisten no sólo puertorriqueños y muchos otros hispanos de Nueva York, sino también figuras

El famoso músico Tito Puente.

destacadas de las artes y la sociedad de la isla borinqueña, quienes viajan a la gran ciudad con el propósito de estar presentes en los festejos. En los últimos desfiles, por ejemplo, participaron más de cien mil personas, y se
20 calcula que los espectadores sumaron alrededor de un millón.

El orgullo de ser boricua (el nombre indígena para los habitantes originales de la isla) es siempre la consigna de la marcha, que busca subrayar la necesidad de conservar y cultivar el sentimiento de identidad común, y el afán de superación social. Los que desfilan, con comparsas,
25 música y baile, comunican el gozoso sentir del ser puertorriqueño y la importancia de su cultura. La ocasión se convierte en una de gran júbilo y resonancia para los participantes.

El desfile no sólo es muestra de la vitalidad de la comunidad puertorriqueña en los Estados Unidos, sino que también sirve de alerta sobre
30 las condiciones actuales de la comunidad. Como otros grupos hispanos en los Estados Unidos, los puertorriqueños enfrentan graves cuestiones de discriminación, a las que se suman los bajos ingresos, el desempleo, el crimen urbano, y un porcentaje de escolaridad en general insatisfactorio. Pero existe una persistente y sostenida voluntad dentro de la inmensa co-
35 munidad borinqueña en Nueva York (más de dos millones y medio de personas hacia 1990) de superar los problemas y avanzar en su cometido de integrarse al "sueño norteamericano" sin perder su identidad, que se remonta al siglo XV. Ya muchos de los puertorriqueños de Nueva York (*nuyoricanos* o *nuyoricans*) se han integrado a una próspera clase media.
40 Aun en las zonas más conflictivas de convivencia (tales como el South Bronx de Nueva York) la cultura ha representado una fuente de alivio, reforzando la dignidad y la identidad del puertorriqueño que vive en los Estados Unidos. En los barrios surgen centros culturales; los vecinos se organizan para combatir las pandillas y el tráfico de drogas; se pro-
45 mueve entre la comunidad la urgencia de participar en el proceso político de la ciudad, con miras a lograr una mejor representación puertorriqueña en el gobierno local. El "rap" latino se debe mayormente a la ingeniosidad y creatividad de los nuyoricanos. Esta música simboliza la situación peculiar de sus intérpretes y aficionados: la condición de ser
50 puertorriqueños y norteamericanos al mismo tiempo.

Esta dualidad es la principal característica del boricua que vive y trabaja en los Estados Unidos. Es ciudadano norteamericano por nacimiento desde 1917, y a la vez mantiene un vínculo permanente con el resto de la población puertorriqueña de la isla. Ambos elementos deben promover el
55 mantenimiento de lo mejor de las dos culturas de la comunidad dentro de la sociedad norteamericana. Esto significará la subsiguiente mejora de todos los niveles socioeconómicos, y la permanencia de la identidad puertorriqueña (cultural, religiosa, histórica), que es la garantía de supervivencia étnica en el crisol de razas y culturas que es la sociedad norteamericana.

PARA COMENTAR

A. Intercambio

Trabajando en parejas conteste las siguientes preguntas sobre la lectura. Justifique su opinión cuando sea necesario. Luego puede comparar sus respuestas con las de otros compañeros.

1. ¿De dónde provienen las palabras "boricua" y "nuyoricano"?

2. ¿Cuáles son los problemas más graves que enfrenta la comunidad puertorriqueña?

3. ¿Cuál es una de las medidas que toma la comunidad puertorriqueña para combatir la delincuencia juvenil?

4. ¿Cuál es el principal factor para promover el desarrollo económico y social de la comunidad puertorriqueña en los Estados Unidos?

5. ¿Ha participado en desfiles similares al descrito, que celebren su cultura en particular? ¿Qué propósito tienen los desfiles?

B. Actividades

1. Escoja la respuesta que mejor refleje sus sentimientos. Después compare sus repuestas con las de sus compañeros. Puede también hacer una encuesta general de toda la clase para determinar la identidad que predomina.

   a. me considero norteamericano(a)
   b. me considero hispano ciento por ciento
   c. mi identidad es mixta
   d. mi origen étnico no es importante
   e. mi formación cultural es la determinante
   f. nada de lo anterior

2. ¿Cuál sería, en su opinión, el mejor futuro para la isla de Puerto Rico en el siglo XXI: estado libre asociado de los EE.UU., estado de los Estados Unidos, o país completamente libre e independiente de los Estados Unidos? ¿Por qué? Dé una o dos razones para justificar cada posibilidad.

El Morro, San Juan, Puerto Rico. Fuerte construído por los españoles en el siglo XVI.

1868   Varios patriotas puertorriqueños lanzan el *Grito de Lares*, tratando de organizar la insurrección contra el dominio español.

1888   En abril el buque *USS Maine* explota a la entrada de la bahía de La Habana y el presidente McKinley declara guerra contra España. En mayo los Estados Unidos invaden la isla de Puerto Rico en represalia por el ataque.

1892   Se funda en Tampa el *Partido Revolucionario Cubano* para luchar por la independencia de Puerto Rico y Cuba.

1898   España firma el tratado de París, cediéndole a los Estados Unidos la autoridad sobre Puerto Rico, Cuba y las Filipinas.

1917   Se les otorga a los puertorriqueños la ciudadanía norteamericana por medio de la ley Jones. El idioma inglés se declara el oficial en la isla.

1946   El primer gobernador de Puerto Rico (Jesús Piñero) asume el cargo.

1950   Puerto Rico se convierte en un Estado Libre Asociado. Hasta entonces había sido un protectorado.

1960   Se funda ASPIRA, una organización para promover la educación de la juventud puertorriqueña y de otras comunidades hispanohablantes.

1978   Las Naciones Unidas reconocen el derecho de Puerto Rico a la autodeterminación. El presidente Carter pide un referéndum (que no se realiza) para determinar el futuro status de la isla.

1989   El presidente Bush, que está a favor de la estatidad de la isla, apoya la idea del referéndum.

1993   Se lleva a cabo el referéndum. El 48% se manifiesta a favor de mantener el *status quo*, mientras que un 46% vota por la estatidad. Sólo el 4% desea la independencia.

II. Lectura

Cuento

José Luis González nació en 1926. Su arte literario documenta los principales eventos de la historia puertorriqueña del siglo XX, desde la invasión norteamericana de 1899 hasta la situación actual de sus compatri-
5 otas en el marco de la existencia del Estado Libre Asociado. Su tono es polémico y manifiesta un definido compromiso político. Publicó *Paisa*

José Luis González, el escritor puertorriqueño.

en 1950, obra que trata de los conflictos étnicos en Nueva York. En 1980 dio a la imprenta *El país de cuatro pisos*, ensayo sobre la historia y las condiciones sociales en la isla. El siguiente relato está tomado de su libro *Antología personal*.

ANTES DE LEER

En grupos de tres o cuatro estudiantes comenten lo siguiente. Compartan después sus observaciones con el resto de la clase.

1. ¿Dice usted siempre la verdad o no? ¿No es mejor mentir a veces para evitar el sufrimiento de otras personas? ¿En qué casos, por ejemplo?

2. ¿Piensa que es mejor a veces mentir a los padres que hacerlos sufrir?

3. ¿Cuál es su reacción inicial cuando se encuentra un desamparado en la calle que pide limosna?

4. ¿Cambia usted de estilo al hablar? ¿Utiliza un lenguaje diferente según la situación en que se encuentre? ¿Habla usted de la misma manera en la escuela, en una reunión familiar, en una entrevista de trabajo, cuando practica deportes o se divierte con sus amigos(as)? Dé ejemplos.

La carta

San Juan, Puerto Rico
8 de marso de 1947

Qerida bieja:

Como yo le desia antes de venirme, aquí las cosas me van vién. Desde
5 *que llegé enseguida incontré trabajo. Me pagan 8 pesos la semana y con eso*
vivo como don Pepe el administradol de la central allá.

La ropa aqella que quedé de mandale, no la he podido compral pues
quiero buscarla en una de las tiendas mejores. Digale a Petra que cuando
valla por casa le boy a llevar un regalito al nene de ella.

10 *Boy a ver si me saco un retrato un dia de estos para mandálselo a uste.*

El otro dia vi a Felo el hijo de la comai María. El esta travajando pero
gana menos que yo.

Bueno recueldese de escrivirme y contarme todo lo que pasa por alla.

Su ijo que la qiere y le pide la bendisión.

15 *Juan.*

Despúes de firmar, dobló cuidadosamente el papel ajado y lleno
de borrones y se lo guardó en el bolsillo de la camisa. Caminó hasta la
estación de correos más próxima, y al llegar se echó la gorra raída sobre
la frente y se acuclilló en el umbral de una de las puertas. Dobló la
20 mano izquierda, fingiéndose manco, y extendió la derecha con la palma
hacia arriba.

Cuando reunió los cuatro centavos necesarios, compró el sobre y el
sello y despachó la carta.

PARA COMENTAR

Trabajando en parejas conteste las siguientes preguntas sobre **La Carta**. *Justifique su opinión cuando sea necesario. Luego puede comparar sus respuestas con las de otros compañeros.*

1. A juzgar por la carta, ¿qué podemos saber sobre la escolaridad de Juan, el nivel de educación recibida, su estado personal?

2. ¿Por qué cree usted que Juan engaña a su madre? ¿Piensa que hace bien o mal? ¿Qué haría en su lugar?

3. ¿Le parece correcto o ético que Juan finja ser manco para obtener dinero de la gente?

4. Este breve cuento presenta una combinación de dos voces narrativas: la de Juan y la de otra voz que narra el cuento. ¿Cómo nos ayuda esta división a comprender mejor al personaje de Juan, y por qué?

PARA ESCRIBIR

A. Actividades

1. Relea la carta de Juan y marque con un lápiz todos los errores que encuentre.

2. En una hoja aparte reescriba la carta con la ortografía correcta.

3. Compare su versión de la carta de Juan con la de otros compañeros.

4. ¿Cuál es la diferencia entre el inglés y el español en cuanto a la puntuación del saludo en una carta? ¿Qué otras diferencias podría encontrar usted?

B. Redacción de una carta

Escriba una carta personal corta (dos o tres párrafos) a un amigo o amiga. Cuéntele algo sobre sus estudios, sus metas, los campos académicos o técnicos que más le gustan, su vida de estudiante, y sus pasatiempos. No tiene por qué contar la verdad.

Poesía

Julia de Burgos nació en Puerto Rico en 1914, y murió en Nueva York en 1953. Tuvo una vida algo desgraciada; un grave alcoholismo contribuyó a su muerte. Vivió en Cuba por algún tiempo, en compañía de su compañero, única pasión amorosa en su vida. Julia de Burgos fue redactora
5 de la publicación de *Pueblo Hispano*, pero desempeñó también los más diversos trabajos: (empleada de laboratorio, maestra, oficinista, costurera) a lo largo de sus breves treinta y nueve años de vida. Su obra tiene una relevancia particular en la literatura puertorriqueña contemporánea porque Burgos alcanzó en su poesía gran lirismo.

La escritora puertorriqueña Julia de Burgos (1914–1953).

ANTES DE LEER

En grupos de tres o cuatro estudiantes comenten lo siguiente. Compartan después sus observaciones con el resto de la clase.

En el soneto siguiente Julia Burgos celebra al héroe cubano José Martí (1853–1895). ¿Cuáles son los temas que aparecerán en el poema? Marque todas las respuestas que considere posibles.

a. la trayectoria artística o política de Martí en su país.

b. el ejemplo que la actividad de Martí representa para Cuba.

c. el ejemplo que Martí representa para Cuba y Puerto Rico.

d. la realidad histórica del momento.

e. el símbolo de la aspiración moderna representado por Martí.

f. la necesidad de la solidaridad entre los dos países.

destello: rayo de luz

andino: relativo a los Andes, cordillera en América del Sur

A JOSÉ MARTÍ   *(mensaje)*

Yo vengo de la tierna mitad de tu destino;
del sendero amputado al rumbo de tu estrella;
del último destello* del resplandor andino*,
que se extravió en la sombra, perdido de tu huella.

trino: tiempo musical, canto de los pájaros

5   Yo vengo de una isla que tembló por tu trino*,
    que hizo tu alma más fuerte, tu llamada más bella;
    a la que diste sangre, como diste camino
    (que al caer por tu Cuba, ya caíste por ella).

lumbre: brillo, luz fuerte

    Y por ella, la América debe un soplo a tu lumbre*,
10 su tiniebla hace un nudo de dolor en tu cumbre,
    recio* dios antillano, pulso eterno, Martí.

recio: vigoroso, fuerte

    Porque tengamos cerca de la muerte, un consuelo,
    Puerto Rico, mi patria, te reclama en el suelo,
    ¡y por mi voz herida, se conduce hasta ti!

PARA COMENTAR

Trabajando en parejas conteste las siguientes preguntas sobre el poema. Justifique su opinión cuando sea necesario. Luego puede comparar sus respuestas con las de otros compañeros.

1. En los primeros cuatro versos Burgos se refiere a un hecho histórico: Cuba se ha independizado, pero Puerto Rico no. ¿Por qué podemos interpretarlo así?

2. Burgos escribe: "a la que diste sangre, como diste camino". ¿Cómo podría ser Martí ejemplo para las aspiraciones independentistas de los puertorriqueños en el presente?

3. ¿Cómo siente Burgos la situación de su isla en el poema?

4. Vuelva a las respuestas que dio en la sección **Antes de leer**. ¿Eran correctas sus predicciones?

PARA ESCRIBIR

Lea los siguientes temas. Luego escoja el que le interese más para escribir sobre el mismo. Comparta su trabajo con otro(a) compañero(a) e intercambien comentarios sobre lo que han escrito.

1. ¿Cómo ve Burgos la figura de Martí en el poema?

2. Julia Burgos escribe "último destello del resplandor andino,/que se extravió en la sombra". ¿Qué quiere decir la autora aquí?

Fragmentos de novela

Esmeralda Santiago estudió en *Harvard University* y en *Sarah Lawrence College*, donde obtuvo una maestría en bellas artes. Sus trabajos han aparecido en *The New York Times, Christian Science Monitor,* y otras publicaciones. Ella y su esposo Frank Cantor tienen una compañía productora de cine,
5   *Cantomedia*, radicada en Boston; el matrimonio tiene dos hijos. Una de

Esmeralda Santiago, la escritora
puertorriqueña.

sus obras publicadas recientemente es *El sueño de América*, su primera novela. *Cuando era puertorriqueña* (*When I was Puerto Rican*) salió de la imprenta primero en inglés, en 1993. La traducción al español la hizo la misma autora. Reproducimos a continuación la viñeta que inaugura la obra, y uno de los últimos capítulos.

ANTES DE LEER

En grupos de tres o cuatro estudiantes comenten lo siguiente. Compartan después sus observaciones con el resto de la clase.

1. *Prólogo: cómo se come una guayaba* tiene que ver con el gusto de la narradora por la guayaba, fruta tropical. Pero una lectura más cuidadosa revela que el real propósito es descubrir, a través del recuerdo de una vivencia infantil, un ambiente cultural que se añora, porque se ha perdido. La guayaba es un símbolo (una metáfora) de una realidad pasada. Relate una experiencia (la sensación de un aroma, el sabor de algún alimento, o un sonido familiar) que le haga recordar el pasado. ¿Qué recuerdos le vienen a la mente? ¿Le hace recordar algo de su niñez?

2. Identifique un aspecto particular (un plato típico de cocina, una costumbre de domingo, un hábito familiar, una frase o saludo peculiar, etc.) que represente fielmente una determinada época en su vida. Explique lo que representa para usted.

Prólogo: cómo se come una guayaba

Barco que no anda, no llega a puerto

Venden guayaba en el *Shop & Save*. Elijo una del tamaño de una bola de tenis y acaricio su tallo espinoso, su familiar textura nudosa y dura. Esta guayaba no está lo suficientemente madura; la cáscara está muy verde. La huelo y me imagino un interior rosado pálido, las semillas bien incrus-
5 tadas en la pulpa.

La guayaba madura es amarilla, aunque algunas variedades tienen un tinte rosado. La cáscara es gruesa, dura y dulce. Su corazón es de un rosado vivo, lleno de semillas. La parte más deliciosa de la guayaba está alrededor de las semillitas. Si no sabes cómo comerte una guayaba, se te
10 llenan los entredientes de semillas.

Cuando muerdes una guayaba madura, tus dientes deben apretar la superficie nudosa y hundirse en la gruesa cáscara comestible sin tocar el centro. Se necesita experiencia para hacer esto, ya que es difícil determinar cuánto más allá de la cáscara quedan las semillitas.

15 En ciertos años, cuando las lluvias han sido copiosas y las noches frescas, es posible hundir el diente dentro de una guayaba y no encontrar muchas semillas. Los palos de guayaba se doblan hacia la tierra, sus ramas cargadas de frutas verdes, luego amarillas, que parecen madurar de la noche a la mañana. Estas guayabas son grandes y jugosas, con pocas semi-
20 llas, invitándonos a comer una más, sólo una más, porque el año que viene quizás no vendrán las lluvias.

Cuando niños, nunca esperábamos a que la guayaba se madurara. Atacábamos los palos en cuanto el peso de las frutas arqueaba las ramas hacia la tierra.

25 Una guayaba verde es agria y dura. Se muerde en la parte más ancha, porque así no resbalan los dientes contra la cáscara. Al hincar el diente dentro de una guayaba verde, oirás la cáscara, pulpa y semillitas crujiendo dentro de tu cerebro, y chorritos agrios estallarán en tu boca.

Descoyuntarás tu faz en muecas, lagrimearán tus ojos, tus mejillas
30 desaparecerán, a la vez que tus labios se fruncirán en una O. Pero te comes otra, y luego otra más, deleitándote en el sonido crujiente, el sabor ácido, la sensación arenosa del centro agraz. Esa noche, Mami te hace tomar aceite de castor, el cual ella dice que sabe mejor que una guayaba verde. Entonces sabes de seguro que tú eres niña, y que ella dejó de serlo.

35 Comí mi última guayaba el día que nos fuimos de Puerto Rico. Era una guayaba grande, jugosa, la pulpa casi roja, de olor tan intenso que no me la quería comer por no perder el aroma que quizás jamás volvería a capturar. Camino al aeropuerto, raspaba la cáscara de la guayaba con los dientes, masticando pedacitos, enrollando en mi lengua los granitos dul-
40 ces y aromáticos.

Hoy me encuentro parada al frente de una torre de guayabas verdes, cada una perfectamente redonda y dura, cada una $1.59. La que tengo en la mano me seduce. Huele a las tardes luminosas de mi niñez, a los largos días de verano antes de que empezaran las clases, a niñas mano en mano

45 cantando "ambos y dos matarile rile rile." Pero es otoño en Nueva York, y
hace tiempo dejé de ser niña.

Devuelvo la guayaba al abrazo de sus hermanas bajo las penetrantes
luces fluorescentes del mostrador decorado con frutas exóticas. Empujo
mi carrito en la dirección opuesta, hacia las manzanas y peras de mi vida
50 adulta, su previsible madurez olvidable y agridulce.

PARA COMENTAR

*Trabajando en parejas conteste las siguientes preguntas sobre **Prólogo: cómo
se come una guayaba**. Justifique su opinión cuando sea necesario. Luego
puede comparar sus respuestas con las de otros compañeros.*

1. ¿Por qué son importantes los diferentes colores de la guayaba en el
   recuerdo de la narradora?

2. "Si no sabes cómo comerte una guayaba...", escribe la narradora. ¿Se
   come la guayaba de forma diferente en Nueva York? ¿Qué significa la
   explicación que se da sobre la mejor manera de comerse una
   guayaba?

3. La madre de la narradora intenta curar su indigestión con aceite de
   castor: "...tú eres niña, y ella dejó de serlo". ¿Cómo interpreta usted la
   anterior afirmación?

4. La acción de comer una última guayaba antes de la partida es un recuerdo importante. ¿Por qué es este momento el más dramático del
   pasaje?

5. Hay una oposición entre los conceptos *niña/guayaba* y *adulta/man-
   zanas-peras*. Interprete entonces la siguiente frase con que concluye la
   historia: "...hacia las manzanas y peras de mi vida adulta, su previsible
   madurez olvidable y agridulce". ¿Qué quiere expresar la narradora?

6. ¿Podría dar uno o dos ejemplos de cómo se transforman las prácticas
   culturales hispanas cuando se integran al mundo norteamericano?

ANTES DE LEER

*En grupos de dos o tres estudiantes comenten lo siguiente. Compartan depués
sus observaciones con el resto de la clase.*

1. La mudanza de la familia a una nueva ciudad o país suele ser una experiencia traumática en la vida de los niños. Piense en un cambio
   grande similar en su infancia: una nueva escuela, un nuevo barrio,
   nuevos amigos, nuevas costumbres. ¿Qué recuerdos le han quedado?

2. Si su familia cambió de lugar de residencia cuando usted era niño(a),
   ¿qué sintió al llegar al nuevo sitio: sorpresa, frustración, admiración?
   ¿Había hostilidad hacia su familia en el nuevo lugar?

3. Muchos piensan que se debe cambiar el actual sistema federal de asistencia social (*welfare*). ¿Cuáles son las ventajas o desventajas de este programa? ¿Opina que ciertos procedimientos o políticas deben cambiar?

4. ¿Cuáles son las circunstancias en las cuales las personas deben recibir ayuda del gobierno: desempleo, enfermedad grave, desastre nacional, entrenamiento laboral?

Ni te lo imagines

Dime con quién andas, y te diré quién eres

Por las mañanas, Mami salía de la casa de madrugada para el viaje por tren subterráneo hacia Manhattan. Se vestía "para ir a trabajar", en ropa que se cambiaba en cuanto llegaba para que no se manchara con aceite, achiote o salsa de tomate. Empezó en su trabajo como cortadora de hilos,
5 aunque en Puerto Rico se había graduado a operadora de máquinas.

—Aquí uno tiene que hacer más de lo que se le pide— decía. Trabajaba duro, lo cual impresionó a sus supervisores, y fue movida rápidamente al trabajo de costura que tanto le gustaba.

Compró un par de tijeras especiales para su trabajo. Cuando cruzaba
10 los proyectos al regresar del trabajo, las metía en su bolsillo y las aguantaba allí hasta que llegara dentro de la casa. Entonces les limpiaba el sudor y las ponía en un bolsillo especial que había hecho para guardarlas.

Nos reíamos de su cartera, la cual decíamos invitaba a los pillos porque era grande y se veía llena. En ella llevaba nuestros certificados de
15 nacimiento, regisros de nuestras vacunas, y papeles de nuestras escuelas. También tenía una libretita donde escribía las horas que trabajaba, para que el *bosso* no la defraudara el día de cobrar. Guardaba su maquillaje (polvo, lápiz de cejas, colorete y pintalabios) en su propia bolsita. Si un pillo le robara la cartera, no encontraría dinero, porque lo llevaba en una
20 monedera en el bolsillo de su falda, debajo de su abrigo.

Cuando trabajaba, Mami era feliz. Se quejaba de estar sentada en frente de una máquina de coser todo el día, o que los *bréiks* eran muy cortos, o que el *bosso* era antipático. Pero tomaba orgullo en las cosas que hacía. A veces traía ejemplos de los brasieres y fajas en los que estaba tra-
25 bajando, y nos enseñaba cómo se usaba una máquina de dos agujas, o cómo ella había descubierto que si cosía la copa de tal manera, quedaría mejor. Pero aunque ella tomaba orgullo en su trabajo, no quería que nosotras siguiéramos en sus pasos.

—Yo no estoy trabajando tan duro para que ustedes trabajen en fac-
30 torías todas sus vidas. Tienen que estudiar, sacar buenas notas y graduarse de la escuela para que tengan una profesión, no sólo un trabajo.

Nunca insistía en ver nuestras tareas, pero cuando le traíamos las tarjetas de la escuela, nos hacía que le leyéramos las notas y que tradu-
jéramos los comentarios de las maestras para así ella saber cómo
35 andábamos en la escuela. Cuando las notas eran buenas, se ponía contenta, como si hubiera sido ella quien se las ganó.

—Así es cómo se hace en este país. El que quiera trabajar, puede adelantarse.

Le creíamos, y tratábamos de complacerla. Desde que habíamos lle-
40 gado a Brooklyn, su mundo se había convertido en uno lleno de posibili-

dades, y yo traté lo más que pude de compartir su entusiasmo acerca de la buena vida que íbamos a tener algún día. Pero frecuentemente sospechaba que el optimismo de Mami era una actuación. Nadie, yo pensaba, podía ser tumbada tantas veces y levantarse sonriendo cada vez.

45   A veces me tiraba en la cama, en los cuartos sin calefacción llenos de cama y ropas y cuerpos durmiendo, aterrorizada de que lo que estaba al otro lado de la esquina no era mejor que lo que habíamos dejado, que Brooklyn no era una nueva vida, sino la continuación de la de antes. Que todo había cambiado, pero nada había cambiado, que lo que Mami había
50 estado buscando cuando nos trajo a Brooklyn no estaba aquí, así como no había estado en Puerto Rico...

      —Mañana no vas para la escuela. Necesito que vengas conmigo a la oficina del *welfear*.

      —¡Ay, Mami! ¿Por qué no te llevas a Delsa?

55   —Porque no puedo.

      Cuando a Mami le daban *leyof*, teníamos que aceptar *welfear*. Me llevaba porque necesitaba a alguien que le tradujera. Seis meses después de llegar a Brooklyn, yo hablaba suficiente inglés para explicar nuestra situación.

60   *—Mai moder shí no spik inglis. Mai moder shí luk for uerk evri dei an notin. Mai moder shí sei shí no guan jer children sófer. Mai moder shí sei shí uant uerk bot shí leyof. Mai moder shí only nid jelp e litel juail.*

      Temía que si decía algo mal, o si pronunciaba las palabras mal, las trabajadoras sociales dirían que no, y nos desalojarían de nuestro aparta-
65 mento, o nos cortarían la luz, o nos congelaríamos porque Mami ni podía pagar la calefacción.

      La oficina de asistencia pública quedaba en un edificio de ladrillos con alambre alrededor de las ventanas. La antesala siempre estaba llena, y la recepcionista nunca nos podía decir cuándo nos iban a atender o
70 dónde estaban las trabajadoras sociales. Era un sitio a donde se iba a esperar por horas, con nada que hacer menos mirar las paredes verdes. En cuanto se llegaba, no se podía salir, ni siquiera a comer algo, porque podían llamarte en cualquier minuto, y si no estabas, perdías tu turno y tenías que regresar al otro día.

75   De camino, Mami compraba el periódico, y yo me traía el libro más grande que podía encontrar en la biblioteca. Las primeras dos o tres horas pasaban rápido, ya que había formularios que llenar y conversaciones interesantes a nuestro alrededor mientras las mujeres compartían sus historias. Nunca había hombres, sólo mujeres cansadas, al-
80 gunas con niños, como si el traerlos haría que las trabajadoras sociales les hablaran.

      Mami insistía que las dos nos vistiéramos bien para ir al *welfear*.

      —No vamos a ir como si fuéramos pordioseras— decía y, mientras esperábamos, me recordaba que me sentara derecha, que atendiera, que
85 me portara con la dignidad de las mujeres al otro lado de la división, teléfonos al oído, plumas listas sobre los papeles que la recepcionista, quien no sonreía ni aunque le pagaran, les pasaba con una expresión agria.

      De vez en cuando había peleas. Mujeres le caían encima a las empleadas que no les ayudaban, o a quienes las hacían esperar su turno por

90 días, o a quienes rehusaban hablarles después de que las mujeres habían esperado el día entero. Una vez, Mami le pegó a una empleada que le faltó el respeto.

— Nos tratan como a animales —lloró después que la separaron—. No les importa que somos seres humanos, como ellos.

95 Su maquillaje veteado, pelo enmarañado, salió de la oficina del welfear con su espalda doblada y su mirada avergonzada. Yo estaba segura que todos los pasajeros en la guagua sabían que habíamos pasado el día en el *welfear* y que Mami le había caído encima a una *sócheluerker*. Esa noche, al contarle a Tata y Don Julio lo que había pasado, Mami lo hizo

100 sonar como si fuera un chiste, no gran cosa. Yo añadí mis detalles exagerados de cuántas personas se necesitaron para separarla de la *sócheluerker*, sin mencionar lo asustada que estuve, y la vergüenza que me dio verla perder el control en frente de toda esa gente.

Muchas veces, me pedían que tradujera para otras mujeres en el

105 *welfear*, ya que Mami les decía a todos que yo hablaba un buen inglés. Sus historias no eran tan diferentes de la de Mami. Necesitaban un poquito de ayuda hasta que pudieran conseguir trabajo.

Pero, de vez en cuando, me daba cuenta de que algunas de las mujeres estaba mintiendo.

110 —¿Qué tú crees? ¿Les digo que mi marido se desapareció, o que es un sirvergüenza que no me quiere ayudar con los muchachos?

Mujeres con acentos que no eran puertorriqueños decían que lo eran para poder recibir los beneficios de la ciudadanía norteamericana. Una mujer para quien yo traduje una vez me dijo:

115 —Estos gringos no tienen la menor idea de dónde somos. Para ellos, todos somos spiks.

Yo no sabía qué hacer. Decirle a la *sócheluerker* que la mujer estaba mintiendo me parecía peor que traducir lo que decía tan bien como me fuera posible y dejarla a ella que lo descubriera. Pero me preocupaba que

120 si personas de otros países se pasaban como puertorriqueños para defraudar, éramos nosotros los que íbamos a salir mal.

Nunca supe si mis traducciones ayudaban, pero, una vez, una jíbara viejita me besó las manos, lo cual me hizo sentir como la mejor persona del mundo...

PARA COMENTAR

*Trabajando en parejas conteste las siguientes preguntas sobre **Ni te lo imagines**. Justifique su opinión cuando sea necesario. Luego puede comparar sus respuestas con las de otros compañeros.*

1. ¿Cómo podríamos relacionar el refrán que dice "Dime con quién andas, y te diré quién eres", con el tema de los pasajes anteriores?

2. ¿Piensa usted que la narradora incluye su mezcla de español con inglés en la novela (*bréiks*, *sócheluerker*, *bosso*, etc.) con un propósito? ¿En su opinión, qué persigue Santiago con eso?

3. ¿Cómo describiría el uso del español en los fragmentos escogidos? ¿Cómo se compara el primer pasaje (*Prólogo: cómo se come una guayaba*) con el segundo (*Ni te lo imagines*) en ese sentido?

4. "...pero nada había cambiado, que lo que Mami había estado buscando cuando nos trajo a Brooklyn no estaba aquí, así como no había estado en Puerto Rico", dice la narradora en un momento. ¿Qué busca la familia de Esmeralda en Nueva York? ¿Por qué cree ella que no es factible hallarlo tampoco en Puerto Rico?

5. El anhelo de "Mami", ¿es una ilusión sin fundamento, una posibilidad que depende de una aptitud personal (*personal skills*), un deseo imposible, o una cuestión de suerte? ¿Qué otros elementos ayudan o no ayudan a que se realice el sueño de una vida mejor?

PARA ESCRIBIR

El episodio en la oficina de la asistencia pública refleja, tanto la humillación, como la dosis de violencia que le tocó vivir a la narradora en su infancia neoyorquina. ¿Cuál es su impresión sobre este episodio? ¿Qué experimenta al leerlo?

Escriba una breve "Carta al Editor" para un periódico imaginario en español. Adopte el punto de vista de un(a) amigo(a) de la señora del cuento. Proteste contra el tratamiento que le dan, y la larga espera a que la obligan en la oficina del gobierno. Limite la carta a unas 75 u 85 palabras. Las opiniones se revisarán en grupos de dos o tres estudiantes antes de entregárselas al editor(a), en este caso su profesor(a).

 # III. Mundos hispanos

EL CINE

Raúl Juliá (1940–1994) fue uno de los actores de origen puertorriqueño más destacados del cine norteamericano en los últimos años. Su carrera artística incluyó la participación en los prestigiosos Festivales de Shakespeare en Nueva York, donde tomó parte en el reparto de *Othello, The*
5 *Taming of the Shrew* (*La fierecilla domada*), y *King Lear* (*El rey Lear*). También tuvo papeles en musicales de Broadway. Pero lo que le otorgó verdadera resonancia nacional fueron las películas que protagonizó; entre éstas podemos citar *El beso de la mujer araña, Romero, Presuntamente inocente, La familia Addams"* y *Los valores de la familia Addams.*
10 Juliá había nacido en San Juan, Puerto Rico, hijo de un restaurador y una ama de casa. A los veintidós años se trasladó a Nueva York, donde conoció al famoso productor Joseph Papp, quien lo contrató para actuar en el teatro. Fue nominado para los premios *Tony* cuatro veces, y ganó

El famoso actor puertorriqueño, Raúl Juliá (1940–1994).

una vez por su actuación en la obra de Shakespeare, *Two Gentlemen of*
15 *Verona* (*Dos caballeros de Verona*). Estando gravemente enfermo tomó parte
en la primavera de 1994 en el rodaje de *The Burning Season* (*La estación ar-*
diente), película que trata del líder obrero brasileño Chico Mendes, asesinado hace unos años. Fue su último trabajo antes de fallecer el 24 de
octubre de ese año, a los cincuenta y cuatro años de edad.
20   En el filme *El beso de la mujer araña* (1985), basada en la famosa novela del novelista argentino, Manuel Puig, hizo el papel de un prisionero
político que comparte la celda con un compañero de celda homosexual
(representado por el actor William Hurt). En la película *Romero* (1989)
personificó al arzobispo de San Salvador, Monseñor Oscar Arnulfo
25 Romero, que fue ultimado (*killed*) mientras oficiaba misa en la catedral
de la capital salvadoreña en 1980, durante la cruenta (*bloody*) guerra civil
que sufrió el país centroamericano.

ACTIVIDAD

Si es posible vea una de las películas en las que actúa Juliá. Escriba una
sinopsis (*a summary*) de aproximadamente una o dos páginas, comen-
tando su impresión sobre el filme y sobre la actuación de Raúl Juliá.

LA POLÍTICA

Nydia M. Velázquez (1953–), representante demócrata del estado de
Nueva York, nació en Yabuoca, Puerto Rico. En 1922 llegó a ser la
primera mujer puertorriqueña elegida a la Cámara de Representantes del
Congreso de los Estados Unidos.
5   Velázquez, después de haber obtenido un título universitario (*bache-*
lor) en la Universidad de Puerto Rico, continuó sus estudios de nivel superior y terminó una maestría en la Universidad de Nueva York.
       Antes de ser elegida para el Congreso, Velázquez enseñó por un
tiempo. Cuando se decidió a cambiar el aula por la arena política, se pos-

Nydia M. Velázquez, representante demócrata de Nueva York, en el Congreso de los Estados Unidos.

10 tuló para consejal en la ciudad de Nueva York, y ganó en la votación. Fue la primera consejal puertorriqueña en el Consejo de esa gran ciudad. En 1989 fue nombrada directora del Departamento de Asuntos de la Comunidad Puertorriqueña de los Estados Unidos.

PARA ESCRIBIR

1. ¿Qué otras figuras puertorriqueñas conoce usted en el campo de la política de los Estados Unidos? ¿De Puerto Rico? ¿En el campo del arte? ¿De los medios de comunicación? ¿Del teatro? ¿De la literatura? ¿Del mundo de los negocios? ¿De los deportes? ¿De la música popular?

2. Escoja una figura puertorriqueña de cualquiera de los campos mencionados o de otro que a usted le interese.

3. Busque en su biblioteca información para confeccionar una pequeña reseña biográfica (de 75 a 100 palabras).

4. Escriba su reseña, usando el texto anterior sobre Nydia M. Velázquez como modelo; prepárese a compartir con la clase lo que averigüe.

5. Comparta su trabajo con la clase.

IV. El arte de ser bilingüe

¿DEBE SER EL INGLÉS EL IDIOMA OFICIAL DE LOS ESTADOS UNIDOS?

Existe hoy día una intensa polémica sobre el idioma inglés, el cual nunca se llegó a declarar como lengua oficial de la nación. Usted conoce probablemente este tema polémico. En muchos estados—como Florida, Nebraska, Colorado, Illinois, Hawaii, Virginia y otros—se ha aprobado el in-
5 glés como idioma oficial en referendums o plebiscitos populares.

ACTIVIDADES

A. Debate

1. Para familiarizarse con el tema que se va a debatir en clase considere lo siguiente: ¿Debe declararse el inglés idioma oficial de los Estados Unidos? Puede leer *Language Loyalties: A Source Book on the Official English Controversy*, de James Crawford (Chicago: The University of Chicago Press, 1992). El autor mantiene además una página en la red electrónica sobre temas relacionados con el inglés y el bilingüismo en los Estados Unidos. La dirección es: http://www.ourworld. compuserve.com/homepages/JWCRAWFORD

2. Lea el cuadro que sigue sobre las ventajas y desventajas de tener el inglés como idioma oficial. Luego, en una hoja aparte, agréguela sus propias ideas a las dos columnas.

3. En clase, trabajando en grupos pequeños, compare sus ideas sobre el punto 2 con las de sus otros(as) compañeros(as). Comenten las semejanzas y las diferencias de sus listas. Preparen una lista de grupo para compartir con la clase.

■ Apunte sus propias ideas sobre el tema. Para realizar el debate la clase se debe dividir en dos grupos: los que estén a favor de tener el inglés como único idioma oficial, y los que estén en contra.

■ Exprese su opinión en el debate y tome apuntes a medida que éste se realiza. Los va a necesitar para la parte B de esta actividad.

LISTA DE VENTAJAS Y DESVENTAJAS DE DECLARAR EL INGLÉS COMO IDIOMA OFICIAL

Ventajas

1. Mayor sentido de identidad y unidad nacionales.
2. Menos gastos en la traducción de documentos oficiales y en el servicio al público.
3. Simplifica la planificación de la educación nacional.

Desventajas

1. Crea animosidad entre las comunidades lingüísticas del país.
2. Promueve una mayor discriminación.
3. Obstaculiza la enseñanza y el mantenimiento de las lenguas extranjeras, necesarias para la comunicación internacional.

B. Para escribir

Basándose en el debate, en sus propias ideas y en los apuntes que ha tomado escriba una "Carta al editor" de un periódico imaginario. La carta debe ser de dos o tres párrafos y tener de unas 75 a 150 palabras.

Puede comenzar su carta de la siguiente manera: *Pienso que la idea de declarar el inglés como idioma oficial...* Antes de "enviar" su carta, intercámbiela con la de un(a) compañero(a). Revise la carta que le entreguen y haga recomendaciones para mejorarla, si es necesario.

V. Unos pasos más: fuentes y recursos

A. PARA AVERIGUAR MÁS

Busque uno de los libros indicados a continuación u otro que su profesor o profesora le recomiende. Escoja un capítulo o una sección que le interese y prepare una lista de tres a cinco puntos principales basados en la lectura. Anote sus impresiones generales. Prepárese para poder compartirlas oralmente.

Los puertorriqueños: bibliografía seleccionada

Aliotta, Jerome J. *The Puerto Ricans*. New York: Chelsea House, 1991.

Colón, Jesús. *A Puerto Rican in New York and Other Sketches*. New York: International Publishers, 1991.

Durán, Roberto, Judith Ortiz Cofer, and Gustavo Pérez Firmat. *Triple Crown: Chicano, Puerto Rican, and Cuban American Poetry*. Tempe: Arizona State University, Bilingual Press/Editorial Bilingüe, 1988.

Flores, Juan. *Divided Arrival: Narratives of the Puerto Rican Migration, 1920–1950*. Bilingual Edition. New York: Centro de Estudios Puertorriqueños, Hunter College, 1987.

———. *Divided Borders. Essays on Puerto Rican Identity*. Houston: Arte Público Press, 1993.

Foster, David William. *Puerto Rican Literature: A Bibliography of Secondary Sources*. Westport: Greenwood Press, 1982.

Gutiérrez González, Heliodoro J. *El español en el barrio de Nueva York: estudio léxico*. Nueva York: Academia Norteamericana de la Lengua Española, 1993.

Levins Morales, Aurora. "Puertoricanness", "Child of the Americas". Rosario Morales. "I am What I am". En Aurora Levins Morales y Rosario Morales. *Getting Home Alive*. Ithaca: Firebrand Books, 1986, pp. 84–86, 50, 138–139.

Kanellos, Nicolás, ed. *Biographical Dictionary of Hispanic Literature in the United States: The Literature of Puerto Ricans, Cuban Americans, and Other Hispanic Writers*. Westport: Greenwood Press, 1989.

———, ed. *Nuevos Pasos: Chicano and Puerto Rican Drama*. Houston: Arte Público Press, 1989.

Mohr, Nicholasa. *Nilda*. New York: Harper and Row, 1973. [Otras obras incluyen: *Going Home, El Bronx Remembered, In Nueva York*.]

———. *Puerto Rican Writers in the United States, Puerto Rican Writers in Puerto Rico: A Separation Beyond Language. The Americas Review.* Vol 15, No. 2 (Summer 1987), 87–92.

Ortiz Cofer, Judith. *Bailando en silencio: Escenas de una niñez puertorriqueña.* Houston. Arte Público Press, 1997. Translation from the English original, *Silent Dancing: A Partial Remembrance of a Puerto Rican Childhood.*

Rodríguez, Clara E. *Born in the U.S.A.* Boston: Unwin Hyman, 1989.

Rivera, Edward. *Family Installments: Memories of Growing Up Hispanic.* William Morrow and Co., 1982.

Sánchez Korrol, Virginia. *From Colonial to Community: The History of Puerto Ricans in New York City, 1917–1948.* Westport: Greenwood Press, 1983.

Santiago, Esmeralda. *El sueño americano.* New York: Harper Libros/ Harper Collins, 1996.

Rodríguez de Laguna, Asela, ed. *Images and Identities: The Puerto Rican in Literature.* New Brunswick: Transaction, 1987.

Umpierre, Luz María Umpierre, *Una puertorriqueña en Penna.* 1979.

Vega, Bernardo. *Memorias de Bernardo Vega.* Ediciones Huracán. [Disponible en inglés también.]

Wagenheim, Kal, and Olga Jiménez Wagenheim, eds. *The Puerto Ricans: A Documentary History.* Maplewood: Waterfront Press, 1988.

Zentella, Ana Celia. *Growing Up Bilingual.* Oxford: Blackwell Publishers, 1997.

B. PARA DISFRUTAR Y APRENDER

Vea la película *El beso de la mujer araña* basada en una novela del escritor argentino Manuel Puig (traducida al inglés con el título de *The Kiss of the Spider Woman*). Uno de sus actores principales es Raúl Juliá.

Lea el libro en la edición original en español, si es posible. Tome apuntes sobre el libro y la película y compárelos. Basándose en sus apuntes, prepare un breve informe oral (de 10 a 15 minutos) en español. Luego, en clase, preséntele su informe a un grupo de dos o tres estudiantes. Destaque cuál lo(la) impactó más, el libro o la película y explique por qué.

Recursos de la red *(WWW)*

Si desea explorar la red, vaya a http://www.wiley.com/college/nuevosmundos, donde encontrará una lista de sitios relacionados con el tema de este capítulo.

Capítulo Cuatro

Los cubanos y cubanoamericanos

"Evidentemente, escribir es sólo cuestión de tener algo que decir y de decirlo lo mejor posible. Por lo tanto, de substancia y de forma".

Para un arte de escribir, de Jorge Mañach (1898–1961), escritor cubano.

Lo sagrado y lo profano,
Lydia Rubio, 1989.

Para entrar en onda

Para ver cuánto sabe del tema del capítulo, responda a este cuestionario lo mejor que pueda. Escoja la respuesta más apropiada. Luego compruebe sus conocimientos, consultando la lista de respuestas que aparecen invertidas al pie de este ejericio.

1. El primer nombre que Cristobal Colón dio a la isla de Cuba fue
   a. Isla del Tabaco.
   b. Juana.
   c. Isla de los Siboneyes.

2. Arturo Sandoval y Jon Secada son
   a. banqueros de Miami.
   b. héroes del último éxodo de cubanos.
   c. músicos populares.

3. José Lezama Lima es
   a. un pelotero de las grandes ligas.
   b. un arzobispo de la Iglesia católica.
   c. un poeta, novelista y ensayista.

4. El número de cubanos y cubanoamericanos en los Estados Unidos es de
   a. cinco millones.
   b. alrededor de un millón.
   c. alrededor de quinientas mil personas.

5. El congrí es
   a. un plato de arroz con frijoles negros.
   b. el nombre africano de un dios de la santería.
   c. un baile de La Habana, popular en los años cincuenta.

6. Ernesto Lecuona es
   a. un político controversial en exilio.
   b. un antiguo miembro del gabinete presidencial.
   c. el compositor cubano de la "Malagueña".

7. El guajiro es
   a. un árbol silvestre de la Sierra Maestra.
   b. un campesino.
   c. un capataz.

8. La fiesta de los quince
   a. celebra la graduación de la secundaria.
   b. celebra el primer noviazgo.
   c. celebra la mayoría de edad (presentación en sociedad).

9. Fresa y chocolate es
   a. un libro de poemas de Dulce María Loynaz.
   b. un libro de recetas para hacer helados.
   c. una película cubana nominada para un "Oscar".

10. El guarapo es
  a. una bebida hecha de la caña de azúcar.
  b. un baile típico de la provincia de Oriente.
  c. una bebida alcóholica conocida como aguardiente.

Respuestas: 1b, 2c, 3c, 4b, 5a, 6c, 7b, 8c, 9c, 10a

I. Conversación y cultura

Los cubanos y cubanoamericanos

Más de un millón de cubanos y cubanoamericanos—alrededor de 6% del total de la población hispana en los Estados Unidos—gran parte de ellos clasificados originalmente al llegar como refugiados políticos, habita en la nación norteamericana. Residen sobre todo en Miami, Florida, y en
5 Union City, Nueva Jersey. A diferencia de otros grupos hispanos, que se distribuyen más uniformemente por todo el país, los cubanos y cubanoamericanos se concentran más que nada en estos dos polos geográficos—aunque hay cubanos que viven en todas las grandes ciudades de los Estados Unidos. Es Miami, sin embargo, la que alberga más del
10 sesenta por ciento de toda la población de origen cubano de los Estados Unidos, y con razón se la ha llamado una segunda Habana.

  La presencia cubana no es nueva en los Estados Unidos. Los cubanos comenzaron a emigrar a la Florida desde finales del siglo pasado, a raíz de

La novelista Cristina García (1958–   ) nació en La Habana, pero se crió en Nueva York. Ha trabajado de periodista para la revista Time. *Sus dos primeras novelas, escritas originalmente en inglés, se han traducido y publicado también en español y han alcanzado gran éxito en ambos mercados.* Soñar en cubano *trata sobre varias generaciones de una familia cubana que ahora está esparcida por la Florida, Nueva York y Cuba. Si usted quisiera escribir un cuento o una novela, ¿preferiría escribirlo en inglés o en español? ¿Usaría los dos idiomas en el mismo texto? ¿Qué consecuencias tendría si así lo hiciera?*

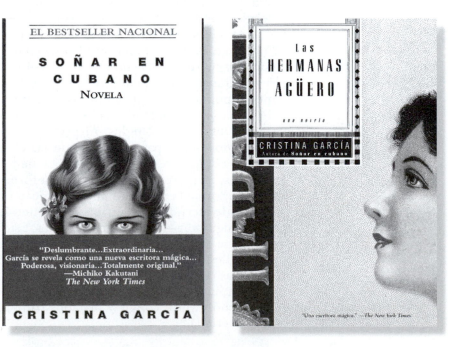

En agosto de 1994, un éxodo masivo de cubanos salió en balsas hacia las costas de la Florida.

la guerra de independencia que tuvo lugar en la isla contra el dominio es-
15 pañol. Primero se dirigieron a Cayo Hueso (*Key West*), donde los patriotas
se reunían para coordinar la lucha contra los españoles. Luego, lo que hoy
día sería Tampa sirvió de refugio a varias compañías tabacaleras cubanas
que establecieron negocios en esa zona, en lo que después se llamaría *Ybor
City*, parte oficial de Tampa desde 1887. Con la depresión de 1929 estos
20 comercios quebraron y muchos empleados cubanos regresaron a la isla, o
se dispersaron por el país. *Ybor City* y Cayo Hueso aún conservan las huellas
dejadas por aquellos primeros cubanos.

Desde que Fidel Castro y sus rebeldes derrocaron el gobierno de
Fulgencio Batista y tomaron el poder en 1959, una gran cantidad de
25 cubanos ha venido a residir en los Estados Unidos, huyendo del sistema
revolucionario de Cuba. Las causas de la emigración han sido mayormente políticas, aunque en los últimos tiempos también el grave estado
de la economía en la isla ha llevado a muchos cubanos a emprender el
viaje a los Estados Unidos. Al principio, en los años sesenta, muchos
30 refugiados—gran parte de ellos de las clases profesionales—pensaban
que la estancia sería breve, pero el tiempo dictó lo contrario, y los
cubanos, en gran parte, han pasado a formar parte del "crisol de razas"
que conforma la sociedad norteamericana. Sin embargo, muchos flori-
dianos de ascendencia cubana aún tienen la esperanza de regresar a la
35 patria algún día—aunque sea de visita. Esto se traduce en la insistencia
por parte de las familias en tratar de mantener la lengua, las tradiciones
nacionales y algunos que otros aspectos de la cultura cubana, tales
como las costumbres culinarias, sociales y familiares, como lo es la celebración navideña del 24 de diciembre, la Noche Buena, que se celebra
40 con lechón, yuca, congrí y plátanos fritos, turrones españoles, vinos, y
música criolla.

La Pequeña Habana, en Miami, representa nacionalmente a los cubanos. Aunque ya gran parte de ellos se han mudado a otras áreas de la ciudad, este barrio simboliza la cubanía moderna en la Florida, y fue
45 el primer asentamiento de los emigrados en 1960. La zona tiene apenas diez kilómetros cuadrados, pero está localizada cerca del centro financiero y político de Miami, por lo que su influencia en la vida de la ciudad es notable. En ningún otro lugar de la ciudad se siente tanto la presencia cubana como aquí. Se encuentran tiendas, restaurantes, nego-
50 cios de todo tipo con nombres que recuerdan los dejados en La Habana (*Rancho Luna, La Casa de los Trucos, La Epoca, Fin de Siglo, Los Pinos Nuevos*), calles con nombres de figuras y patriotas cubanos y cubanoamericanos, teatros donde se representan comedias populares, escuelas e iglesias que funcionan en español. A causa de la significativa
55 presencia demográfica cubana circula diariamente *El Nuevo Herald,* una sección en español del periódico *The Miami Herald.* Además, la comunidad tiene participación activa en las compañías de televisión, como *Telemundo* y *Univisión.*

La cuestión cubana ganó prominencia durante la administración
60 del presidente Carter, cuando tuvo lugar el éxodo masivo conocido como *El Mariel.* En sólo unos pocos meses emigraron del puerto de Mariel a la Florida alrededor de ciento veinticinco mil cubanos. Años después del suceso, la gran mayoría de esos cubanos se han integrado con éxito a la sociedad norteamericana. Lo mismo ha pasado con los
65 miles de refugiados llamados "balseros" por haber llegado a la Florida en balsas en la década de los noventa. Los que fueron interceptadoson por los guardacostas norteamericanos en alta mar, y llevados luego a la

El Castillo del Morro, La Habana, Cuba. Fuerte español del siglo XVI.

CRONOLOGÍA CUBANA

1868 Se inicia la primera guerra de independencia contra España.

1880 La esclavitud es abolida.

1895 El grito de Baire da comienzo a la segunda Guerra de Independencia.

1898 Los Estados Unidos le declaran la guerra a España.

1934 Comienza la primera dictadura de Fulgencio Batista. (Termina en 1944.)

1940 Se promulga la constitución más democrática de la historia del país.

1952 Batista da un golpe de estado.

1959 Caída de Batista y triunfo del movimiento rebelde de Fidel Castro.

1961 EE. UU rompe relaciones diplómaticas con el gobierno cubano. Invasión fallida de la Bahía de Cochinos (Playa Girón).

1962 Crisis de los misiles nucleares.

1967 Muere asesinado en la selva de Bolivia el revolucionario Che Guevara.

1978 Se establece el diálogo entre el gobierno cubano y un grupo de exiliados cubanoamericanos.

1980 Diez mil ochocientos cubanos ocupan la embajada del Perú en La Habana, en busca de asilo político.

Éxodo del Mariel. Salen más de 125,000 cubanos para los Estados Unidos desde la Playa del Mariel.

1994 Treinta y cinco mil cubanos emigran ilegalmente a los Estados Unidos.

1995 Se revierte la política oficial norteamericana hacia los balseros cubanos, a los que se les obliga a regresar a partir de ese momento.

1998 El Papa Juan Pablo II visita Cuba.

Base Naval de Guantánamo, también han estado arribando a la Florida poco a poco, después de una larga espera en campamentos primitivos.
70 Actualmente muchos cubanos se han hecho ciudadanos estadounidenses, otros, ya de otras generaciones, han nacido en los Estados Unidos, e igual que muchos de sus padres participan activamente en la política local, estatal y federal, como se espera que lo hagan también las próximas generaciones.

MESA REDONDA

En grupos de pequeños, contesten las preguntas y comenten los temas siguientes.

1. ¿Cúales cree que son las diferencias entre la comunidad cubana de los Estados Unidos y las demás comunidades hispanas? ¿Es la historia de este grupo similar a la experiencia de los demás emigrados hispanoamericanos? ¿Por qué?

2. ¿Qué piensa usted que sucederá con la comunidad cubana en los Estados Unidos cuando Fidel Castro no esté más en el poder? ¿Se iniciará una liberalización de la sociedad y de la economía en Cuba? ¿Volverán la mayoría de los cubanoamericanos a vivir a la isla o irán sólo de visita?

3. ¿Por qué cree que salió tanta gente de Cuba? ¿Cuáles factores motivan a la gente a dejar familiares, hogar, negocios, estudios, pertenencias, etc.?

4. Si usted fuera cubano(a) o cubanoamericano(a), ¿cuáles serían las ventajas y desventajas de vivir en un barrio de Miami como "La Pequeña Habana"? Mencione tres de cada una.

II. Lectura

Ensayo

José Martí (1853–1895), patriota, poeta, ensayista, traductor, periodista y abogado cubano, fue uno de los iniciadores, junto con el nicaragüense Rubén Darío, del modernismo. Es ésta una corriente literaria que revolucionó la literatura en la lengua española de principios de siglo. Martí es-
5 cribió numerosos ensayos y artículos periodísticos de fama continental. Participó activamente en el movimiento de la independencia cubana, del

Parado: El Generalisimo Máximo Gómez, el gran libertador y General del Ejército Libertador de Cuba durante la Guerra de Independencia.

Sentado: José Marti, además de ser uno de los grandes poetas y ensayistas de las letras hispanoamericanas, fue el lider más famoso de la lucha por la independencia de Cuba.

Fecha: 1894

87

cual fue uno de sus líderes y héroes más nombrados. Es para Cuba el apóstol de la independencia, venerado por todos los cubanos. A Martí se le coloca junto a Juárez, Bolívar, San Martín, Hidalgo y otros, en la causa
10   liberadora contra España, y en la construcción de las nuevas naciones hispanoamericanas.

ANTES DE LEER

En grupos de tres o cuatro estudiantes comenten lo siguiente. Compartan después sus observaciones con el resto de la clase.

1.   ¿Cómo podría usted definir el racismo?
2.   El racismo se manifiesta de muchas maneras. ¿Qué formas de racismo existen o han existido en los Estados Unidos? ¿Y en otros países del mundo?
3.   ¿Por qué razones cree que existe el racismo?

Mi raza[1]

*peca: hacer mal, errar

*acorrala: encerrar, limitar

*envanecerse: ponerse vanidoso

*ventura: felicidad, suerte

*aborigen: aquí significa primera, inicial

*inhabilite: hacer algo a alguien no capaz, no hábil

*desenvolver: desarrollar, desplegar

*decoro: honor, honestidad

*clama: quejarse, llamar a gritos

*acusa: aquí significa mostrar

*galos: antiguos habitantes de Francia

*argolla: aro de metal

Ésa de "racista" está siendo una palabra confusa y hay que ponerla en claro. El hombre no tiene ningún derecho especial porque pertenezca a una raza u otra; dígase hombre, y ya se dicen todos los derechos. El negro, por negro, no es inferior ni superior a ningún otro hombre; peca*
5   por redundante el blanco que dice: "mi raza"; peca por redundante el negro que dice: "mi raza". Todo lo que divide a los hombres, todo lo que especifica, aparta o acorrala*, es un pecado contra la Humanidad. ¿A qué blanco sensato le ocurre envanecerse* de ser blanco, y qué piensan los negros del blanco que se envanece de serlo y cree que tiene derechos es-
10   peciales por serlo? ¿Qué han de pensar los blancos del negro que se envanece de su color? Insistir en las divisiones de razas, en las diferencias de razas de un pueblo naturalmente dividido, es dificultar la ventura* pública y la individual, que están en el mayor acercamiento de los factores que han de vivir en común. Si se dice que en el negro no hay culpa
15   aborigen* ni virus que lo inhabilite* para desenvolver* toda su alma de hombre, se dice la verdad, y ha de decirse y demostrarse, porque la injusticia de este mundo es mucha y la ignorancia de los mismos que pasan por la sabiduría, y aun hay quien cree de buena fe al negro incapaz de la inteligencia y corazón del blanco; y si a esa defensa de la naturaleza se le
20   llama racismo, no importa que se le llame así, porque no es más que decoro* natural y voz que clama* del pecho del hombre por la paz y la vida del país. Si se alega que la condición de esclavitud no acusa* inferioridad en la raza esclava, puesto que los galos* blancos de ojos azules y cabellos de oro, se vendieron como siervos, con la argolla* al cuello, en los
25   mercados de Roma, eso es racismo bueno, porque es pura justicia y ayuda

[1]Apareció por primera vez el 16 de abril de 1893 en el periódico *Patria* de Nueva York.

a quitar prejuicios al blanco ignorante. Pero ahí acaba el racismo justo, que es el derecho del negro a mantener y probar que su color no le priva de ninguna de las capacidades y derechos de la especie humana.

30 El racista blanco, que le cree a su raza derechos superiores, ¿qué derecho tiene para quejarse del racista negro que le vea también especialidad a su raza? El racista negro, que ve en la raza un carácter especial, ¿qué derecho tiene para quejarse del racista blanco? El hombre blanco que, por razón de su raza, se cree superior al hombre negro, admite la idea de la raza y autoriza y provoca al racista negro. El hombre negro que 35 proclama su raza, cuando lo que acaso proclama únicamente en esta forma errónea es la identidad espiritual de todas las razas, autoriza y provoca al racista blanco. La paz pide los derechos comunes de la Naturaleza; los derechos diferenciales*, contrarios a la Naturaleza son enemigos de la paz. El blanco que se aísla, aísla al negro. El negro que se aísla 40 provoca a aislarse al blanco.

*diferenciales: *relativo a diferencias muy pequeñas*

PARA COMENTAR

1. Martí titula este discurso *Mi raza.* ¿Por qué? Según Martí, ¿cuál es su raza?

2. ¿Por qué considera Martí que "racista" es una palabra que confunde?

3. ¿Qué considera Martí "racismo bueno" y "racismo justo"?

4. Según Martí, ¿es el racismo negro peor, mejor, o igual que el blanco? ¿Cómo explica Martí que surge el racismo negro a partir del blanco?

5. ¿Cree usted que Martí estaría a favor o en contra de celebraciones como la del Día de la Raza o *Black History Month*? Base su opinión en las palabras del texto de Martí.

PARA ESCRIBIR

Conteste estas preguntas en un breve párrafo de unas cincuenta palabras.

1. ¿Qué quiere decir Martí cuando escribe: "peca por redundante el blanco que dice: 'Mi raza'; peca por redundante el negro que dice, 'Mi raza' "?

2. Martí cree que uno no debe envanecerse ni por ser blanco, ni por ser negro. ¿Por qué no? ¿Está usted de acuerdo? Explique su posición.

Poesía

Nicolás Guillén (1902–1989) es uno de los poetas cubanos contemporáneos más conocidos, leídos y traducidos. Fue durante varios años presidente de la Unión de Artistas y Escritores Cubanos, y recibió mu-

*Nicolás Guillén (1902–1989),
el poeta cubano.*

chos premios y reconocimientos internacionales. En parte, su poesía
5 tiene que ver con la literatura afroantillana, una corriente que buscó
recuperar las raíces africanas de las naciones del Caribe, dentro de la
cual él es uno de los exponentes más famosos. También cultivó la preocupación social en sus poemas. El poema que se reproduce a conti-
uación pertenece a *West Indies Ltd.* (1934), colección de poesías de
10 tema social.

ANTES DE LEER

*En grupos de tres o cuatro estudiantes, comenten lo siguiente. Compartan
depués sus observaciones con el resto de la clase.*

1. ¿Qué origen tienen sus padres o sus abuelos? ¿Son de la misma cul-
    tura o de culturas diferentes?
2. ¿Qué importancia cree usted que tiene la combinación de raíces cul-
    turales en la formación de una persona?
3. Explique cómo ha influido en usted su herencia cultural. Si su ascen-
    dencia consiste en dos culturas diferentes (padre o abuelo de una na-
    cionalidad, y madre o abuela de otra) explique cuál de ellas ha influ-
    ido más en su crecimiento y educación, y por qué.

*escoltan: *acompañar para protección o vigilancia*

Sombras que sólo yo veo,
me escoltan* mis dos abuelos.
Lanza con punta de hueso,
tambor de cuero y madera:
5   mi abuelo negro.

*gorguera: *adorno antiguo de lienzo para el cuello*

Gorguera* en el cuello ancho,
gris armadura guerrera:
mi abuelo blanco.

*pétreo: *de piedra, o de la dureza de la piedra*

Pie desnudo, torso pétreo*
10   los de mi negro;
pupilas de vidrio antártico
las de mi blanco.

*gongos: *especie de tambor*

África de selvas húmedas
y de gordos gongos* sordos...
15   —¡Me muero!
(Dice mi abuelo negro.)
Aguaprieta de caimanes,
verdes mañanas de cocos...
—¡Me canso!
20   (Dice mi abuelo blanco.)
Oh velas de amargo viento,
galeón ardiendo en oro...
—¡Me muero!
(Dice mi abuelo negro.)
25   ¡Oh costas de cuello virgen

*abalorios: *adorno de vidrio*

engañadas de abalorios*...!
—¡Me canso!
(Dice mi abuelo blanco.)

*repujado: *labrado el metal con martillo*

¡Oh puro sol repujado*,
30   preso en el aro del trópico;
oh luna redonda y limpia
sobre el sueño de los monos!

¡Qué de barcos, qué de barcos!
¡Qué de negros, qué de negros!
35   ¡Qué largo fulgor de cañas!
¡Qué látigo el del negrero!
Piedra de llanto y de sangre,
venas y ojos entreabiertos,
y madrugadas vacías,
40   y atardeceres de ingenio,
y una gran voz, fuerte voz,
despedazando el silencio.

¡Qué de barcos, qué de barcos,
qué de negros!

45 Sombras que sólo yo veo,
me escoltan mis dos abuelos.

Don Federico me grita
y Taita Facundo calla;
los dos en la noche sueñan
50 y andan, andan.
Yo los junto.
                    —¡Federico!
¡Facundo! Los dos se abrazan.
Los dos suspiran. Los dos
55 las fuertes cabezas alzan:
los dos del mismo tamaño,
bajo las estrellas altas;
los dos del mismo tamaño,
ansia* negra y ansia blanca,
60 los dos del mismo tamaño,
gritan, sueñan, lloran, cantan.
Sueñan, lloran, cantan,
Lloran, cantan.
¡Cantan!

*ansia: *fuerte deseo o*
anhelo

PARA COMENTAR

*Trabajando en parejas conteste las siguientes preguntas sobre **Balada de los dos abuelos**. Justifique su opinión cuando sea necesario. Luego puede comparar sus respuestas con las de otros compañeros.*

1. ¿Cuáles son algunas de las características físicas y personales del abuelo blanco del poeta? ¿Y las características del abuelo negro?

2. ¿Cuáles son las referencias históricas que usted puede encontrar en el poema, tales como la conquista de América, el tráfico de esclavos, la economía de las colonias españolas en Hispanoamérica?

3. ¿Qué le sugieren "venas y ojos entreabiertos" y "una gran voz... despedazando el silencio" para el abuelo negro? ¿Y "gris armadura guerrera", "piedra de llanto y de sangre" para el abuelo blanco?

PARA ESCRIBIR

Conteste estas preguntas en un breve párrafo de unas cincuenta palabras.

1. ¿Por qué cree usted que el poeta termina con una nota optimista ("cantan")? ¿Qué representan el sueño, el llanto y la canción para cada uno de los dos abuelos?

2. ¿Cree que los dos abuelos tienen igual importancia a lo largo del poema?

3. ¿Se trata a uno de los dos abuelos con mayor simpatía y comprensión? Explique su respuesta.

Fragmentos de autobiografía

Reinaldo Arenas, considerado uno de los escritores más importantes de la literatura latinoamericana, nació en Holguín, Cuba, en 1943. Estudió Filosofía y Letras en la Universidad de La Habana, pero no llegó a terminar la carrera. Escribió novelas, cuentos, ensayos, poesía y teatro; su obra
5   se ha traducido a muchos idiomas.

Reinaldo Arenas (1943–1990, el conocido escritor cubano). Sufrió encarcelamiento en varias prisiones de Cuba a causa de sus escritos y también por ser él gay. Su obra, la cual se dio a conocer aun más después que Arenas salió de Cuba en 1980, ya se ha traducido a muchos idiomas.

Su primera novela, *Celestino antes del alba*, ganó primera mención en un concurso literario nacional de prestigio, en 1967. De 1973 hasta 1976 Arenas fue encarcelado a causa de sus actividades contra el gobierno cubano. En Cuba Arenas sufrió ostracismo por sus ideas y por ser
10 homosexual; su obra fue censurada. En 1980 abandonó el país vía el Mariel. Al llegar de Cuba, primero enseñó literatura en *Florida International University*. Luego enseñó en varias universidades prestigiosas, dictó conferencias en muchas ciudades, y siguió escribiendo constantemente, siempre expresando sus ideas acerca de Cuba, de la literatura y
15 de la política.

Años después de haber salido de Cuba, enfermó gravemente por complicaciones del SIDA (síndrome de inmunodeficiencia adquirida), y se suicidó en Nueva York en 1990, al no poder continuar más su obra literaria. Algunas de sus novelas son: *El mundo alucinante* (1966), *Otra vez el mar*
20 *(1982)*, *El palacio de las blanquísimas mofetas* (1983) y *El portero* (1990). Escribió también poesía, teatro y ensayos. Los breves fragmentos que leeremos pertenecen a las memorias póstumas de Reinaldo Arenas, recogidas en el libro titulado *Antes que anochezca*, publicado en España en 1992. Las dos viñetas iniciales nos llevan a la infancia del autor, en Holguín, provin-
25 cia oriental de Cuba.

ANTES DE LEER

En grupos de tres o cuatro estudiantes comenten lo siguiente. Comparatan después sus observaciones con el resto de la clase.

1. Piense en algún recuerdo positivo de su infancia (su barrio, sus primeros amigos, sus escapadas, las fiestas con la familia, las excursiones). ¿Cuáles son los detalles o las circunstancias que más se le han grabado en la memoria?

2. ¿Qué experimenta cuando ve el mar? ¿Qué sensaciones le produce el mar?

3. Si no nació cerca del mar, relátele a sus compañeros la impresión que le causó la primera vez que lo vio.

4. La tragedia relacionada con el SIDA nos afecta a todos. ¿Cuál cree usted que es el medio más eficaz de educar a los jóvenes sobre la necesidad de conducirse con más precaución en la etapa de la juventud?

La cosecha

*plenitud: momento importante

Otra ceremonia, otra plenitud* que marcó mi infancia, fue la recogida de la cosecha. Mi abuelo cosechaba, sobre todo, maíz. Para la recolección había que convocar a casi todo el vecindario. Desde luego, mi abuela, mis tías, mi madre y yo, también trabajábamos en la recogida del
5 maíz. Después había que trasladar las mazorcas en carretas hasta la

*despensa: *lugar donde se guardan los comestibles*

despensa* (o prensa, como le decíamos), que era un rancho detrás de la casa. Una noche se invitaba al vecindario para el deshoje y desgrane del maíz; era otra fiesta. Enormes telones cubrían el piso; yo me revolcaba en ellos como si estuviera en la playa, que por entonces aún no había visitado. Mi abuela, esas noches, hacía un turrón de coco, hecho con azúcar prieta y coco rayado, que olía como jamás he vuelto a oler un dulce. Se repartía el dulce a media noche, mientras las lonas seguían siendo llenadas de granos y yo me revolcaba en ellas.

El mar

Mi abuela fue también la que me llevó a conocer el mar. Una de las hijas había logrado encontrar un marido fijo y éste trabajaba en Gibara, el puerto de mar más cercano a donde nosotros vivíamos. Por primera vez tomé un ómnibus; creo que para mi abuela, con sus sesenta años, era también la primera vez que cogía una guagua*. Nos fuimos a Gibara. Mi abuela y el resto de mi familia desconocían el mar, a pesar de que no vivían a más de treinta o cuarenta kilómetros de él. Recuerdo a mi tía Carolina llegar llorando un día a la casa de mi abuela y decir: "¿Ustedes saben lo que es que ya tengo cuarenta años y nunca he visto el mar? Ahorita me voy a morir de vieja y nunca lo voy a ver". Desde entonces, yo no hacía más que pensar en el mar.

*guagua: *bus*

"El mar se traga a un hombre todos los días", decía mi abuela. Y yo sentí entonces una necesidad irresistible de llegar al mar.

¡Qué decir de cuando por primera vez me vi junto al mar! Sería imposible describir ese instante; hay sólo una palabra: el mar.

Una playa caribeña.

Introducción. El fin

...Desde hacía meses tenía unas fiebres terribles. Consulté a un médico y el diagnóstico fue SIDA. Como cada día me sentía peor, compré un pasaje para Miami y decidí morir cerca del mar. No en Miami específicamente, sino en la playa. Pero todo lo que uno desea, parece que por un
5 burocratismo diabólico, se demora, aun la muerte.

En realidad no voy a decir que quisiera morirme, pero considero que, cuando no hay otra opción que el sufrimiento y el dolor sin esperanzas, la muerte es mil veces mejor... Siempre he considerado un acto miserable mendigar la vida como un favor. O se vive como uno desea, o es
10 mejor no seguir viviendo...

Fui ingresado en la sala de emergencias donde todos estábamos en estado de agonía. De todas partes me salían tubos: de la nariz, de la boca, de los brazos; en realidad parecía más un ser de otro mundo que un enfermo. No voy a contar todas las peripecias que padecí en el hospital... El
15 mismo médico francés, el doctor Olivier Ameisen (un excelente compositor musical por lo demás), me propuso que yo le escribiese letras de algunas canciones para que él les pusiera música. Yo, con todos aquellos tubos y con un aparato de respiración artificial, garrapateé como pude el texto de dos canciones. Olivier iba a cada rato a la sala del hospital... a cantar
20 las canciones que yo había escrito y a las que él había puesto música. Iba acompañado de un sintetizador electrónico, un instrumento musical que producía todo tipo de notas e imitaba cualquier otro instrumento. La sala de emergencias se pobló de las notas del sintetizador y de la voz de Olivier... Yo, desde luego, no podía hablar; tenía además en la boca un
25 tubo conectado a los pulmones. En realidad estaba vivo porque aquella máquina respiraba por mí, pero pude, con un poco de esfuerzo, escribir mi opinión en una libreta acerca de las composiciones de Olivier. Me gustaban en verdad aquellas canciones. Una se titulaba *Una flor en la memoria* y la otra, *Himno*.
30 Lázaro me visitaba a cada rato. Iba con una antología de poesía, abría el libro al azar y me leía algún poema. Si el poema no me gustaba, yo movía los tubos instalados en mi cuerpo y él me leía otro...

Al cabo de tres meses y medio me dieron de alta. Casi no podía caminar, y Lázaro me ayudó a subir a mi apartamento, que por desgracia está
35 en un sexto piso sin ascensor. Llegué con trabajo hasta allá arriba. Lázaro se marchó con una inmensa tristeza...

Los dolores eran terribles y el cansancio inmenso... Como no tenía fuerzas para sentarme a la máquina, comencé a dictar en una grabadora la historia de mi propia vida. Hablaba un rato, descansaba y seguía. Había
40 empezado ya... mi autobiografía en Cuba. La había titulado *Antes que anochezca*, pues la tenía que escribir antes de que llegara la noche ya que vivía prófugo en un bosque. Ahora la noche avanzaba de nuevo en forma más inminente. Era la noche de la muerte. Ahora sí tenía que terminar mi autobiografia antes de que anocheciera. Lo tomé como un reto. Y
45 seguí así trabajando en mis memorias. Yo grababa un casete y se lo daba a un amigo, Antonio Valle, para que lo mecanografiara.

...Veo que llego casi al fin de esta presentación, que es en realidad mi fin, y no he hablado mucho del SIDA. No puedo hacerlo, no sé qué es. Nadie lo sabe realmente. He visitado decenas de médicos y para todos es
50 un enigma. Se atienden las enfermedades relativas al SIDA, pero el SIDA parece más bien un secreto de Estado. Sí puedo asegurar que, de ser una enfermedad, no es una enfermedad al estilo de todas las conocidas. Las enfermedades son producto de la naturaleza y, por lo tanto, como todo lo natural no es perfecto, se pueden combatir y hasta eliminar. El SIDA es
55 un mal perfecto porque está fuera de la naturaleza humana y su función es acabar con el ser humano de la manera más cruel y sistemática posible. Realmente jamás se ha conocido una calamidad tan invulnerable...

Además, me voy sin tener que pasar primero por el insulto de la vejez.
60 Cuando yo llegué del hospital a mi apartamento, me arrastré hasta una foto que tengo en la pared de Virgilio Piñera [escritor cubano, cuentista, novelista y poeta], muerto en 1979, y le hablé de este modo: "Óyeme lo que te voy a decir, necesito tres años más de vida para terminar mi obra..." Creo que el rostro de Virgilio se ensombreció como si lo que le
65 pedí hubiera sido algo desmesurado. Han pasado ya casi tres años de aquella petición desesperada. Mi fin es inminente. Espero mantener la ecuanimidad hasta el último instante.

Gracias, Virgilio.

Nueva York, agosto de 1990.

PARA COMENTAR

*Trabajando en parejas conteste las siguientes preguntas sobre **Antes que anochezca**. Justifique su opinión cuando sea necesario. Luego puede comparar sus respuestas con las de otros compañeros.*

1. ¿Qué le hace a Arenas querer ver el mar?
2. "El mar se traga a un hombre todos los días", decía mi abuela. Y yo sentí entonces una necesidad irresistible de llegar al mar", escribe Arenas. ¿Cómo explica que el narrador asocie el dicho de la abuela con su deseo de conocer el mar?
3. ¿Cómo es la actitud de Arenas ante la muerte? ¿Valiente, irónica, melancólica, irreverente (sin respeto ni seriedad)? Busque ejemplos en el texto.
4. ¿Qué impresiones recoge usted de la lectura de *Introducción. El fin?* ¿Son negativas o positivas?
5. ¿Por qué dice Arenas que la enfermedad del SIDA no es natural, que "está fuera de la naturaleza humana"?

PARA ESCRIBIR

*En tres o cuatro párrafos relate uno o dos de los recuerdos más importantes que guarda de su infancia. Puede titular su relato **Viñetas de la niñez**.*

Interior con mecedora,
Federico Brandt, 1931, oleo
sobre carton piedra (45×50;
35×30), Coleccion GAN,
Archivo CINAP.

III. Mundos hispanos

DEDICADOS ACTIVISTAS DE LA COMUNIDAD CUBANOAMERICANA

Educación y activismo: Pedro Zamora, activista cubanoamericano

En Miami Beach cientos de personas acudieron el 11 de noviembre de 1994 a despedir al joven cubanoamericano Pedro Zamora, fallecido a los 22 años de edad de complicaciones relacionadas con el SIDA.

¿Quién era Pedro Zamora?

5   Pedro Zamora había llegado a los Estados Unidos de Cuba junto con su familia, a los ocho años. Había perdido a su madre a los trece años, y a los diecisiete se le diagnosticó la infección con el SIDA en 1989, mientras asistía a la escuela secundaria en Hialeah, una ciudad adjunta a Miami.

10   Zamora se dio a conocer en el popular programa *The Real World* de la cadena MTV, y con su aparición ante las cámaras la enfermedad había

El joven activista cubanoaméricano, Pedro Zamora, sentado en el centro, rodeado por los otros integrantes del programa de televisión llamado The Real World *de MTV.*

cobrado una nueva dimensión humana. A través del programa, que documenta la vida de siete jóvenes que comparten un apartamento en San Francisco durante cuatro meses, Zamora reveló su enfermedad al público 15 nacional.

En los cinco años que le quedaban de vida, después de saber que tenia VIH, Zamora se convirtió en una de las figuras públicas más valientes y francas en la discusión nacional sobre el problema de la enfermedad que lo aquejaba. Realizó cientos de charlas ante estudiantes de es- 20 cuelas secundarias y preuniversitarias del país, ante congregaciones religiosas, y además testificó ante una comisión del Congreso norteamericano sobre la epidemia y su experiencia personal. La historia de esos cinco años comenzó con su adhesión a *Body Positive*, una organización fundada en Miami para ayudar a los enfermos del SIDA. Por medio de la 25 misma, Zamora empezó a ofrecer auxilio espiritual y moral a otros pacientes, y también decidió llamar la atención pública de su comunidad a la terrible enfermedad, convirtiéndose luego en unos de los activistas del SIDA más solicitados del país.

Los esfuerzos de Zamora en pro de la educación sexual de los 30 jóvenes fue uno de sus legados más importantes. Zamora quiso poner su granito de arena en la inmensa tarea de educar a los jóvenes sobre los peligros de la actividad sexual temprana, y así alertarlos sobre la necesidad de actuar con más precauciones. Zamora dio un valiente ejemplo a la nación porque antes de él muy pocos jóvenes habían resuelto hacer 35 pública la tragedia de su condición médica. Su estilo natural, su apuesta apariencia, y su claro mensaje, le ganaron el respeto y la admiración de un sinnúmero de jóvenes.

ACTIVIDAD

Encuesta. Lea el cuestionario primero e indique su opinión en el recuadro correspondiente. Compare después sus respuestas con las de otros dos compañeros(as) y coméntenlas.

		A FAVOR	EN CONTRA
1.	Repartir anticonceptivos a los estudiantes en las escuelas secundarias	☐	☐
2.	Ofrecer educación sobre el SIDA en la escuela	☐	☐
3.	Poner en contacto a los estudiantes con los activistas del SIDA	☐	☐
4.	Reforzar la educación sobre las enfermedades venéreas y el SIDA	☐	☐
5.	Hacer obligatorio el análisis de sangre	☐	☐
6.	Aislar a los jóvenes enfermos de SIDA de sus compañeros(as)	☐	☐
7.	Hacer más frecuentes los anuncios sobre la prevención del SIDA en los medios de comunicación	☐	☐
8.	Dedicar más fondos gubernamentales a la prevención, investigación y cuidado de los enfermos del SIDA	☐	☐

129th Avenue

Pedro Zamora

137th Avenue

En Miami, Florida, se bautizó una calle con el nombre del activista y educador sobre el SIDA, Pedro Zamora.

PARA COMENTAR

Trabajando en parejas conteste las siguientes preguntas. Justifique su opinión cuando sea necesario. Luego puede comparar sus respuestas con las de otros compañeros.

1. ¿Piensa usted que la educación de los jóvenes sobre el SIDA es suficientemente efectiva? ¿Por qué o por qué no?
2. ¿Qué aspectos cree usted que tal vez no se traten lo suficiente?
3. ¿Qué propondría para mejorar el programa educativo sobre el SIDA?

José Greer, Médico que ayuda a los desamparados de los Estados Unidos

Cuando hacía su servicio de interno en el Hospital *Jackson Memorial* de Miami, Pedro José Greer comenzó su colaboración con Camillus House del centro de la ciudad. El futuro doctor en medicina frecuentaba el lugar para brindar consultas gratis a los desamparados de Miami que
5 buscaban ayuda en esa institución. Después Greer decidió acudir a ellos, a sus lugares de permanencia en las calles. La experiencia lo llevó a fundar en 1984 el *Camillus Health Concern*, organización que hoy preside, que brinda servicios médicos gratis a los desamparados de Miami. Más de ocho mil pacientes, entre éstos, hombres, mujeres y niños, son atendidos
10 en el centro anualmente, sin costo alguno para ellos.

Esta clínica, primera de su tipo en la nación, cuenta hoy con una plantilla de 33 empleados, dos de los cuales son médicos. En el fundamento del centro está la visión de Greer, de combinar los servicios médicos y sociales en un único lugar. La institución que fundó Greer no sólo

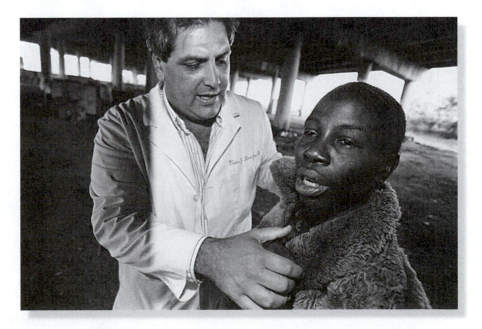

El médico y humanitario Pedro José Greer, Jr., ayuda a un hombre desamparado que vive debajo de una autopista en Miami, Florida.

15 atiende los problemas de salud de los indigentes, sino que también trata de hallar solución a sus situaciones de desamparo.

El doctor Greer también fundó y dirige otras dos clínicas para pobres en la ciudad, la de *Coconut Grove Outreach,* y la de San Juan Bosco, en la Pequeña Habana. La segunda presta servicios a los extranjeros indocu-
20 mentados, la primera a los residentes de pocos recursos económicos de la zona de Coconut Grove. Con su ayuda y entusiasmo se logró implementar en la Universidad de Miami un programa de educación para los desamparados. También logró establecer *Camillus Health Concern* como uno de los centros médicos adonde los estudiantes de medicina de la Universi-
25 dad pueden acudir para cumplir con sus requisitos de servicio interno.

Toda esta experiencia adquirida en el auxilio médico y social a los desamparados lo ha llevado a convertirse en una de las figuras nacionales más atentas al grave problema de la atención médica para los indigentes. El doctor Greer es uno de los partidarios más decididos de la reforma de
30 la salud pública en pro de los desamparados y pobres del país. Ha brindado conferencias sobre el tema en Harvard University, y en otras facultades de medicina importantes del país. En 1992 Greer formó parte del equipo del entonces gobernador Bill Clinton para la reforma de la salud pública en el estado de Arkansas, y en 1993 fue miembro del panel
35 presidencial para el mismo objetivo, esta vez a nivel nacional.

La revista *Time* llamó a Greer uno de los cincuenta líderes juveniles más prometedores del país. *Newsweek* lo catalogó entre los héroes cotidianos. Ha recibido numerosas distinciones y reconocimientos, entre ellos uno del Vaticano, el *Pro Ecclesia Et Pontificia.* También ha obtenido estipen-
40 dios de honor de las prestigiosas fundaciones *MacArthur* y *Jessie Ball DuPont.* La Conferencia Nacional de Cristianos y Judíos le otorgó la Medalla de Plata. El doctor Pedro José Greer es casi una leyenda en Miami, donde su labor ejemplar ha servido de acicate para muchos nuevos activistas a favor de los derechos de los desamparados y los pobres. Su profundo sentido de
45 compasión, humanidad y responsabilidad social ha sentado un precedente en la rama médica, no sólo en Miami, sino en todo el país.

El doctor Pedro José Greer, de padres cubanos, estudió en la Universidad de la Florida y obtuvo su título en medicina en la Pontífica Universidad Católica de Santiago de los Caballeros, en la República Dominicana. Greer
50 ejerce como especialista en hepatología y gastroenterología en Miami.

PARA COMENTAR

Trabajando en parejas conteste las siguientes preguntas. Justifique su opinión cuando sea necesario. Luego puede comparar sus respuestas con las de otros compañeros.

1. ¿Puede pensar en una persona en su comunidad que haya tenido un impacto a nivel local, estatal o nacional debido a sus actividades como voluntaria? ¿Quién es?

2. Es común oír a la gente mayor decir que la generación de jóvenes actuales no tiene el mismo sentido o dedicación al activismo social que

existía en la década de los sesenta. ¿Cree que eso es cierto? Explique su opinión.

3. Nombre algo que le gustaría poder cambiar en su comunidad. ¿Cómo se lograría efectuar tal cambio? Explique por qué sería importante.

 IV. El arte de ser bilingüe

OPINIÓN EDITORIAL

Belkis Cuza Malé es una escritora cubana que escribe artículos de opinión para "El Nuevo Herald", el suplemento diario en español del periódico *The Miami Herald*.

LA TORRE DE BABEL[1]

(Adaptado) Belkis Cuza Malé

A principios de los años 80, durante la temporada de las Navidades, trabajé en una lujosa tienda de Nueva Jersey, envolviendo regalos, atando cintas y lazos. Era una labor que me hacía sentir satisfecha cuando veía en qué se convertía una simple cajita de cartón. Pero un día la jefa me pidió que no hablara en español con otra compañera y por primera vez sentí un extraño sabor a gente humillada.

Al año siguiente, en un viaje a Barcelona, la tierra de mis ancestros, mi hijo y yo entramos a una mercería en busca de sobre y papel, pero por mucho que le repetía al empleado lo que andaba buscando no se tomó la molestia de contestarme. Me miraba larga y sopesadamente y permanecía en silencio. Luego supe que mi delito había sido hablar español y no catalán.

Luchas en la familia

Esas luchas por acallar la lengua materna fueron más claras para mí cuando Teresa, mi tía abuela catalana, que nunca se había movido de su aldea, me recibió en su casa por esa misma época. La señora sólo hablaba catalán y toda su vida, cuentan sus hijos, había sido renuente a aprender castellano. Aunque yo le caía muy bien, sentía una extraña satisfacción en decir—en catalán—, que yo tenía que entenderla.

La Torre de Babel no es una invención del profeta, sino una realidad más vieja que los tiempos, y eso nos ha llevado a la discriminación más feroz, a las guerras, al odio. Despreciamos al que no entendemos; nos repugnan el eco de esos sonidos que no alcanzamos a descifrar. Nos dan miedo los que hablan otro idioma.

---

[1]Tomado de *El Nuevo Herald*, 5 de septiembre de 1995. Sección A, p. 9.

Una paradoja

25 Hace dos o tres décadas, aprender lenguas era la meta de mucha gente. Los traductores eran bien pagados, con una profesión privilegiada, pues se les tenía por muy inteligentes, con dones especiales. Había escuelas de idiomas y en las universidades las especialidades en lenguas eran re-
30 spetadas. Hoy, todo eso es puro pasado. Nadie quiere oír hablar otro idioma. Resulta una paradoja que siendo Estados Unidos el país con la tasa más alta de inmigrantes, se haya abolido la necesidad de cultivar la lengua original de cada quien...

...aunque considero que se hace necesario e imprescindible el inglés...
35 el aprendizaje y mantenimiento de otra lengua, cualquiera que ésta sea, es una ventaja única, un regalo que ningún inmigrante debería soslayar. Dominar el inglés y el español, o el inglés y el francés, o el inglés y el chino, o cualquier otro idioma, tendría que ser visto como un privilegio.

Ignorancia y mala fe

Lo de la señora Marta Laureano, de Amarillo, Texas, a quien le ha sido ne-
40 gado el derecho a hablar a su hija en español, es sólo un reflejo de la dura batalla que aún debe enfrentar el capítulo contra las fuerzas de la brutalidad y la opresión. En definitiva, por mucho que se intente frenar la imaginación siempre seguirán llegando, y, en la maleta, junto a sus pobres pertenencias, traerán oculto ese hermoso regalo que le hizo su madre al nacer, el español.

45 Quizás, el destino de este país es ser bilingüe. Pero eso sólo lo dirá el tiempo. Por el momento, nuestro deber es hablar bien ambas lenguas, no importa lo que sostengan los que por ignorancia sólo hablan en el idioma del odio.

Marta Laureano, con su niña de cinco años, en su casa, en Amarillo, Texas, en una foto tomada el 25 de agosto de 1995. Un juez a cargo de un caso de custodia infantil, le dijo a Laureano, nativa de México, que hablarle solamente en español a su hija en casa se consideraba abuso infantil; por lo tanto, el juez ordenó a Laureano a que le hablara a su hija en inglés.

¿Quién debe decidir en qué idioma se le debe hablar a su propia hija en su casa? ¿La madre de quien le dio a luz y la trajo al mundo—su mundo, o el gobierno? ¿Qué sabe acerca de lo que nos enseña la lingüística y la educación bilingüe sobre la importancia del desarrollo de la primera lengua?

ACTIVIDADES

A. Composición. *Escriba una breve composicón de no más tres páginas acerca de uno de los tópicos siguientes:*

1. Cómo trataré de mantener el español en mi familia
2. La educación bilingüe en los Estados Unidos
3. La educación bilingüe en _____ (escoger la nación)
4. La ley y la lengua como derecho civil

Use la información de las bibliografías y otros recursos en **Unos pasos más** *para aprender más sobre estos temas.*

B. Cómo hacer la crítica de una película. *Las siguientes son películas realizadas por cubanos en la isla, o fuera de ella:*

Fresa y chocolate. Cuba. Historia de la relación amistosa entre un joven homosexual y un miembro de la juventud comunista en La Habana de los años 90.

Azucar amarga. Trata de la vida de un estudiante comunista universitario en la Cuba de hoy.

Lucía. Cuba. Tres personajes del mismo nombre en diferentes épocas históricas de Cuba; Raquel Revuelta es una de las protagonistas.

Memorias del subdesarrollo. Cuba, 1968; 97 minutos. La historia de un intelectual en La Habana de principios de la década de los años 60. Film de Tomás Gutiérrez Alea.

El super. 1979. L. Ichaso/O. Jimenez-Leal; USA; 90 mins. La vida y dificultades de una familia cubana exiliada en Nueva York.

Escoja una película que le haya interesado especialmente, para hacer una reseña. Busque en español algunas reseñas que le sirvan de muestra (sample) *en revistas populares o periódicos. Preste atención, no sólo a cómo están escritas (el estilo), sino también a cuáles son los aspectos de un filme que se comentan.*

Observe los siguientes puntos de información o comentarios que puede incluir en su reseña:

1. El título, la procedencia y el año de la película
2. Los nombres de los actores principales
3. Los nombres de los personajes principales
4. El tipo de película (cómica, de aventura, para niños, de horror, de amor, de ciencia ficción, de misterio, de suspenso, de política, documental)
5. La trama (*plot*), si es agradable, complicada, interesante, tonta o ridícula, basada en un evento histórico, etc.
6. La calidad de la actuación
7. La calidad del guión (*script*)

8. La cinematografía, la dirección, la música, la duración
9. El nivel de interés que presenta para el público
10. Indique el número de "estrellas" que usted le daría (de una a cinco). Si la película es magnífica se clasifica con cinco estrellas, si es muy mala con una estrella.

Basándose en lo anterior, escriba una sinopsis, además de su reacción ante la película, de una o dos páginas a máquina a doble espacio.

C. Informe oral

Prepare para la clase un breve informe oral de cinco a diez minutos en español sobre la película escogida. Use el texto escrito como base.

V. Unos pasos más: fuentes y recursos

A. PARA AVERIGUAR MÁS

ACTIVIDAD

Busque una de las obras citadas abajo u otra que su profesor o profesora le recomiende. Escoja un capítulo o una sección que le interese y prepare una lista de tres a cinco puntos principales basados en la lectura. Anote sus impresiones generales. Prepárese para compartirlas oralmente en clase.

Cubanos y cubanoamericanos: bibliografía interdisciplinaria seleccionada

Behar, Ruth, ed. *Bridges to Cuba/Puentes a Cuba.* Ann Arbor: University of Michigan Press, 1995.

Bethell, Leslie, ed. *Cuba: A Short History.* Cambridge: Cambridge University Press, 1995.

Boswell, Thomas D. *The Cubanization and Hispanicization of Metropolitan Miami.* Miami: Cuban American National Council, 1994.

Boswell, Thomas D., and James R. Curtis. *The Cuban-American Experience: Culture, Images, and Perspectives.* Totowa: Rowman and Allanheld, 1984.

Burunat, Silvia y Ofelia García, eds. *Veinte años de literatura cubanoamericana: antología 1962-1982.* Tempe: Bilingual Review Press, 1988.

Castellanos, Jorge y Isabel Castellanos. *Cultura afrocubana.* Miami: Ediciones Universal, 1988.

Castellanos, Isabel. "The Use of English and Spanish Among Cubans in Miami." *Cuban Studies* 20 (1990): 49–63.

Fernández, Roberto. *La vida es un "special".* Miami: La Universal, 1982.

———. *Raining Backwards.* Houston: Arte Público Press, 1988.

Franqui, Carlos. *Retrato de familia con Fidel*. Barcelona: Seix Barral, 1981.

García, Cristina. *Las hermanas Agüero*. Traducción de Alan West. New York: Vintage Books (Vintage español), 1997.

García, María Cristina. *Havana USA: Cuban Exiles and Cuban Americans in South Florida, 1959-1994*. Berkeley: University of California Press, 1996.

Geldof, Lynn. *Cubans*. London: Bloomsbury, 1991.

Gilbert, Abel. *Cuba de vuelta: el presente y el futuro de los hijos de la revolución*. Buenos Aires: Planeta, 1993.

Grenier, Guillermo J., ed. *Miami Now! Immigration, Ethnicity, and Social Change*. Gainesville: University Press of Florida, 1992.

Jorge, Antonio, Jaime Suchlicki, and Adolfo Leyva de Varona, eds. *Cuban Exiles in Florida: Their Presence and Contribution*. Coral Gables: University of Miami North-South Center, 1991.

Hospital, Carolina, ed. *Cuban American Writers: Los atrevidos*. Princeton: Ediciones Ella / Linden Lane Press, 1988.

Hospital, Carolina y Jorge Cantera, eds. *A Century of Cuban Writers in Florida: Selected Prose and Poetry*. Sarasota: Pineapple Press, 1996.

Lázaro, Felipe. *Poetas cubanos en Nueva York: antología breve*. Introducción de Perla Rozencvaig. Madrid: Editorial Betania, 1991.

Llanes, José. *Cuban Americans: Masters of Survival*. Cambridge: ABT Books, 1982.

MacCorkle, Lyn, ed. *Cubans in the United States: A Bibliography for Research in the Social and Behavioral Sciences, 1960–1983*. Westport: Greenwood Press, 1984.

Medina, Pablo. *Exiled Memories: Cuban Childhood*. Austin: University of Texas Press, 1990.

Muñoz, Elías Miguel. *Desde esta orilla: poesía cubana del exilio*. Madrid: España, 1988.

———. *En estas tierras/In This Land*. [En inglés y español]. Tempe: Bilingual Press, 1989.

Obejas, Achy. *We Came All the Way From Cuba So You Could Dress Like This?* San Francisco: Cleiss Press, 1994.

Olson, James S., and Judith E. Olson. *Cuban Americans: From Trauma to Triumph*. Twayne's Immigrant Heritage of America Series. New York: Simon & Schuster, 1995.

Pérez Firmat, Gustavo. *El año que viene estamos en Cuba*. Houston: Arte Público Press, 1997.

———. *Life on the Hyphen: The Cuban-American Way*. Austin: University of Texas Press, 1994.

———. *El año que viene estamos en Cuba*. [Traducida del inglés por el mismo autor.] Houston: Arte Público Press, 1997.

———. *Next Year in Cuba: A Cubano's Coming of Age in America*. [Esta es la obra original, en inglés.] New York: Anchor Books/Doubleday, 1995.

Pérez, Lisandro. "Cubans in the United States." *The Annals of the American Academy of Social Sciences*. Beverly Hills: Sage Publications, 1986.

Pérez, Jr., Luis A. *Between Reform and Revolution*. New York: Oxford University Press, 1988.

Rief, David. *Going to Miami*. London: Bloomsbury, 1987.

Rodríguez, Ana. *Diary of a Survivor: Nineteen Years in a Cuban Women's Prison*. New York: St. Martin's Press, 1995.

Sánchez, Reinaldo, ed. *Reinaldo Arenas: recuerdo y presencia*. Miami: Ediciones Universal, 1994.

Thomas, Hugh. Cuba: La lucha por la libertad, 1762–1970. Barcelona: Grijalbo, 1973–4. Versión en español realizada por Neri Daurella. La más reciente y actualizada edición en inglés es: *Cuba, or, The Pursuit of Freedom*. New York: Da Capa Press, 1998.

Valladares, Armando. Against All Hope. New York: Alfred A. Knopf, 1986. Publicado también en español: *Contra toda esperanza*. Buenos Aires: Editorial InterMundo, 1988, c.1987.

Yanez, Mirta, ed. *Cubana: Contemporary Fiction by Cuban Women*. Introducción de Ruth Behar; traducido por Dick Cluster y Cindy Schuster. Boston: Beacon Press, 1998.

B. PARA DISFRUTAR Y APRENDER

Videos sugeridos: documentales

Abraham and Eugenia: Stories from Jewish Cuba. Berkley, CA. Bonnie Burt Productions, 1995. 33 min. Entrevistas (la mayor parte en español) acerca de la situación de los cubanos judíos en Cuba hoy.

Concucta impropia. 1984. Francia/USA. Film del conocido director, Néstor Almendros y de Orlando Jiménbez-Leal. [El guión de Néstor Almendros y Orlando Jiménez-Leal lo ha publicado en Madrid la Editorial Playor en 1984.]

Calle Ocho: Cuban Exiles Look at Themselves—A Documentary. Un documental de Miguel González Pando, 1994, producido por WTVJ-Miami y el "Living History Project" de la *Florida International University*.

El exilio cubano: del trauma al triunfo. 1990. Una producción de WSCV-Canal 51, Telemundo Miami. Salió en la televisión en 1989; grabado con permisos. Entrevistas en español a exiliados en Miami acerca de las dificultades que se pasan en Cuba, el clima político, las dificultades que se encuentran con la cultura y la lengua al comenzar una vida nueva.

Esto es Cuba/This is Cuba. 1996, USA. Chris Hume. Un joven norteamericano, estudiante graduado en estudios cinematográficos, finge ser turista para así filmar clandestinamente en Cuba.

Havana. British Broadcasting Co.(BBC), 1990; Jana Bokova.

Miami-Havana. Institute for Policy Studies. Arlington, Virginia. Bono Film & Video Service (distribuidor), 1992. Incluye entrevistas a jovencitos y a personas mayores y trata el tema del conflicto político entre Cuba y Estados Unidos y cómo ha afectado a las familias cubanas. 52 min., en español con títulos en inglés.

Nadie escuchaba. [*Nobody Listened*] Producida y dirigida por Jorge Ulloa y Néstor Almendros. Los Angeles, CA: Direct Cinema, 1989. 117 min. Cuba Human Rights Project.

Adiós Patria: *El éxodo cubano*. Malecón Films 1990-1996. Escrito y producido por Alex Anton y Joe Cardona. Un documental sobre los cubanos que se han ido de Cuba, desde los años 60 hasta los 90. En español, con títulos en inglés.

Ni Patria ni amo: Un documental de Miguel González-Pando. The Cuban Living History Project at Florida International University. Trata sobre la experiencia de la diáspora cubana desde la invasión de Playa Grirón hasta el derribo de los aviones de Hermanos al Rescate.

Café con leche: Voices of Exile's Children. 1997. USA.

ACTIVIDAD SUPLEMENTARIA

Si su biblioteca lo tiene o si es posible adquirirlo, miren *AIDS, Teens and Latinos,* un video reciente que trata sobre el SIDA en las comunidades latinas en los Estados Unidos. El documental muestra cómo un joven cubanoamericano, trata de educar a los compañeros(as) de su edad acerca de la epidemia y su prevención, para prevenir que se conviertan en una trágica estadística más. [28 minutos, en colores; disponible a través de *Films for The Humanities,* 1–800–257–5126].

MÚSICA CUBANA

Trate de escuchar música cubana popular de ayer y de hoy, como el son, son montuno, el danzón, punto guajiro, el guaguancó, la conga, la rumba, el mambo, el chachachá, etc. Algunos artistas cubanos y grupos musicales que puede escuchar son:

Ernesto Lecuona; Gonzalo Roig; René Touzet; María Teresa Vera y Lorenzo Hirrezuelo; Barbarito Díez; Celia Cruz; Beny Moré; Celina González y Reutilio Domínguez; Cachao; Miguel Matamoros; La Sonora Matancera; Pérez Prado; Bola de Nieve; Paquito de Rivera; Olga Guillot; Willy Chirino; Gloria Estefan; Albita Rodríguez; Silvio Rodríguez, Arturo Sandoval, Compay Segundo, René González . . .

Literatura cubanoamericana: obras seleccionadas

Arenas, Reinaldo. *Adiós a mamá: de La Habana a Nueva York.* Miami: Ediciones Universal, 1996.

———. *El portero.* Miami: Ediciones Universal., 1990.

Barquet, Jesús J. *El libro del desterrado: instantes robados, 1981-1993.* Chihuahua: Unidad Editorial, Ediciones del AZAR, 1994.

Barquet, Jesús J. y Rosario Sanmiguel, eds. *Más allá de la isla: 66 creadores cubanos.* Juárez: Puentelibre Editores, 1995.

Behar, Ruth, ed. *Bridges to Cuba/Puentes a Cuba.* Ann Arbor: University of Michigan Press, 1995.

Burunat, Silvia y Ofelia García, eds. *Veinte años de literatura cubanoamericana: antología 1962-1982.* Tempe: Bilingual Review Press, 1988.

Fernández, Amando. *Antología personal.* Lima: Jaime Campodónico Editor, 1991.

Fernández, Roberto. *La vida es un "special".* Miami: La Universal, 1982.

———. *Raining Backwards.* Houston: Arte Público Press, 1988.

García, Cristina. *Dreaming in Cuban.* New York: Alfred Knopf, 1992.

García, Cristina. *Las hermanas Agüero*. Traducción de Alan West. New York: Vintage Books (Vintage español), 1997.

Hospital, Carolina, Ed. *Cuban American Writers: Los atrevidos*. Princeton: Ediciones Ella / Linden Lane Press, 1988.

Hospital, Carolina y Jorge Cantera, eds. *A Century of Cuban Writers in Florida: Selected Prose and Poetry*. Sarasota: Pineapple Press, 1996.

Lázaro, Felipe. *Poetas cubanos en Nueva York: antología breve*. Introducción de Perla Rozencvaig. Madrid: Editorial Betania, 1991.

Medina, Pablo. *Exiled Memories: Cuban Childhood*. Austin: University of Texas Press, 1990.

Muñoz, Elías Miguel. *Desde esta orilla: poesía cubana del exilio*. Madrid: 1988.

———. *En estas tierras/In This Land*. [En inglés y español]. Tempe: Bilingual Press, 1989.

Obejas, Achy. *We Came All the Way From Cuba So You Could Dress Like This?* San Francisco: Cleiss Press, 1994.

Pérez Firmat, Gustavo. *Life on the Hyphen: The Cuban-American Way*. Austin: University of Texas Press, 1994.

———. *El año que viene estamos en Cuba*. Houston: Arte Público Press, 1997. [Traducida del inglés por el autor.]

———. *Next Year in Cuba: A Cubano's Coming of Age in America*. New York: Anchor Books/Doubleday, 1995. [Esta es la obra original, en inglés.]

Prida, Dolores. *Beautiful Señoritas and Other Plays*. Editado y presentado por Judith Weiss. Houston: Arte Público Press, 1991.

Rivero, Eliana. *"(Re)Writing Sugarcane Memories: Cuban Americans and Literature."* Alegría, Fernando y Jorge Ruffinelli, eds., *Paradise Lost or Gained? The Literature of Hispanic Exile*. Houston: Arte Público Press, 1990, 164–182.

Tropicana, Carmelita Uzi Parnes. *Carnaval*. Selección de la obra dramática, en *Bridges to Cuba*, editado por Ruth Behar.

Valero, Roberto. *No estaré en tu camino*. Madrid: Ediciones Rialp, 1991.

Yanez, Mirta, ed. *Cubana: Contemporary Fiction by Cuban Women*. Introducción de Ruth Behar; traducido por Dick Cluster y Cindy Schuster. Boston: Beacon Press, 1998.

 Recursos de la red (WWW)

Si desea explorar la red, vaya a http://www.wiley.com/college/nuevosmundos, donde encontrará una lista de sitios relacionados con el tema de este capítulo.

Capítulo Cinco

La herencia multicultural de España

"España, que enlaza el resto de Europa con África, es el único estado europeo que fue ocupado y gobernado por árabes durante casi ocho siglos (711–1492)".

Un café al aire libre en la Plaza Mayor de Salamanca.

Para entrar en onda

Escoja la respuesta apropiada. Si no está seguro, seleccione la que le parezca más lógica. Después compruebe sus respuestas con las que aparecen al pie de este ejercicio.

1. España tiene fronteras con
    a. Portugal y Francia.
    b. Francia y Austria.
    c. Portugal e Italia.

2. Los árabes dominaron lo que hoy es España hasta
    a. 1511.
    b. 1492.
    c. 711.

3. Las tapas son
    a. callejuelas sin salida de los pueblos de Andalucía.
    b. aperitivos que acompañan un vaso de vino o una cerveza.
    c. bailes folklóricos de Sevilla que están muy de moda.

4. La reina Sofía de España es de origen
    a. turco.
    b. griego.
    c. español.

5. Tablao
    a. es la palabra *tabla* mal escrita.
    b. se refiere al tablero de jugar al ajedrez o a las damas.
    c. es el escenario de tablas de madera donde se baila flamenco.

6. El gazpacho es
    a. un dialecto hablado en la región valenciana.
    b. una forma despectiva usada en Latinoamérica para referirse a un español.
    c. una sopa fría de tomate, aceite de oliva, ajo y pan.

7. El segundo libro más traducido del mundo, después de la *Biblia* es
    a. *Don Quijote de la Mancha*.
    b. el *Romancero gitano* de García Lorca.
    c. la tragicomedia de Calixto y Melibea (*La Celestina*).

8. Los lingüistas no han podido establecer el origen del
    a. idioma gallego.
    b. idioma vasco.
    c. idioma catalán.

9. La zarzuela es
    a. una combinación de embutidos, arroz, carnes rojas y viandas.
    b. el traje típico de las "bailaoras" de flamenco.
    c. una representación musical popular, donde se canta y declama.

10. El famoso arquitecto catalán Antonio Gaudí diseñó en Barcelona
    a. el estadio olímpico.
    b. la iglesia "La Sagrada Familia".
    c. la avenida de "Las Ramblas".

I. Conversación y cultura

España ayer y hoy

La España moderna es una gran fusión de diversas culturas y lenguas. Muchos grupos étnicos diversos—iberos, tartesios, celtas, celtíberos, fenicios, griegos, cartagineses, romanos, visigodos, judíos y árabes—conquistaron, ocuparon y poblaron tierras de la Península Ibérica en distintas etapas de
5 su historia, dejando sus huellas lingüísticas y culturales. Los tres grupos principales que quizás más influencia hayan ejercido en la formación de la nación son los cristianos, los moros y los judíos.

   Los romanos—quienes llegaron a la península que llamaron Hispania en el año 201 a. de J. C., conquistaron a los cartagineses y a los grie-
10 gos después de arduas luchas; dominaron casi todo el territorio ibérico (con la excepción de las tierras vascas) por unos seiscientos años, hasta principios del siglo V d. de J. C. La romanización de la península fue profundísima y es fácil observar el impacto de la civilización romana en la lengua y la cultura españolas. Existen grandes obras romanas aún hoy

El Patio de los Leones *del palacio de la Alhambra de Granada.*

El acueducto romano de Segovia. ¿Sabía que este acueducto sigue functionando aunque fue construído hace siglos? Por eso cuando decimos en español Es obra de romanos, *significa que es tan duradero como las obras hechas por los romanos.*

15 día, como lo son los anfiteatros de las provincias de Sevilla y Cáceres y el acueducto de Segovia.

La influencia del latín es un punto importantísimo, ya que el español, igual que las otras lenguas romances principales (el italiano, el francés, el portugués y el rumano), se desarrolló a partir del latín vulgar, 20 es decir, del habla popular, que se extendió poco a poco por todo el territorio peninsular, excepto por la región vasca. Allí se habla el *éuscaro* o vascuence, idioma no indoeuropeo cuyos orígenes son oscuros aun para los lingüistas modernos.

Después de invasiones de tribus de suevos, vándalos y alanos, grupos 25 germánicos que arribaron alrededor del año 406, llegaron en 415 los visigodos, otro grupo germánico. Leovigildo, uno de sus reyes, se estableció en Toledo, y Recaredo (586–601), su hijo, quien heredó la corona, se convirtió a la religión católica en el año 587. Esta conversión del rey fue seguida por la realización del Tercer Concilio de Toledo, en 589, donde 30 se proclamó la conversión de la España visigótica del arrianismo al catolicismo. Fue éste un antecedente temprano en la historia de la nación de lo que sería luego una de las características más notables de España por siglos: su enérgica fe religiosa en armonía y unidad con la política del estado—lo que hoy día no es alianza oficial o legal.

35 A las culturas hispanovisigodas—ya en su período de declinación— les siguió la de los árabes en el siglo VIII. Los musulmanes del norte de África cruzaron el Estrecho de Gibraltar y se adueñaron rápidamente de casi toda la Península Ibérica, a la cual llamaron *Al-Andalus*. Donde más tiempo permanecieron fue en el sur de España, en Andalucía, y por eso 40 es allí donde más se manifiesta la influencia árabe. Tanto en los bailes, las

costumbres, y los cantos populares, como en la arquitectura (especial-mente en **La Alhambra** de Granada, **La Mezquita** de Córdoba y **La Giralda** de Sevilla), el sello de esta cultura es evidente.

España, que enlaza el resto de Europa con África, es el único estado europeo que fue ocupado y gobernado por árabes durante casi ocho siglos (711–1492). La música, el arte, la arquitectura, la filosofía (la traducción de Aristóteles, la influencia de Averroes), la literatura, y sobre todo, cierta actitud de tolerancia hacia otros grupos étnicos son también resultado de esta influencia. Los pueblos y las culturas se mezclaron: los mozárabes prosperaron bajo la dominación árabe y los judíos disfrutaron de más tolerancia religiosa.

La influencia árabe también está presente en la lengua española. El idioma español—que así comienza a llamarse en el siglo XVI—(y que también se conoce como castellano por haber surgido del reino de Castilla) se enriqueció con unos cuatro mil vocablos que la avanzada y prestigiosa cultura árabe aportó a la lengua, una cifra que equivale al siete por ciento del contenido lingüístico del español.

Los judíos emigraron de Palestina en gran número a raíz de la diáspora, y constituyeron, junto con los árabes, uno de los grupos étnicosociales más importantes e influyentes en la península. Alrededor de 718 los líderes cristianos hispanorromanos iniciaron la Reconquista de la península, que duró hasta 1492 con la caída del califato de Granada. La expulsión de los judíos, por decreto real de los Reyes Católicos, Fernando e Isabel, en 1492, los obligó a convertirse al cristianismo o a escapar a otras tierras de Europa. Como resultado de esta expulsión impulsada por el deseo de la unificación nacional y de la discriminación religiosa dictada por los tribunales de la Inquisición, miles de judíos huyeron a Portugal, África del norte, Italia, la zona de los Balcanes (Grecia, Albania, Yugoeslavia, parte de Rumanía, Bulgaria, etc.).

Al tratar los judíos desterrados de conservar su idioma español, éste se mantuvo aislado—se puede decir hasta fosilizado—a través de los siglos, convirtiéndose en un interesante dialecto con características del habla medieval del siglo XV, combinadas con palabras de los idiomas de las tierras adonde llegaron a establecerse. Hoy día esta curiosa variedad del español se oye poco y se limita más bien al uso doméstico y al ámbito religioso. Este dialecto, conocido como el judeoespañol o ladino, es a veces llamado también sefardí, término que viene de la palabra hebrea *Sefarad*, que era el nombre que los judíos le daban a España. Cuando Israel se instituyó en nación en 1947, miles de sefardíes fueron a establecerse y empezar una nueva vida en el nuevo estado independiente. Allí, más que en otra parte, existe hoy la comunidad más grande de descendientes de judíos españoles que todavía mantienen la lengua hablada. Publican revistas y periódicos (como *La luz de Israel*) y transmiten programas de radio y televisión en sefardí.

A esta mezcla de raíces étnicoculturales principales de España—la cristiana, la judia y la árabe—se añaden hoy día elementos culturales, costumbres actuales, gustos o preferencias, actitudes y perspectivas de españoles de regiones geográficamente distintas, separadas por barreras naturales. Se hallan así grandes diferencias culturales y lingüísticas

90 entre gallegos, vascos, catalanes, castellanos, andaluces, gitanos, asturi-
anos y canarios. En Galicia se escucha la lengua gallega; el catalán—
reprimido durante años por la dictadura del Generalísimo Francisco
Franco—es hoy lengua co-oficial junto al español, y se usa no sólo en
Cataluña, sino también, con variantes regionales, en Alicante y Valen-
95 cia, donde le llaman valenciano. En Asturias se puede oír el bable y en
el sur de España, una variante andaluza del español, además del caló
que hablan muchos gitanos. Por consiguiente, España sigue siendo hoy
un país muy heterogéneo debido a sus variadas lenguas y raíces multiét-
nicas, lo que lejos de ser un factor negativo, es uno de los elementos
100 que hacen de España una fascinante nación mosaico, diferente al resto
de Europa.

MESA REDONDA

Conversación

A. *En grupos pequeños, contesten las preguntas y comenten los temas siguientes.*

1. ¿Tiene usted antepasados españoles? ¿Qué sabe de ellos? ¿De qué parte de España eran? ¿Cuándo vinieron a América? ¿Por qué?

2. ¿De qué manera observa usted en sí mismo o en su familia, en la lengua, las costumbres, la religión y las tradiciones, la influencia española?

3. ¿Qué importancia ha tenido la religión en su crianza? ¿Desempeña un papel importante en su vida y en la de su familia? ¿Celebran en su familia el Día del Santo? ¿Lleva usted el nombre de un santo o de una santa? ¿De cuál?

4. ¿Es usted de ascendencia judía? ¿Cuáles son algunas de las tradiciones y costumbres que su familia ha mantenido y que todavía practica, o que usted recuerda de su niñez?

B. Actividades

1. Trabajando individualmente, escoja uno de los siguientes temas para investigar en enciclopedias u otras fuentes. Tome dos o tres páginas de apuntes en español y prepárese para compartir con la clase lo que haya aprendido.

   ■ Celebraciones españolas (como la Feria de Sevilla, la Semana Santa en Sevilla, La Tomatina o las Fallas de Valencia).
   ■ Las corridas de toros en España y en Hispanoamérica y las polémicas que suscitan.
   ■ La obra y la vida de alguno de los pintores más famosos de España (como El Greco, Bartolomé Murillo, Velázquez, Francisco de Goya, Pablo Picasso, Joaquín Sorolla, Salvador Dalí o Joan Miró).

Los Encierros de San Fermín que se celebra cada año en Pamplona.

- La vida de algún santo o santa como la de Santa Teresa de Avila o la de San Juan de la Cruz.

2. **Para escribir.** Escoja con un(a) compañero(a) uno de los siguientes temas. Busquen juntos la información necesaria y luego escriban un breve informe.

- **La historia de la lengua española** y las aportaciones de diferentes lenguas y culturas. Incluya una lista de palabras en español provientes del árabe y de otros idiomas.

- **Antonio de Nebrija** y la primera gramática española. ¿Cuál fue el propósito del autor al escribirla? (Consulte la introducción a la obra si es posible.)

- *Diario* de **Cristobal Colón**. Lea algunas secciones y haga un resumen de las mismas. Tenga en cuenta las observaciones del autor.

- **La unificación de una nación, ¿a qué precio?** La Inquisición española adquirió fuerza con los decretos del año 1492, y siguió ejerciendo su influencia en asuntos españoles por siglos. ¿Cómo surgió? ¿Cuál fue su evolución y desarrollo?

CRONOLOGÍA CONTEMPORÁNEA ESPAÑOLA

Guernica (1937), un gigantesco cuadro cubista que lleva el nombre de una ciudad al norte de España. Fue pintado por el famoso pintor Pablo Picasso (Málaga: 1881, Francia: 1973). *Guernica* fue inspirado por los horrores y el sufrimiento causados por la Guerra Civil española, específicamente por el terror y la destrucción que causó el bombardeo que aniquiló al pueblo de Guernica.

Aunque el cuadro no nos presenta una imagen del evento mismo, da a entender el dolor, el horror y la agonía del espanto de la guerra.

■ Qué reacción le despiertan la fragmentación pictórica, las imágenes y los símbolos que puede observar? ¿Encuentra usted algún significado especial en las imagenes que Picasso evoca con los animales, como el caballo y el toro? ¿Qué parece sugerir Picasso con una obra hecha solamente en tonos de blanco, gris y negro?

1898	España pierde sus últimas colonias: Cuba, Puerto Rico y las Filipinas.
1902	Alfonso XIII se convierte en rey de España.
1915	Se estrena el ballet *El amor brujo* de Manuel de Falla.
1923–1930	Dictadura militar de Miguel Primo de Rivera.
1929	Salvador Dalí y Luis Buñuel hacen un film surrealista, *Le Chien Andalou (El perro andaluz)*.
1931	Vencen los republicanos y socialistas en las elecciones. Se proclama la república y se termina con la monarquía en España. El rey Alfonso XIII abandona el país.
1936	Muere asesinado el poeta Federico García Lorca.

Guernica, *1937, de Pablo Picasso (1881–1973). El cuadro cubista muestra los horrores y el sufrimiento causado por la Guerra Civil española, específicamente, el terror y la destrucción que causó el bombardeo que aniquiló al pueblo de Guernica. ¿Qué reacción le despierta a usted la fragmentación pictórica, las imágenes y los símbolos que puede observar? ¿Qué se sugiere?*

1936–1939	Guerra española. Los nacionalistas, encabezados por el general Francisco Franco y apoyados por la Alemania nazi y la Italia fascista, ganan la guerra y gobiernan en España de forma totalitaria hasta 1975.
1969	Juan Carlos de Borbón, nieto de Alfonso XIII, es nombrado heredero al trono español.
1973	Muere el pintor Pablo Picasso en Francia.
1975	Muere el general Franco y se abre el camino para la restauración de la democracia, con Juan Carlos I de Borbón, quien accede al trono.
1977	Se legalizan los partidos políticos y se realizan las primeras elecciones democráticas desde 1933.
1978	Se aprueba una nueva constitución democrática.
1981	Intento de golpe de estado por el coronel Tejero.
1982	Por medio de elecciones libres triunfa el Partido Socialista Obrero Español (PSOE) con la elección de Felipe González como primer ministro.
1986	González es reelegido; España se une a la Comunidad Económica Europea.
1992	Se celebran la Olimpíadas en Barcelona, y la Exposición Mundial en Sevilla. España experimenta una tremenda infusión de turismo y de capital.
1995	El Partido Popular (centro-derecha) gana las elecciones municipales y regionales.

II. Lectura

Ensayo

El autor del siguiente texto es **Juan de Dios Ramírez Heredia**, un gitano español, que fue elegido diputado al Congreso de su país por el Partido Socialista Obrero Español (PSOE). El fragmento reproducido es de su libro, *Nosotros los gitanos* (1972).

Calés y payos

Por amor a la libertad nuestros antepasados abandonaron la India huyendo de los que pretendían esclavizarlos. Así vagaron por siglos en busca de un valle refrescante o un pueblo hospitalario donde poder asentar sus caravanas o emprender una nueva vida.

5   Según Paul Clebert, "los gitanos suponen el ejemplo único de un conjunto étnico perfectamente definido a través del tiempo y del espacio, que hace más de mil años y más allá de las fronteras de Europa, han lle-

Un grupo de gitanos en Córdoba, Andalucía, bailan y cantan durante la Romería Nacional de los Gitanos, celebrada en 1997 en el Santuario de la Virgen de Córdoba.

vado a cabo una gigantesca migración, sin que jamás hayan consentido alteración alguna a la originalidad y a la unidad de su raza". Porque, a sus
10 ojos, ésta es la única forma de vivir digna del hombre.

rudimentario: simple, sencillo

El más rudimentario* conocimiento del pueblo gitano demuestra claramente el inmovilismo de la cultura gitana. El setenta por ciento de los gitanos españoles viven exactamente igual que lo hicieron los primitivos gitanos que llegaron a nuestra patria en el primer tercio del siglo
15 XV. Habrán cambiado algunas formas externas de su vida, pero nuestra concepción del mundo, de la moral, de la palabra, y del hogar, no difieren en nada a la de los más remotos gitanos.

Ya desde la llegada de las primeras tribus gitanas a España, empezaron a dictarse disposiciones en contra nuestra, las cuales perseguían la desapari-
20 ción de nuestra raza y la de la misma palabra que sirve para denominarnos.

pragmática: ley, regulación, orden

azote: latigazo, golpe dado con el látigo u otro medio

Justamente fueron los Reyes Católicos los que sentaron las bases para que se creara el clima de repulsión contra los gitanos que durante tanto tiempo hemos venido padeciendo. Las pragmáticas* reales condenaban a los gitanos a mil penas distintas, desde los azotes* en las plazas
25 públicas al destierro, previo el infame desorejamiento.

desatinado: disparatado, equivocado

La ordenanza más cruel y desatinada* fue la de Felipe III, que decía así: "En el plazo de seis meses, [los gitanos] han de salir del reino para no volver jamás, so pena de muerte. Y los que quieran quedarse deberán hacerlo en lugares de más de cinco mil vecinos, no permitiéndoseles el uso
30 de vestidos, lengua ni el nombre de gitanos a fin de que su nombre y forma de vivir pueda para siempre borrarse y olvidarse".

El trato inhumano que recibieron nuestros antepasados hace cuatro siglos en nuestro común suelo hispano, es también en la actualidad un hecho, bajo capas más sutiles* de desnivel social y discriminación racial.

sutil: disfrazado, no muy evidente

35 El contraste entre la sociedad de los payos, que cada día avanza más en el terreno de lo científico y lo cultural, y el inmovilismo gitano, se hace

*acusado: peor, más grave

*artífice: autor, responsable

*feudo: antigua extensión de tierra en la Edad Media, perteneciente al señor feudal

*ubicación: localización

*infrahumana: por debajo del nivel considerado apropiado para el ser humano

*chabola: casa muy humilde y pobre

*nomadismo: tendencia al movimiento constante, a mudarse de lugar frecuentemente

*carromato: carro fuerte de dos ruedas

*ostensible: evidente

por momentos más acusado* provocando que la marginación gitana sea cada vez más acentuada. También los gitanos somos artífices* de nuestro propio apartheid, porque nos resistimos a renunciar a nuestro feudo*, 40 que es el mundo entero.

Sabemos que la marginalidad gitana no nos viene impuesta solamente por el mundo payo. El tanto por ciento elevadísimo de analfabetos que hoy día tiene el pueblo gitano de todo el mundo es un índice demostrativo de la poca importancia que los padres gitanos han dado 45 tradicionalmente a la escuela. Por eso nuestro afán de lucha se encamina a facilitar al máximo la posibilidad de asistencia a clase de los niños gitanos, bien sea a una escuela especial para ellos o una normalmente integrada.

La peculiar manera del ser del pueblo gitano provoca actualmente una consecuencia más: su marginación social en la ubicación* del hábitat 50 dentro de las ciudades y aun en las afueras de las mismas. Más del cincuenta por ciento de la población gitana española vive en condiciones francamente infrahumanas*, localizadas sus casas y chabolas* en los suburbios de las grandes ciudades, y aun dentro de estos suburbios ocupando la parte más abandonada y deprimente.

55 Para la comunidad gitana española, fundamentalmente, el problema de la vivienda es el mismo que el de los grupos socialmente más subdesarrollados, gracias a la vida sedentaria que practica el noventa y cinco por ciento de nuestra población nacional, frente a un cinco por ciento de nomadismo* restringido. [No obstante, la inmensa mayoría continúa 60 practicando un nomadismo reducido de duración temporal, participando en ferias y mercados como sistema de ganarse la vida.]

Para el resto de la población gitana europea, nómada en su mayoría, su problema de vivienda es nulo. Viven en carromatos* o roulottes. Para ellos el problema es la falta de aparcamiento autorizado en las afueras de 65 las ciudades, grandes o pequeñas, donde les permitan vivir el tiempo que deseen pasar en aquel municipio o región.

La ostensible* marginación social que padecemos los gitanos también tiene sus manifestaciones en el campo de la convivencia humana, provocadas unas por el rechazo que hace la sociedad a las clases subdesar-70 rolladas, y motivadas otras por el desprecio que la comunidad marginada siente hacia quien vive en condiciones superiores y que considera causante de su propia marginación.

PARA COMENTAR

*Trabajando en parejas conteste las siguientes preguntas sobre **Calés y payos**. Justifique su opinión cuando sea necesario. Luego puede comparar sus respuestas con las de otros compañeros.*

1. Antes de leer el ensayo, ¿qué imagen tenía usted de los gitanos? ¿En qué estaba basada esa imagen?
2. Completen oralmente de acuerdo con la lectura.
   - "Calés" quiere decir...
   - "Payos" se refiere a...
   - Dos problemas que tienen los gitanos, según el ensayo, son...
   - Las condiciones en que vive más del 50% de la población gitana...

3. En el ensayo se menciona que uno de los problemas que tienen los gitanos nómadas europeos es encontrar un lugar para estacionar sus carromatos. Si un grupo quisiera aparcar sus *Winnebagos* para una estancia indefinida en su vecindario, ¿cree usted que sus vecinos le darían la bienvenida? ¿Qué problemas podría crear esto en su comunidad?

4. El autor dice que el 70% "de los gitanos españoles viven exactamente igual que lo hicieron los primitivos gitanos" y agrega que aunque algunos factores han cambiado, su concepción del mundo es la misma que han tenido por siglos. ¿Qué significa esto en relación a la identidad cultural de un grupo minoritario? ¿Tienen distintos valores los diferentes grupos raciales y étnicos, o todos los seres humanos aspiran a lo mismo?

5. Muchas familias gitanas llevan vida de nómadas. ¿Cómo se puede comparar la vida de los gitanos con la vida de los trabajadores migratorios en los Estados Unidos? ¿En que se parece y en qué se diferencia?

Poesía

Antonio Machado (Sevilla, 1875–1939), escritor de la *Generación del 98,* es uno de los poetas más populares de España de este siglo. Aunque sevillano por nacimiento, a los ocho años se mudó con su familia a Madrid y vivió gran parte de su vida en Castilla.

El poeta Antonio Machado (1875–1939) con su hermano Manuel, también poeta.

5   Su esposa, Doña Leonor Izquierdo, murió en 1912, pocos años después de su boda, y esta tragedia parece ser una de las razones del sentido de pesimismo y agonía de su obra. Machado se trasladó a Baeza (Jaén), vivió después en Segovia y de nuevo en Madrid, donde trabajó de profesor.

10   Aparte de su propia obra poética y dramática, también escribió obras de teatro en colaboración con su hermano, Manuel. Antonio Machado terminó un doctorado en Filosofía y Letras; fue elegido académico de la Real Academia de la Lengua Española, pero nunca llegó a leer su discurso de ingreso debido a la situación política del país.

15   A su primer libro, *Soledades* (1903), le siguieron *Campos de Castilla* (1912), donde por medio de sus temas preferidos—España, el paisaje, la historia y la soledad interior—muestra al lector sus inquietudes y su tristeza. *Nuevas canciones* (1924) y *De un cancionero apócrifo* (1926) son otras de sus colecciones de poesias.

20   En la temática de su poesía se revela una gran preocupación por la fe y el sentido absurdo de la vida, el tiempo, y el destino de su patria en los años que precedieron a la sangrienta y devastadora Guerra Civil española (1936–1939), que le obligó a exiliarse con su madre en Francia, donde ambos fallecieron. Fue en 1939 cuando Machado murió y fue en-
25   terrado en Corlliure, un pueblo costeño de Francia.

ANTES DE LEER

En grupos de tres o cuatro estudiantes comenten lo siguiente. Compartan después sus observaciones con el resto de la clase.

1. Se habla mucho de la vida como "camino". ¿De qué forma se puede explicar este decir común?

2. ¿Está nuestra vida predestinada? ¿Cree que es cierto lo de "Querer es poder"? Explique su opinión.

3. ¿Hasta qué punto tenemos control del futuro? ¿Cuáles son los factores externos e internos que afectan nuestro destino?

"POEMA XXIX" DE *PROVERBIOS Y CANTARES*

Caminante, son tus huellas
el camino, y nada más;
caminante, no hay camino,
se hace camino al andar.
5 Al andar se hace camino,
y al volver la vista atrás
se ve la senda* que nunca
se ha de volver a pisar.
Caminante, no hay camino,
10 sino estelas* en la mar.

*senda: camino

*estela: rastro, señal de espuma en el agua

PARA COMENTAR

Trabajando en parejas conteste las siguientes preguntas sobre el poema. Justi-fique su opinión cuando sea necesario. Luego puede comparar sus respuestas con las de otros compañeros.

1. ¿Cómo podría interpretarse la idea de un caminante sin camino, según el poema de Machado? ¿Cree que es solamente un juego de palabras, o que el autor busca comunicar una idea más profunda? Explique.

2. "Caminante, no hay camino, / sino estelas en la mar". ¿Cómo podría explicarse la relación del mar con la creación del camino? ¿Cuál es la idea principal que comunica el poeta en esta breve poesía?

3. ¿Qué palabras se repiten en la poesía? Léale la poesía en voz alta a su compañero(a). Observe su ritmo.

4. ¿Piensa que el poeta cree o no cree en la predestinación? ¿Por qué?

Federico García Lorca, (1898–1936), nació en Fuentevaqueros, un pueblo no lejos de la ciudad de Granada. Perteneciente a la llamada *Generación del 27*, tuvo una vida breve pero muy intensa. En Madrid Lorca estudió derecho y filosofía y letras. Cultivó también la pintura y
5 la música.

García Lorca, considerado por muchos como el poeta por excelencia de la España del siglo XX, es autor de una obra lírica de gran fama internacional y de alta calidad literaria: *Primeras canciones* (1922), *Romancero gitano* (1928), *Poeta en Nueva York* (1930), etc. También fue un dra-
10 maturgo muy notable (*Bodas de sangre*, *La casa de Bernarda Alba*, *Yerma*,

*El gran poeta y dramaturgo,
Federico García Lorca
(1898–1936).*

etc.) Viajó por los Estados Unidos e Hispanoamérica, donde ejerció poderoso influjo en muchos poetas. Su celebridad también ha estado vinculada con su muerte, acaecida al principio de la Guerra Civil española, cuando fue fusilado en agosto de 1936 por los falangistas partidarios de
15 Franco.

ANTES DE LEER

En grupos de tres o cuatro estudiantes comenten lo siguiente. Compartan después sus observaciones con el resto de la clase.

1. ¿Qué instrumentos musicales relaciona usted con España? ¿Qué instrumentos musicales relaciona usted con su país de origen, o con el país de origen de sus antepasados? ¿Toca usted algún instrumento musical? ¿Cuál?

2. Andalucía tiene un papel importante en la imagen que tenemos de España. ¿En qué parte de España está Andalucía? ¿Qué sabe de su cultura?

LA GUITARRA

Empieza el llanto
de la guitarra.
Se rompen las copas
de la madrugada.
5 Empieza el llanto
de la guitarra.
Es inútil
callarla.
Llora monótona
10 como llora el agua,
como llora el viento
sobre la nevada.
Es imposible
callarla.
15 Llora por cosas
lejanas.
Arena del Sur caliente
que pide camelias* blancas.
Llora flecha sin blanco,
20 la tarde sin mañana,
y el primer pájaro muerto
sobre la rama.
¡Oh guitarra!
Corazón malherido
25 por esas cinco espadas.

*camelias: *flores muy bellas, sin olor*

Córdoba.
Lejana y sola.

*jaca: caballo no muy grande

*alforja: provisión de
comestibles para el camino

Jaca* negra, luna grande,
y aceitunas en mi alforja*.
5 Aunque sepa los caminos
yo nunca llegaré a Córdoba.

Por el llano, por el viento,
jaca negra, luna roja.
La muerte me está mirando
10 desde las torres de Córdoba.

¡Ay qué camino tan largo!
¡Ay mi jaca valerosa!
¡Ay que la muerte me espera,
antes de llegar a Córdoba!

15 Córdoba.
Lejana y sola.

PARA COMENTAR

Trabajando en parejas conteste las siguientes preguntas sobre **La guitarra** *y* **Canción del jinete**. *Justifique su opinión cuando sea necesario. Luego puede comparar sus respuestas con las de otros compañeros.*

1. Relea el poema *Canción del jinete* y observe cuál es su ritmo. ¿Cómo se sugiere el cabalgar del jinete? ¿Cuáles son los medios que hacen posible esa sugerencia?

2. ¿Qué significan las palabras *seguidilla* y *cante jondo (cante hondo)*? ¿Cuál es la relación entre estas palabras y el tono de la poesía *La guitarra*? Use el diccionario si no entiende el significado de las palabras *seguidilla* y *cante jondo*.

3. En *La guitarra*, ¿a qué cree que se refiere la frase "Llora flecha sin blanco, / la tarde sin mañana"?

4. La conclusión del poema *La guitarra*, "Corazón malherido / por cinco espadas", llama la atención sobre el número "*cinco.*" ¿A qué se refieren las cinco espadas?

5. Dice Lorca: "jaca negra, luna roja" (*Canción del jinete*). ¿Cómo interpretaría estos dos únicos colores del poema?

PARA ESCRIBIR

Lea los siguientes temas. Luego escoja el que le interese más para escribir sobre el mismo. Comparta su trabajo con otro(a) compañero(a) e intercambien comentarios sobre lo que han escrito.

1. En las dos poesías hay palabras y frases repetidas. Identifique esas palabras o frases y explique cuál es el efecto de la repetición de sonidos, imágenes y asociaciones.

2. ¿Cree usted que el jinete va a llegar a su destino en la *Canción del jinete*? ¿En qué basa su opinión? Explique.

3. En un párrafo, o dos, compare el poema de Machado y *Canción del jinete* de Lorca en cuanto a lo siguiente: tema, dificultad de comprensión, belleza de imágenes y simbolismo, efecto en el lector, mensaje acerca de la predestinación o la falta de ella.

III. Mundos hispanos

El flamenco

El flamenco, la música emocionante y el baile típico de los pueblos de Andalucía, se toca y se canta en los **tablaos** que se pueden hallar por toda España y otros países europeos, en Hispanoamérica y hasta en países como el Japón y los Estados Unidos. La palabra *tablao* se refiere al
5 escenario en sí, específicamente a las tablas de madera que se juntan para formar la plataforma que sirve de escenario para la actuación. Ese sencillo piso se convierte en un gran tambor resonante y poderoso cuando suben los artistas del cuadro flamenco y empieza la función. No solamente los **bailaores**, sino los músicos también lo golpean

El Jaleo, *famoso cuadro de John Singer Sargent, 1882.*

¹⁰ (taconean) para dar énfasis y acento al compás que llevan sus palmas y la guitarra. Cuando el cuadro flamenco está compuesto por artistas que saben bien su oficio, hay mucho lugar para la improvisación—igual que en la música de *jazz*.

Las funciones suelen empezar tarde por la noche, y generalmente ¹⁵ no terminan hasta la madrugada. Sin embargo, para el horario español esto no es un problema, ya que el español no le tiene ninguna aversión a acostarse tarde, y sobre todo a los jóvenes les encanta trasnochar.

Un cuadro flamenco está compuesto de muchos artistas, que se adscriben a varios oficios. Entre ellos, están los guitarristas (casi siempre ²⁰ hombres), los **cantaores**, las **cantaoras**, y los **palmeros**, quienes, aunque sólo llevan el compás con las palmas, suelen añadir un sabor increíble a la música, dando una fuerte base de ritmos enérgicos a la danza. Por supuesto, no faltan en el cuadro los dinámicos **bailaores** y **bailaoras**. Muchos cuadros grandes incluyen también a músicos que tocan la caja rít-²⁵ mica, la flauta, o el violín, instrumentos que empezaron a aparecer en la música flamenca en los últimos diez años.

Aunque es un tipo de baile tradicional muy antiguo, el flamenco, como arte, continúa su propio desarrollo y evolución. Hace unos cincuenta años, las mujeres que bailaban flamenco no solían ejecutar **es-**³⁰**cobillas** fuertes (la **escobilla** es la parte del baile donde predomina el **taconeo**, el complicado ritmo de los pies). La bailaora más importante de este siglo, Carmen Amaya, cambió todo eso. Vestida de hombre, salió al escenario y taconeó más rápida y más enérgicamente que nadie hasta el momento. Revolucionó así el baile flamenco de la ³⁵ mujer, y ahora vemos en los tablaos a artistas tales como La Tati y Eva la Hierbabuena, que realizan escobillas tan complicadas y difíciles como las de cualquier bailaor masculino.

Carmen Villena y Antonio Gades en Bodas de Sangre *(1981), película basada en la obra dramática de Federico García Lorca.*

Muy celosamente estos artistas se llaman a sí mismos, en el lenguaje del oficio, **bailaores**, no bailadores, y **bailaoras**, y no bailadoras—¡y
40 mucho menos bailarinas! También se suele decir **cantaor**, y no cantador, ni cantante. Se dice que este vocabulario de corte netamente andaluz fue creado específicamente por los mismos artistas para distinguir el flamenco de otros géneros. Algunos artistas piensan que es impropio—a veces se toma por un insulto, aunque bien intencionado—el llamar "can-
45 tante", por ejemplo, al verdadero cantaor. Decir que alguien es cantaor significa afirmar que la persona domina el arte genuino, el compás de la música flamenca, y no sólo que interpreta su pieza en un estilo "aflamencado". Este estilo, el mismo que han adoptado algunos cantantes y grupos pop del momento—como los *Gypsy Kings*—es el resultado de la populari-
50 dad y la atracción de las que goza el flamenco en el mundo de hoy.

ACTIVIDADES

1. **El nuevo flamenco.** En grupos de tres o cuatro estudiantes, o individualmente, trate de escuchar la música de estos conocidos artistas que reflejan diferentes estilos del flamencos: La Niña de los Peines, Lola Flores, Camarón de la Isla, Carmen Linares, Tomatito, Azúcar Moreno, y los Gypsy Kings. Otros artistas que combinan el flamenco tradicional con música más moderna como el *rock* y los *blues* son: Pata Negra (*Blues de la Frontera*), Ketama y por supuesto, el gran Paco de Lucía, tal vez el mejor guitarrista de flamenco de todos los tiempos.

2. **Las películas de Saura.** Vean en parejas o en grupo alguna de las películas del director español, Carlos Saura, recomendadas en el punto B de la sección V de este capítulo. Escriban una reseña de dos páginas siguiendo las indicaciones dadas en el capítulo cuatro. Compartan su reseña con la clase.

Mujeres vestidas en trajes típicos celebran La Noche de los Favores *en Alosno, Huelva.*

3. **Flamenco en la comunidad.** En algunas ciudades se suelen presentar grupos de baile flamenco, aficionados o profesionales. Si ha visto una de esas presentaciones, comparta con sus compañeros(as) de clase sus recuerdos e impresiones. Si hay *tablaos* en su comunidad, asista a una función, disfrútela y escriba dos o tres páginas con sus impresiones detalladas para compartirlas en clase.

4. Busque en la red (*World Wide Web/WWW*) información sobre el flamenco. Luego prepárese a compartir con la clase parte de la información que haya encontrado.

Flamenco World	http://www.Flamenco-world.com
Andalucia	http://www.andalucia.com
Canastero	http://members.aol.com/canastero/Index.html

OTRAS ACTIVIDADES ADICIONALES

1. **Lectura individual.** Busque en su biblioteca lo siguiente.
   a) *Platero y yo*, obra en prosa poética, muy lírica, escrita por **Juan Ramón Jiménez** (1881, Moguer; Puerto Rico, 1958), ganador del Premio Nobel de Literatura en 1956. Lea la obra en su totalidad si puede; si no, escoja algunas secciones. Luego busque información biográfica acerca de la vida y la importancia de Juan Ramón Jiménez en las letras españolas y escriba un breve informe (no más de una página) sobre el autor y lo que haya leído de la obra.
   b) **José Camilo Cela** (1916–) es otro escritor español que también recibió el Premio Nobel de Literatura. *La familia de Pascual Duarte* (1942), su primera novela, trata sobre un asesino rural que ya encarcelado y en espera de su ejecución, cuenta su vida. Lea los primeros dos o tres capítulos de la obra y escriba un resumen de lo que cuenta el narrador. Incluya sus propios comentarios sobre lo leído.

2. **Lectura en grupo.** En grupos de dos o tres estudiantes lean un acto de *Bodas de sangre, La casa de Bernarda Alba, o Yerma* de Federico García Lorca. Los que prefieran leer la obra teatral completa, preparen un breve resumen e informe oral para la clase. Ver: *Teatro selecto de García Lorca*. Prólogo de Antonio Gallego Morell. Madrid: Escelicer, 1969.

3. **Viaje a España.** En parejas o grupos de tres averigüen toda la información necesaria para preparar un viaje imaginario a España en el verano. Consulten los sitios indicados de la red al final de este capítulo.

   Exploren los precios de los boletos y las diferentes opciones que existen en cuanto a hotel, hostal o parador para hospedarse. Infórmense sobre las posibilidades de alquilar un auto. Busquen mapas, fijen las fechas, fíjense un presupuesto adecuado y planifiquen adónde y por cuantos días irán y qué visitarán. Preparen un informe detallado para compartirlo con la clase.

IV. El arte de ser bilingüe

LA TRADUCCIÓN Y LA INTERPRETACIÓN

La traducción ayuda a diseminar el conocimiento científico, cultural, económico y político en el mundo, y como tal tiene una importancia primordial: ayuda a que los pueblos se conozcan entre sí y establezcan un respeto mutuo por sus diversas contribuciones.

5   En la España medieval, una de las más famosas escuelas de traductores fue la Escuela de Traductores de Toledo, en el siglo XIII. Allí, bajo la protección del Rey Alfonso X, el Sabio, eruditos de origen judío, católico y musulmán colaboraban entre sí para la traducción de textos de diversa procedencia al latín y al castellano. Gracias a la labor de esos traductores, 10 Europa, y posteriormente el resto del mundo, conocieron muchos textos de gran importancia para el desarrollo del pensamiento científico, cultural y social. Su labor propició la aparición de nuevas corrientes intelectuales, que luego condujeron al surgimiento del Renacimiento, y con él a la constitución de las naciones europeas y americanas modernas.

15   En Toledo se traducían obras de sabios y eruditos persas, hindúes, y griegos que previamente se habían vertido en lengua árabe, judía o castellana. Mientras España entera vivía los últimos siglos de la reconquista, y las diferencias religiosas entre musulmanes, católicos y judíos se agudizaban peligrosamente, una pequeña ciudad medieval daba ejemplo 20 al país de la conveniencia de cultivar la armonía entre las tres culturas principales que poblaban España entonces. Por eso se ha dicho que la traducción es en muchos casos la mejor embajadora de la paz y la concordia, aunque no siempre se le dé la importancia que merece.

    El bilingüismo cultivado es la clave en una carrera como la de 25 **traductor**, quien se ocupa de textos escritos, o la de **intérprete**, quien sirve de enlace verbal entre dos personas de diferente habla. La segunda ocupación es por naturaleza mucho más dinámica que la primera, que se puede realizar a solas, con más tiempo y paciencia. Actualmente, esta profesión se practica en varias categorías: **la interpretación simultánea**: el 30 intérprete transmite oralmente a una lengua lo que se dice en otra; **la interpretación consecutiva**: el intérprete es un intermediario entre dos hablantes, que le ceden la palabra por intervalos; **la traducción** *in situ:* el intérprete lee en voz alta un texto en otro idioma, realizando la traducción y la interpretación al mismo tiempo; **la interpretación sumaria**: el intérprete 35 hace un resumen de lo que una persona ha dicho, sin tener en cuenta los detalles.

    En una sociedad como la norteamericana[1], las profesiones de traductor e intérprete tienen gran demanda y consideración. Los intérpretes

---

[1]En los Estados Unidos, el español no es una lengua oficial. Sin embargo, es la segunda lengua que más se usa y la que más se estudia en las escuelas y en las universidades del país. La población hispana de los Estados Unidos ya se aproxima a los 30 millones.

EL ESPAÑOL ES LENGUA OFICIAL EN:

Argentina
Bolivia
Chile
Colombia
Costa Rica
Cuba
Ecuador
El Salvador
España
Guatemala
Honduras
México
Nicaragua
Panamá
Paraguay
Perú
Puerto Rico
República Dominicana
Uruguay
Venezuela

de tribunales realizan sus tareas en los procesos judiciales para extran-
40 jeros o personas con pocos conocimientos del inglés. Estos empleados
federales o estatales reciben buenos salarios por sus servicios, y están regu-
lados por normas oficiales. Para llegar a ser intérprete de los tribunales
federales han de aprobarse dos exámenes, uno escrito y otro oral.

Los traductores del país se han organizado en sociedades continen-
45 tales. La mayor organización de este tipo es la *American Translators Association* (ATA), con miles de miembros que trabajan en los lenguajes más disí-
miles. Para hacerse miembro de esta asociación profesional, se debe
pasar un examen escrito de cierta dificultad, en el que hay que probar
que se puede hacer una buena traducción de textos escogidos. Para más
50 información sobre la traducción o la interpretación, explore algunos de
los siguientes sitios de la red:

> http://www.atanet.org
> http://www.udallas.edu/research/cts/ALTA/join.htm
> http://www.najit.org/index.html top

¿Tienes un resfriado?

No, pero cuando no sé traducir una palabra, toso, estornudo o gopleo el micrófono... ¡y despúes sigo adelante! ¡No le cuentes a nadie mi truco!

ACTIVIDADES

1. **Traducción al inglés.** Imagínese que su lengua materna es el español y
    necesita comprobar que sabe traducir al inglés antes de ser admitido
    al programa de literatura inglesa. En una hoja aparte traduzca al in-
    glés el siguiente texto. Use un buen diccionario en caso de dudas. Re-
    vise su trabajo cuando termine el borrador.

    España está dividida actualmente en provincias, y estas provincias a su
    vez forman parte de las comunidades autónomas, las más famosas entre
    las cuales son Andalucía, Galicia, Cataluña, el País Vasco, Aragón y las
    dos Castillas. Esta división política sigue en lo general una pauta
    histórica, lingüística y cultural. Así es que en Galicia se habla el gallego,
    un lenguaje muy similar al portugués; en Cataluña catalán, otro de los
    idiomas derivados del latín; y en el País Vasco el vascuence, un lenguaje
    para el cual los lingüistas no han hallado un origen histórico definido.

    El país es una monarquía, y el rey es el nieto de Alfonso XIII, derrocado
    en 1931. Los socialistas estuvieron al frente del gobierno desde 1982, pero
    actualmente ya no tienen el poder que tuvieron en los años ochenta.

2. **Agencia de publicidad.** Imagine que es la única persona bilingüe en la agencia de viajes donde usted trabaja. Su jefe ha escrito un anuncio para la radio y le pide que lo traduzca y adapte al español. Hágalo en una hoja aparte. Cuando lo lea en voz alta, no se puede pasar de 60 segundos. Use un buen diccionario en caso de dudas.

One of these days you may find yourself dreaming of an exciting trip to Spain, one of the favorite tourist destinations in the world. Thousands visit Spain each year, drawn there by the richness of its history, its temperate climate, the warmth of its people, and its spectacular and varied scenery. Interested in art or architecture? While many people call Italy the largest and richest open museum in the world, did you know that Spain is second in line? Perhaps you're looking for a tranquil and relaxed get-away. The white, sun-baked villages of Andalusia offer visitors a window on a past steeped in traditions that are as much Moorish as they are European. And if you're a tourist with a taste for the contemporary, you can fast-forward into the excitement of cosmopolitan centers like Madrid and Barcelona, where the nightlife pulsates till dawn with an energy that is uniquely Spanish. As the saying goes, "Spain is different!" Come visit your travel agent at Meninas Travel Agency, located at 2235 West Fourth Avenue, and book your trip today!

3. Relea el último párrafo del texto de la Actividad #1 en español. Luego túrnese con un(a) compañero(a) de clase para hacer una "interpretación simultánea" al inglés. Proceda de la misma manera, pero a la inversa, del inglés al español, con el texto de la Actividad #2.

V. Unos pasos más: fuentes y recursos

A. PARA AVERIGUAR MÁS

Busque uno de los libros indicados a continuación u otro que su profesor o profesora le recomiende. Escoja un capítulo o una seción que le interese y prepare una lista de tres a cinco puntos principales basados en la lectura. Anote sus impresiones generales. Prepárese para compartir oralmente en clase.

España: bibliografía seleccionada

1. LIBROS DE REFERENCIA O CONSULTA

Cabeza Cabeza, Manuel. *Diccionario de la Guerra Civil española*. 1a ed., 2 vol. Serie Espejo de España. Barcelona: Planeta, 1987.

Crespo Redondo, Jesús y Enríquez de Salamanca, María Fernanda, a cargo de la edición del proyecto. *Gran atlas de España*. Madrid: Aguilar, 1993.

Javierre, José María, coordinador. *Gran enciclopedia de España y América*. Madrid/Gela: Espasa-Calpe/Argantonio, 1983–1987 {10 volúmenes, con ilustraciones e índices}.

2. LIBROS DE HISTORIA, LITERATURA Y SOCIEDAD

Calvo Buezas, Tomás. *¿España racista? Voces payas sobre los gitanos.* Barcelona: Anthropos, 1990.

Chandler, Richard E., and Kessel Schwartz. *A New History of Spanish Literature.* Rev. ed. Baton Rouge: Louisiana State University Press, 1991.

Folguera, Pilar, ed. *El feminismo en España: dos siglos de historia.* Madrid: Editorial P. Iglesias, 1988.

Foster, David William. *Literatura Española: Una antología.* Vol. 1: *De los orígenes hasta 1700.* Tomo 2: *De los 1700 hasta la actualidad.* Hamden: Garland Publishing, 1995.

Russel, P. E., ed. *Spain: A Companion to Spanish Studies.* London, 1982.

García de Cortázar, Fernando, y José Manuel González Vega. *Breve historia de España.* Madrid: Alianza Editorial, 1994.

Gibson, Ian. *The Assassination of Federico García Lorca.* London: Penguin, 1983. (Disponible en español.)

Mecholán, Henry, director del proyecto. *Los judíos de España: historia de una diáspora, 1492–1992.* Prólogo de Edgar Morin. Madrid: Editorial Trotta; Fundación de Amigos de Sefarad; Sociedad Quinto Centenario, 1993.

Ramos Gascón, Antonio, ed. *España hoy.* Madrid: Cátedra, 1991.

Rojas, Carlos. *La Guerra Civil vista por los exiliados.* 1ra edición. Serie Espejo de España; 13. Barcelona: Editorial Planeta, 1975.

The Oxford Companion to Spanish Literature. Oxford: Clarendon Press, 1978.

Thomas, Hugh. *The Spanish Civil War.* New York: Harper & Row, 1977.

Valbuena Prat, Angel. *Historia de la literatura española.* Barcelona: G. Gile, 1968.

3. SOBRE GITANOS Y FLAMENCO

Álvarez Caballero, Angel. *El cante flamenco.* Madrid: Alianza Editorial, 1994.

———. *Gitanos, payos y flamencos, en los orígenes del flamenco.* Madrid: Cinterco, 1988.

Cano, Manuel. *La guitarra. Historia, estudios y aportaciones al arte flamenco.* Granada: Ediciones Anel, 1986.

Calvo, Pedro, y José Manuel Gamboa. *Historia-guía del nuevo flamenco: El duende de ahora.* Madrid: Ediciones Guía de Música, Antonio de Miguel, Editor, 1994.

Cano, Manuel. *La guitarra. Historia, estudios y aportaciones al arte flamenco.* Granada: Ediciones Anel, 1986.

Diccionario enciclopédico ilustrado del flamenco. 2 vols. Comp. José Blas Vega y Miguel Ríos Ruíz. Madrid: Cinterce, 1988.

Gordon, Diane. "The New Flamenco." *Guitar Player.* September 1992, 87–94.

Herrero, Germán. *De Jerez a Nueva Orleans: Análisis comparativo del flamenco y jazz.* Granada: Editorial Don Quixote, 1991.

Llorens, María J. *Diccionario gitano: sus costumbres.* Madrid: Mateos, 1991.

Mitchell, Timothy. *Flamenco Deep Song.* New Haven: Yale Univ. Press, 1994.

Thiel-Cramér, Bárbara. *Flamenco: The Art of Flamenco, Its History and Development Until Our Days*. Translated by Sheila Smith. First published in Swedish, 1990. Also published in German and in Spanish, 1991 (Spanish, ISBN 91–9712–594–6). Lindigo, 1991.

Schreiner, Claus, ed. *Flamenco: Gypsy Dance and Music from Andalusia*. Traducido del alemán por Mollie Comeford Peters. Portland: Amadeus Press, 1985.

4. SOBRE FIESTAS TRADICIONALES DE ESPAÑA

García Rodero. *Festivals & Rituals of Spain*. Texto por J.M. Caballero Boland. New York: Harry N. Abrams, Inc., Publishers, 1992. En español el libro se llama: *España: Fiestas y ritos*. Barcelona: Lunwerg, 1992.

B. PARA DISFRUTAR Y APRENDER

Películas en video

Con uno, dos o más compañeros(as) de clase, escojan y vean una de las películas españolas recomendadas de la lista a continuación. Consulten las indicaciones dadas en el capítulo cuatro para escribir individualmente una breve reseña de un mínimo de dos páginas y un máximo de tres. Entregue el trabajo a máquina. Consulte con su profesor(a) acerca de la posibilidad de un informe oral a la clase.

Alas de mariposa (1991)
La ardilla roja (1992)
La Belle Epoque (1993)
Boom Boom (1989)
La caza (1975)
La colmena (1982)
Cría (1977, 115 min.)
El espíritu de la colmena (1973)
La fabulosa historia de Diego Marín (1997)
La línea del cielo (1984; Fernando Colombo)
Mamá cumple cien años (1979)
El mar y el tiempo (1989; Fernando Fernán Gómez)
La mitad del cielo (1986; Manuel Gutiérrez Aragón; 95 min.)
El nido (1987)
Los olvidados (1950)
Pascual Duarte (1975)
Los peores años de nuestras vidas
La Plaza del Diamante (1982)
Los santos inocentes (1984)
Secretos del corazón
Stico (1984)
El sur (1983)
Tasio (1984)
El tiempo de los gitanos (1989; Emir Kustrica)
Todos los hombres sois iguales

Tristana (1970, 98 mins., Luis Buñuel)
Viridiana (1961, 90 mins.)
Vacas (1992)
El verdugo (1963)

VIDEOS SELECCIONADOS DE CARLOS SAURA

El amor brujo. España, 1986, 100 min. Inspirada en la obra de Manuel de Falla. Con Antonio Gades, Cristina de Hoyos y Laura del Sol. En español con títulos en inglés.

Bodas de sangre. España, 1981, 71 min. Versión flamenca basada en la obra de Federico García Lorca. Con Antonio Gades. Español con títulos en inglés.

Carmen. España, 1984, 99 minutos. Antonio Gades y Cristina de Hoyos son los principales bailarines en esta version flamenca de la opera de Bizet. Español.

Flamenco. 1994, Juan Lebrón Producciones; 100 minutos: col. disponible por medio del Instituto Cervantes de Chicago o Nueva York.

Sevillanas. 1992, Juan Lebrón Producciones; 52 minutos: col. disponible por medio del Instituto Cervantes de Chicago o Nueva York (212-689-4232).

Los zancos. España, 1984, 95 minutos. Sobre un triángulo amoroso. Buenas interpretaciones de Laura del Sol y Francisco Rabal.

Carlos Saura. (Documental en español sobre el director; 60 minutos, distribuido por *Films for the Humanities.*)

VIDEOS SELECCIONADOS: PEDRO ALMODÓVAR

Átame (1990)
Carne Trémula (1998)
Entre tinieblas (1984)
La flor de mi secreto (1995)
Kika (1993)
La ley del deseo (1987)
Matador (1986)
Mujeres al borde de un ataque de nervios (1988)
¿Qué he hecho yo para merecer esto? (1985)
Tacones lejanos (1991)
Pedro Almodóvar (Documental en español; 60 minutos. Distribuido por *Films for the Humanities.*)

VIDEOS SELECCIONADOS: LITERATURA ESPAÑOLA

Don Quixote. Video basado en la obra de Miguel de Cervantes. Duración: 5 horas y 10 minutos, producida por la RTVE; en español con títulos en inglés. Distribuida por *Films for the Humanities.* 1995.

Don Juan Tenorio. En español, 2 horas, 17 minutos. Obra maestra muy popular, basada en *El burlador de Sevilla* de Tirso de Molina. Films for the Humanities. 1988.

El burlador de Sevilla. Producción de la obra de teatro de Tirso de Molina. En español, 2 horas. Distribuida por *Films for the Humanities.*

Fuenteovejuna. Buena producción de la RTVE, basada en la famosísima obra de Lope de Vega. En español, 60 mins., distribuida por *Films for the Humanities.*

La Celestina. Una excelente producción de una de las obras más importantes de la literatura española. Producida por RTVE, 60 minutos. Distribuida por Films for the Humanities.

La vida es sueño. Julio Nuñez interpreta el papel de Segismundo. Buenos actores. 74 minutos, blanco y negro, en español. *Films for the Humanities.* 1968.

DOCUMENTALES SELECCIONADOS: FEDERICO GARCÍA LORCA

El balcón abierto. Película sobre la vida y la obra de Federico García Lorca. En español, 90 minutos; *Films for the Humanities.*

A Murder in Granada/Asesinato en Granada. Documental en español, con narración en inglés, sobre la vida y la obra de Federico García Lorca. Muestra al poeta en los únicos momentos de film existentes en que aparece. 55 minutos.

Recursos de la red (WWW)

Si desea explorar la red, vaya a http://www.wiley.com/college/nuevosmundos, donde encontrará una lista de sitios relacionados con el tema de este capítulo.

Capítulo Seis

Los derechos humanos

"El fortalecimiento de la democracia, el diálogo político, la estabilidad económica, el progreso hacia la justicia social, el grado de coincidencia en nuestras políticas de apertura comercial y la voluntad de impulsar un proceso de integración hemisférica permanente, han hecho que nuestras relaciones alcancen mayor madurez. Redoblaremos nuestros esfuerzos para continuar las reformas destinadas a mejorar las condiciones de vida de los pueblos de las Américas y lograr una comunidad solidaria".

Declaración de Santiago, Segunda Cumbre de las Américas, 1998

Una protesta en Ciudad de Guatemala, Guatemala.

Para entrar en onda

Para ver cuánto sabe del tema del capítulo, responda a este cuestionario lo mejor que pueda. Escoja la respuesta más apropiada. Luego compruebe sus conocimientos, consultando la lista de respuestas que aparecen invertidas al pie de este ejercicio.

1. La Declaración Universal de los Derechos Humanos fue adoptada por la Organización de las Naciones Unidas
   a. en el siglo XVI.
   c. el 10 de diciembre de 1948.
   b. el 4 de julio de 1776.
   d. el 2 de mayo de 1998.

2. Los principios que establece esa declaración han sido
   a. aplicados constantemente por todos los miembros de la organización.
   b. ignorados por muchas dictaduras latinoamericanas.
   c. observados fielmente por todos los países del mundo.
   d. tenidos en cuenta por muchas de las dictaduras latinoamericanas.

3. Los derechos humanos son
   a. derechos básicos de los que deben gozar todos los seres humanos.
   b. leyes que deben imponerse en algunos países, pero no en todos.
   c. antiguas leyes que se imponían en el pasado en algunos países.
   d. derechos a los que no todos podemos aspirar.

4. ¿Cuál de estos casos puede considerarse un abuso de los derechos humanos?
   a. una violación de las leyes del tráfico
   b. la detención de un sospechoso por la policía
   c. el arresto de un individuo que ha cometido un delito
   d. la detención de un individuo sin causa justificada

5. Un tipo de gobierno que suele cometer esos abusos es generalmente
   a. un régimen de gobierno popular y democrático.
   b. una dictadura que desea reprimir a la oposición.
   c. una dictadura que desea dar paso a un régimen más democrático.
   d. un régimen de gobierno que acepta las críticas de sus opositores.

6. En América Latina los gobiernos militares de las décadas de los años setenta y ochenta
   a. observaron fielmente el cumplimiento de los derechos humanos.
   b. arrestaron y torturaron arbitrariamente a los ciudadanos.
   c. tuvieron en cuenta las ideas políticas de la oposición.
   d. detuvieron a todo el que no observara los derechos humanos.

7. En América Latina se da el nombre de desaparecidos a las personas
   a. detenidas sin causa justificada cuyo paradero se desconoce.
   b. arrestadas y luego puestas en libertad.
   c. que no pueden salir del país por tiempo indeterminado.
   d. detenidas y sometidas a juicio por causa justificada.

8. Rigoberta Menchú es una indígena guatemalteca que
   a. llegó a ser presidenta de su país.
   b. nunca aprendió a hablar español.
   c. obtuvo el Premio Nóbel de la Paz en 1992.
   d. combatió contra los españoles en las guerras de independencia.

Respuestas: 1c, 2b, 3a, 4d, 5b, 6b, 7a, 8c

I. Conversación y cultura

Violaciones de los derechos humanos en Latinoamérica: violencia e injusticia

La tragedia causada por abusos de los derechos humanos es una de las más dolorosas y vergonzosas de Latinoamérica. Durante las décadas de los setenta y ochenta sobre todo, la época de las "guerras sucias" en Latinoamérica, los gobiernos militares abusaron en forma brutal de miles de
5 sus ciudadanos. Algunos de estos abusos y arrestos arbitrarios, destierros o exilios forzados, saqueos, secuestros, torturas y ejecuciones por parte de los llamados "escuadrones de la muerte" o por otras fuerzas clandestinas, fueron cometidos secretamente, otros de forma abierta.

Uno de los métodos más infames que ha sido empleado en países
10 como Chile, Argentina, Uruguay, Brasil, Guatemala, El Salvador, México,

Ciudadanos que protestan la situación de los prisioneros políticos en Chile. ¿Dónde están los presos? ¿Quién respeta los derechos humanos?

y Honduras, es el de hacer "desaparecer" a personas que se consideran una amenaza al estado. La conocida escritora mexicana, Elena Poniatowska, en un ensayo sobre el caso de los desaparecidos en América Latina, describió la situación así: "Opositores reales o sospechosos,
15 eso no importa. Lo importante es prevenir. Cualquier inconforme es un enemigo, su familia también y un día sin más, de pronto, deja de estar entre nosotros".[1]

Los escuadrones de la muerte sacaban a ciudadanos—estudiantes universitarios, activistas políticos o religiosos, jóvenes, gente pobre, profe-
20 sionales, escritores, maestros—de sus casas, sin orden de arresto legal, y los transportaban a lugares secretos que servían de cárceles y lugares de tortura. Nunca se los sometía a juicio.

Las familias de los "desaparecidos" no tenían ni tienen forma de saber sobre sus seres queridos: padres, madres, hermanos, hijos, com-
25 pañeros de trabajo o de escuela *se esfumaban del mapa*, como si nunca hubieran existido. Se da el caso de hijos de desaparecidos que fueron *regalados* a las familias de los torturadores. Los secuestradores no les comunicaban a las familias si tenían o no a sus seres queridos, si estaban vivos o muertos, y mucho menos dónde estaban o cuál era su estado de salud.
30 Como ha señalado Poniatowska: "Hasta los nazis comunicaron la lista de los que habían exterminado en sus campos de concentración".[2] Hoy día todavía no se sabe lo que ha pasado con la mayoría de las víctimas.

Muchas de estas personas, después de haber sido abusadas y torturadas durante mucho tiempo, acabaron siendo asesinadas. En Ar-
35 gentina, por ejemplo, entre 1976 y 1983, un período de fuerte represión ilegal de elementos "subversivos", se calcula, según diversas fuentes, que entre diez mil y treinta mil personas desaparecieron. Se sabe ahora, por medio de testimonios y confesiones, que miles de prisioneros fueron tirados con vida desde aviones al Océano Atlántico o a
40 aguas del Río de la Plata en "vuelos de la muerte", o sepultados en fosas comunes secretas, o dejados heridos o muertos en la calle. En algunos raros casos, algunos de los "desaparecidos" sobrevivían sus experiencias y las torturas y eran luego puestos en libertad, para ser posteriormente expulsados del país. Ese fue el caso de la argentina Alicia Partnoy, que
45 se trasladó a los Estados Unidos, donde recuenta al mundo sus experiencias en su obra, *La escuelita*, traducida y publicada en inglés con el título *The Little School*.

En Chile, Salvador Allende, presidente de la nación, murió durante un golpe de estado en 1973; inmediatamente después del golpe comen-
50 zaron las graves violaciones de los derechos humanos bajo la dictadura de Augusto Pinochet: intimidaciones, detenciones ilegales, matanzas indiscriminadas durante protestas públicas, tortura, asesinatos y desapariciones. En 1986, entre el 28 de abril al 20 de mayo, por ejemplo, alrededor de quince mil chilenos de los barrios pobres de los alrededores de
55 Santiago, llamados *poblaciones*, fueron detenidos y llevados por militares y policías, como si fueran ganado vacuno, a estadios deportivos y a otros sitios para ser interrogados sobre los "terroristas"; sus hogares mientras tanto eran saqueados por los militares.[3] Otro método usado en Latinoamérica para reprimir la oposición política ha sido el asesinar a la

60 gente en lugares públicos. Durante manifestaciones estudiantiles u obreras en Chile, por ejemplo, policías o militares tiroteaban a las multitudes, matando indiscriminadamente.

En El Salvador, la guerra civil de doce años, que tuvo como consecuencia la violación sistemática y generalizada de los derechos humanos,
65 dejó 75.000 muertos, un millón de exiliados, y cientos de miles de personas desplazadas de sus hogares.

En la Cuba de hoy también se han violado los derechos humanos de los ciudadanos, y existe un ambiente general de represión que el gobierno alimenta a través de organismos "populares" y los Comités de Defensa
70 de la Revolución que sirven para vigilar y delatar a las personas de la vecindad consideradas sospechosas o contrarias a la revolución. Por años el gobierno ha encarcelado sistemáticamente a los opositores, y se siguen registrando numerosos casos de tortura mental y física, documentados por *Amnesty International.*

75 En otras partes en Latinoamérica ha habido ejecuciones masivas, que los militares exigían fueran públicas para que les sirviera de "lección" al pueblo. La guatemalteca Rigoberta Menchú, ganadora del Premio Nóbel de la Paz (1992), describe en su autobiografía una de estas masacres, donde militares guatemaltecos mataron a su hermanito de
80 dieciséis años. Guatemala ha sufrido horribles conflictos civiles en las últimas décadas, y estas luchas internas también han sido acompañadas por brutalidades contra las personas y sus derechos, con cien mil muertos y más de cuarenta mil desaparecidos. Aunque haya mejorado la situación política, desafortunadamente todavía hay allí violaciones e incertidum-
85 bre, y las estadísticas sobre las violaciones de los derechos humanos en Guatemala han sido de las más crudas de toda Hispanoamérica.

Para los familiares y amistades de las víctimas torturadas, desaparecidas, asesinadas, o violadas sexualmente, resulta difícil perdonar, e imposible olvidar, aunque se declaren oficialmente amnistías generales para los
90 militares culpables.

Con el proceso de democratización en Latinoamérica, los abusos contra los derechos humanos han disminuido, pero no se han extinguido por completo.

Un gran reto para muchas de las nuevas democracias en Lati-
95 noamérica consiste en esclarecer e investigar las violaciones de los derechos humanos, y al mismo tiempo poder dejar atrás un pasado brutal para concentrarse en mejorar el presente. Sobre todo será necesario mejorar la situación económica en general y aliviar el sufrimiento de los pobres (falta de alimentos necesarios, carencia de agua potable, insufi-
100 ciencia de luz y energía y falta de educación). Se debe además resolver el gran problema del desamparo de tantos niños huérfanos, y fomentar y mantener el respeto a los derechos humanos.

[1]Poniatowska, Elena. "Los desaparecidos". *Fuerte es el silencio.* Mexico, D.F.: Ediciones Era, S.A., 1987, p. 138. ISBN 968-411-054-5.
[2]Ibid, pp. 138–139.
[3]Amnesty International. *Chile Briefing.* Amnesty International Publications: London, United Kingdom, 1986, p. 5. ISBN 0-939994-22-4.

El primero de mayo. Los policías chilenos se llevan a un hombre.

MESA REDONDA

En grupos pequeños contesten las preguntas y comenten los temas siguientes.

1. ¿Qué quiere decir Poniatowska cuando declara que para los militares "lo importante es prevenir"?

2. ¿Por qué resulta irónica en el contexto anterior la idea de que los nazis hacían públicas las listas de los que asesinaban en los campos de concentración?

3. ¿Cómo ve usted la amnistía concedida a los militares después de todas las atrocidades cometidas? ¿Cree que se justifica para obtener la concordia nacional? ¿Se debe perdonar a los militares que hayan violado derechos humanos?

4. En Estados Unidos existe violencia racial, étnica y criminal. ¿Cómo compararía usted este tipo de violencia con la que se ha dado en Hispanoamérica? ¿Cómo se diferencian?

5. ¿Qué conoce usted sobre la intervención de la *C.I.A.* (*Central Intelligence Agency*) en la violencia y el abuso políticos en América Latina?

6. ¿Qué sabe sobre los abusos de los derechos humanos en otras partes del mundo? Por ejemplo, ¿en países como Iraq, China, Argelia, Ruanda? ¿Sobre la situación que existía anteriormente en África del Sur?

Poesía

Ariel Dorfman, nacido en Buenos Aires en 1942, pero de ciudadanía chilena, es poeta, dramaturgo, novelista, cuentista, autor de numerosos artículos periodísticos y destacado investigador de sociología. Su libro, *Para leer al Pato Donald*, escrito en colaboración, es ya un clásico sobre la
5 influencia del dibujo animado estadounidense en Hispanoamérica. De su obra teatral, *La muerte y la doncella*—que trata de una mujer que cree reconocer al hombre que la había torturado—se hizo recientemente una versión cinematográfica, *Death and the Maiden*, dirigida por el famoso director Roman Polanski, con la actuación de Sigourney Weaver y Ben
10 Kingsley. Dorfman vive desde hace algunos años en los Estados Unidos, donde enseña literatura y sigue escribiendo. Otras obras suyas son: *Moros en la costa* (1973), *Viudas* (1982), *La última canción de Manuel Sendero* (1982), *Máscaras* (1988), *Konfidenz* (1994) y *Heading South, Looking North: A Bilingual Journey* (1998).

El profesor Ariel Dorfman, conocido dramaturgo, poeta y ensayista.

ANTES DE LEER

En grupos de tres o cuatro estudiantes comenten lo siguiente. Compartan después sus observaciones con el resto de la clase.

1. ¿Ha participado alguna vez en una manifestación o protesta política o de otro tipo? ¿Qué lo(la) llevó a participar? ¿Cómo fue su experiencia? ¿En qué tipo de protesta estaría dispuesto(a) a participar?

2. ¿De qué otra forma ha participado en la política? ¿En debates formales o informales? ¿En programas de radio o televisión? ¿Como voluntario(a) en campañas políticas de su comunidad o universidad? Si no ha participado, ¿por qué no le interesa o motiva este tipo de actividad?

3. ¿Qué haría si estuviera separado(a) de su familia y sus seres queridos y no pudiera comunicarse con ellos?

4. En su opinión, ¿existen situaciones en las que se justifica el uso de la tortura? ¿Cuáles?

5. ¿En qué se diferencia la prisión por motivos políticos de aquella que se impone por crimen o robo?

Un joven chileno protesta la "desaparición" de su hermano en 1984.

ESPERANZA

para Edgardo Enríquez, padre
para Edgardo Enríquez, hijo

Mi hijo se encuentra
desaparecido
desde el 8 de mayo
del año pasado.
5   Lo vinieron a buscar,
           sólo por unas horas,
           dijeron,
           sólo para algunas preguntas
           de rutina.
10 Desde que el auto partió
ese auto sin patente
no hemos podido
           saber
nada más
15 acerca de él.

Ahora cambiaron las cosas.
Hemos sabido por un joven compañero
al que acaban de soltar,
que cinco meses más tarde
20 lo estaban torturando
en Villa Grimaldi,
que a fines de septiembre
lo seguían interrogando
en la casa colorada
25 que fue de los Grimaldi.

           Dicen que lo reconocieron
           por la voz, por los gritos,
           dicen.

Quiero que me respondan con franqueza
30 Qué época es ésta,
en qué siglo habitamos,
cuál es el nombre
de este país?
Cómo puede ser,
35 eso les pregunto,
que la alegría de un
padre,
que la felicidad de una
madre,
40 consista en saber
que a su hijo
lo están

que lo están torturando?
Y presumir por lo tanto
45   que se encontraba vivo
cinco meses después,
que nuestra máxima
esperanza
sea averiguar
50   el año entrante
que ocho meses más tarde
seguían con las torturas

y puede, podría, pudiera,
que esté todavía vivo?

*choclo: mazorca
de maíz no
madura aún

PASTEL DE CHOCLO*

La vieja no tenía nada que ver
                                        con todo esto.

Se la llevaron
porque era nuestra madre.
5   no sabía lo que se dice
nada
pero nada de nada.

                                        Te la imaginas?
                                        Más que el dolor,
                                        te imaginas la sorpresa!
10   Ella no podía sospechar
                                        que gente
                                            como ésa
                                        existiera
                                            en este mundo.
15

Ya van dos años y medio
y todavía no aparece.
Entraron a la cocina
y quedó hirviendo la tetera.
20   Cuando papá llegó a casa
encontró la tetera
                        seca
y todavía hirviendo
El delantal no estaba.

                                        Te imaginas cómo los habrá
25   mirado
                                        durante dos años y medio,
                                        cómo los estará,
                                        te imaginas después la venda
                                        durante dos años y medio
30   descendiendo
                                            sobre los ojos

35

y esos mismos hombres
que no deberían existir
y que otra vez
            se acercan?

Era mi mamá
Ojalá que no aparezca.

DOS MÁS DOS

Todos sabemos cuántos pasos hay,
compañero, de la celda
hasta la sala aquella.
Si son veinte,
5   ya no te llevan al baño.
Si son cuarenta y cinco,
ya no pueden llevarte
a ejercicios.

Si pasaste los ochenta,
10 y empiezas a subir
a tropezones y ciego
una escalera
ay si pasaste los ochenta
no hay otro lugar
15 donde te pueden llevar,
no hay otro lugar,
no hay otro lugar,
ya no hay otro lugar.

El Grito de Rebelde,
Rupert Garcia, 1975.   **149**

PARA COMENTAR

Trabajando en parejas conteste las siguientes preguntas sobre las poesías de Dorfman. Justifique su opinión cuando sea necesario. Luego puede comparar sus respuestas con las de otros compañeros.

1. ¿Quién es el narrador del poema *Esperanza*?

2. En ese poema, ¿está seguro el narrador lírico de que su hijo está vivo? Explique.

3. Cuente las veces que se menciona el tiempo en el poema. ¿Qué finalidad tienen esa menciones?

4. Explique cómo pueden alegrarse los padres de que estén torturando a su hijo.

5. ¿A qué se refiere el título del poema *Pastel de choclo*? ¿Por qué dice el narrador en el último verso: "Ojalá que no aparezca"?

6. ¿Por qué tienen que contar los pasos los prisioneros en *Dos más dos*?

7. ¿Qué efecto emocional tiene el uso de la repetición al final de ese poema?

Poesía

Angel Cuadra Landrove nació en La Habana, Cuba. Estudió derecho y arte dramático. Opositor del régimen dictatorial de Fulgencio Batista, fue condenado en 1967 a quince años de prisión por actividades en contra del gobierno totalitario de Fidel Castro. Emigró a los Estados Unidos en
5 1985; vive y trabaja en Miami, donde enseña español en el Departamento de Lenguas Modernas de *Florida International University*; contribuye con artículos periodísticos de interés humano para el *El Diario Las Américas*, y por supuesto, sigue escribiendo.

Su poesía, lírica y testimonial al mismo tiempo, ha sido conocida
10 desde sus años de confinamiento, habiendo ganado varios prestigiosos premios internacionales de poesía. Los siguientes poemas son, respectivamente tomados de: *Esa tristeza que nos inunda* (1985) y *La voz inevitable* (1994).

ESA TRISTEZA QUE NOS INUNDA

Esa tristeza que nos inunda de súbito
como un asalto gris que no sabemos dónde empieza.
Esa sinrazón de la amargura
en medio de la misma serenidad,
5 como una mancha oscura que crece
desde el vientre de la estrella.
No ha habido causa para suprimir la sonrisa;
no hubo antes trastornos en las coordenadas del equilibrio.
Pero allí nos hallamos de pronto

El sollozo, 1939, David Alfaro Siquieros. (Enamel on composition board, 48½″ × 24¾″. The Museum of Modern Art, NY. Given anonymously. Photograph © 1998 The Museum of Modern Art, NY.)

10   como destinatarios inocentes del mal,
      acechado por las desordenadas grietas del sismo.
      Se estrecha la angustia al final del pasillo.

 ## CANCIÓN DEL PRESIDIO POLÍTICO

      Qué remoto en la noche el paso de la vida:
      sus arterias azules allá lejos.
      Algo se va muriendo gota a gota
      sobre el limo del tiempo.
5   Así, callados, como el tibio estanque de cera,

vamos edificando la gloria hueso a hueso.
(Afuera el pueblo suda sus dolores;
sobre asfaltos de roña va un hombre sonriendo).

El aire es sucio, aquí vomita el odio
10 su fetidez y su color de infierno.
(En otras tierras cruza un hombre amargo,
dobla la frente y domestica el pecho).

Pero aquí, llaga a llaga, aquí en triunfante muerte
mordidos por verdugos y por hierros;
15 aquí, por el que araña la mueca del asfalto
y el que arruga distancias sin sabernos,
aquí estamos labrando a roca y a sangre
la dignidad unánime del pueblo.

PARA COMENTAR

Trabajando en parejas conteste las siguientes preguntas sobre las poesías de Ángel Cuadra. Justifique su opinión cuando sea necesario. Luego puede comparar sus respuestas con las de otros compañeros.

1. ¿Por qué el poeta distingue con tanta insistencia entre el "aquí" y el "afuera" en *Canción del presidio político*?
2. ¿Qué quiere decir en ese poema el verso "vamos edificando la gloria hueso a hueso"?
3. En el poema el poeta usa las formas verbales "vamos" y "estamos"; ¿qué significa entonces el último verso, "la dignidad unánime del pueblo"?
4. ¿Qué impresión le dejan las poesías de Ángel Cuadra? ¿Cómo se comparan con las de Ariel Dorfman?

PARA ESCRIBIR

Lea los siguientes temas. Luego escoja el que le interese más para escribir sobre el mismo. Comparta su trabajo con otro(a) compañer(a) e intercambien comentarios sobre lo que han escrito.

1. En un párrafo breve, y refiriéndose a los textos de las poesías, compare la actitud de los padres en *Esperanza* con la de los hijos en *Pastel de choclo*.
2. Si usted o su familia abandonaron de urgencia el país de origen por razones políticas o sociales, ¿qué recuerda o sabe de esa experiencia? Escriba un párrafo con alguna anécdota o recuerdo al respecto.
3. Haga una comparación entre el tono de *Canción del presidio político* y el de *Dos más dos*. Aunque ambos poemas tratan del mismo lugar, hay diferencias entre ellos. ¿Por qué?

La escritora argentina,
Luisa Valenzuela.

Cuento

Luisa Valenzuela nació en Buenos Aires, Argentina, en 1938. Desde
jovencita, trabajó como periodista en *Quince abriles*, una revista para adoles-
centes, y luego en el periódico *La Nación*. Vino a los Estados Unidos por
primera vez en 1969 con una beca *Fulbright*, para participar en un taller
5 para escritores, organizado por la Universidad de Iowa. Volvió nuevamente
a los Estados Unidos en 1979. Vivió muchos años en Nueva York, luego de
los cuales regresó a su patria, Argentina. Ha dado clases de composición literaria en varias universidades norteamericanas. Julio Cortázar y Carlos
Fuentes, famosos escritores hispanoamericanos, han elogiado su obra, y
10 varias revistas norteamericanas académicas le han dedicado números
monográficos. Entre sus muchos libros, se pueden citar *Los heréticos* (1967),
Libro que no muerde (1980), *Cambio de armas* (1982) y *Crimen del otro* (1989).

ANTES DE LEER

*En grupos de tres o cuatro estudiantes comenten lo siguiente. Compartan
después sus observaciones con el resto de la clase.*

1. Si usted se quedara desamparado(a) y sin dinero por razones ajenas a su
    voluntad, ¿qué haría para conseguir comida, ropa y otras necesidades?
    ¿No repararía en hacer algo que le pareciera inmoral? Especifique.

2. ¿Es importante para usted lo que pasa con el cuerpo después de la muerte? ¿Por qué? ¿Donaría sus órganos, por ejemplo? ¿Cómo piensa que reaccionaría su familia?

Los mejor calzados

*descuartizada: hecha pedazos

*rengo: cojo

*picana: vara puntiaguda

*chiche: perfecto

Invasión de mendigos pero queda un consuelo: a ninguno le faltan zapatos, zapatos sobran. Eso sí, en ciertas oportunidades hay que quitárselo a alguna pierna descuartizada* que se encuentra entre los matorrales y sólo sirve para calzar a un rengo*. Pero esto no ocurre a menudo, en general
5 se encuentra el cadáver completito con los dos zapatos intactos. En cambio las ropas sí están inutilizadas. Suelen presentar orificios de bala y manchas de sangre, o han sido desgarradas a latigazos, o la picana* eléctrica les ha dejado unas quemaduras muy feas y difíciles de ocultar. Por eso no contamos con la ropa, pero los zapatos vienen chiche*. Y en gene-
10 ral se trata de buenos zapatos que han sufrido poco uso porque a sus propietarios no se les deja llegar demasiado lejos en la vida. Apenas asoman la cabeza, apenas piensan (y el pensar no deteriora los zapatos) ya está todo cantado y les basta con dar unos pocos pasos para que ellos les tronchen* la carrera.

*tronchar: cortar, impedir

*baldío: terreno sin cultivos

*canje: cambio

*yerba mate: hierba que se usa como el té; el mate es el utensilio para preparar la infusión

*finado: muerto

15 Es decir que zapatos encontramos, y como no siempre son del número que se necesita, hemos instalado en un baldío* del Bajo un puestito de canje*. Cobramos muy contados pesos por el servicio: a un mendigo no se le puede pedir mucho pero sí que contribuya a pagar la yerba mate* y algún bizcochito de grasa. Sólo ganamos dinero de verdad
20 cuando por fin se logra alguna venta. A veces los familiares de los muertos, enterados vaya uno a saber cómo de nuestra existencia, se llegan hasta nosotros para rogarnos que les vendamos los zapatos del finado* si es que los tenemos. Los zapatos son lo único que pueden enterrar, los pobres, porque claro, jamás les permitirán llevarse el cuerpo.

*apostolado: enseñanza, propagación de una idea

*merodear: andar sin rumbo

*zanjón: zanja grande y profunda

*jactarse: alabarse, vanagloriarse

25 Es realmente lamentable que un buen par de zapatos salga de circulación, pero de algo tenemos que vivir también nosotros y además no podemos negarnos a una obra de bien. El nuestro es un verdadero apostolado* y así lo entiende la policía que nunca nos molesta mientras merodeamos* por baldíos, zanjones*, descampados, bosquecitos y demás
30 rincones donde se puede ocultar algún cadáver. Bien sabe la policía que es gracias a nosotros que esta ciudad puede jactarse* de ser la de los mendigos mejor calzados del mundo.

PARA COMENTAR

*Trabajando en parejas conteste las siguientes preguntas sobre **Los mejores calzados**. Justifique su opinión cuando sea necesario. Luego puede comparar sus respuestas con las de otros compañeros.*

1. ¿Cuál es el tono del cuento y qué logra la autora con el estilo que usa?

2. ¿Por qué los mendigos no pueden utilizar las ropas de los cadáveres?

Las madres de la Plaza de Mayo. *Las madres, las abuelas y otros familiares y amistades de las personas desaparecidas, se reúnen contínuamente en Buenos Aires para exigir justicia e información sobre el paradero de sus seres queridos.*

3. La autora dice: "Apenas asoman la cabeza, apenas piensan (y el pensar no deteriora los zapatos) ya está todo cantado y les basta con dar unos pocos pasos para que ellos les tronchen la carrera". ¿Quiénes son "ellos" en este pasaje? ¿A qué se refiere al decir "ya está todo cantado"?

4. Según el narrador, ¿cuál es el consuelo de los mendigos?

5. ¿Por qué no permiten los policías que los familiares se lleven los cuerpos de sus seres queridos?

6. ¿Cuál es la ironía de la última oración del cuento?

PARA ESCRIBIR

Hay ironía en la intención de un autor o autora cuando utiliza un tono risueño e incluso cómico para tratar algo muy serio. El uso de la ironía es un arma eficaz para convencer al lector del punto de vista del autor.

Uno de los ejemplos más famosos del uso de la ironía en la literatura inglesa es *A Modest Proposal* de Jonathan Swift, donde el autor propone que la gente se coma a los niñitos irlandeses para aliviar así el problema del hambre en Irlanda, y ofrece recetas para cocinarlos.

Escriba una breve composición de entre 75 y 100 palabras en la que explique cómo Valenzuela utiliza la ironía en el cuento **Los mejores calzados** *y cuál, en su opinión, es su intención o verdadero objetivo. Dé ejemplos específicos, acordándose de usar comillas al citar el texto.*

Cuento

Hernando Téllez (1908–1966), nativo de Bogotá, Colombia, ejerció el periodismo en importantes diarios de su país. Sirvió como cónsul colombiano en Marsella, Francia, y fue senador de la república. Se distinguió primeramente a nivel nacional como ensayista, pero su fama continental
5 se debe más bien a sus cuentos, y sobre todo al que se reproduce a continuación, *Espuma y nada más*, ampliamente antologizado desde su aparición. El relato fue impreso en la colección *Cenizas para el viento y otras historias*, publicada en 1950.

ANTES DE LEER

En grupos de tres o cuatro estudiantes comenten lo siguiente. Compartan después sus observaciones con el resto de la clase.

1. ¿Con qué frecuencia va usted a la peluquería? ¿A qué peluquería o salón de belleza va? ¿Cómo es? ¿Elegante? ¿Modesto(a)?

2. ¿Tiene un(a) peluquero(a) favorito(a)? ¿Cómo es? ¿Puede describirlo(la)?

3. Cómo pasa usted el tiempo mientras espera turno o mientras el(la) peluquero(a) hace su trabajo?

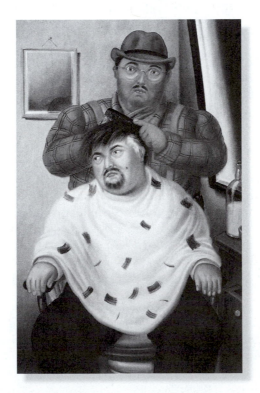

Self-Portrait, *1994, de Fernando Botero, el conocido pintor colombiano.*

4. ¿Ha experimentado alguna vez un dilema serio, al haber tenido que decidir entre dos posibilidades de igual peso, las dos indeseables? ¿Cuáles eran esas posibilidades? ¿Cómo pudo resolver el dilema?

5. Según su opinión, ¿cuál es la diferencia entre ser cobarde y ser prudente? ¿Existen situaciones donde la cobardía se convierte en prudencia, o viceversa? ¿Cuáles?

Espuma y nada más

badana: piel curtida de carnero u oveja, usada para afilar

ribeteado: adornado

kepis: gorro militar

No saludó al entrar. Yo estaba repasando sobre una badana* la mejor de mis navajas. Y cuando lo reconocí me puse a temblar. Pero él no se dio cuenta. Para disimular continué repasando la hoja. La probé luego sobre la yema del dedo gordo y volví a mirarla contra la luz. En ese instante se
5 quitaba el cinturón ribeteado* de balas de donde pendía la funda de la pistola. Lo colgó de uno de los clavos del ropero y encima colocó el kepis*. Volvió completamente el cuerpo para hablarme y, deshaciendo el nudo de la corbata, me dijo: "Hace un calor de todos los demonios. Aféiteme". Y se sentó en la silla. Le calculé cuatro días de barba. Los cuatro días de la
10 última excursión en busca de los nuestros. El rostro aparecía quemado, curtido por el sol. Me puse a preparar minuciosamente el jabón. Corté unas rebanadas de la pasta, dejándolas caer en el recipiente, mezclé un poco de agua tibia y con la brocha empecé a revolver. Pronto subió la espuma. "Los muchachos de la tropa deben tener tanta barba como yo".
15 Seguí batiendo la espuma. "Pero nos fue bien, ¿sabe? Pescamos a los principales. Unos vienen muertos y otros todavía viven. Pero pronto todos estarán muertos". "¿Cuántos cogieron?" pregunté. "Catorce. Tuvimos que internarnos bastante para dar con ellos. Pero ya la están pagando. Y no se salvará ni uno, ni uno". Se echó para atrás en la silla al verme con la brocha
20 en la mano, rebosante de espuma. Faltaba ponerle la sábana. Ciertamente yo estaba aturdido. Extraje del cajón una sábana y la anudé al cuello de mi cliente. El no cesaba de hablar. Suponía que yo era uno de los partidarios del orden. "El pueblo habrá escarmentado* con lo del otro día", dijo. "Sí",

escarmentar: servirle a uno la experiencia de lección para el futuro

reponer: replicar

repuse* mientras concluía de hacer el nudo sobre la oscura nuca, olorosa a
25 sudor. "¿Estuvo bueno, verdad?" "Muy bueno", contesté mientras regresaba a la brocha. El hombre cerró los ojos con un gesto de fatiga y esperó así la fresca caricia del jabón. Jamás lo había tenido tan cerca de mí. El día en que ordenó que el pueblo desfilara por el patio de la escuela para ver a los cuatro rebeldes allí colgados, me crucé con él un instante. Pero el espec-
30 táculo de los cuerpos mutilados me impedía fijarme en el rostro del hombre que lo dirigía todo y que ahora iba a tomar en mis manos. No era un rostro desagradable, ciertamente. Y la barba, envejeciéndolo un poco, no le caía mal. Se llamaba Torres. El capitán Torres. Un hombre con imaginación, porque ¿a quién se le había ocurrido antes colgar a los rebeldes
35 desnudos y luego ensayar sobre determinados sitios del cuerpo una muti-lación a bala? Empecé a extender la primera capa de jabón. El seguía con los ojos cerrados. "De buena gana me iría a dormir un poco", dijo, "pero esta tarde hay mucho que hacer". Retiré la brocha y pregunté con aire falsamente desinteresado: "¿Fusilamiento?" "Algo por el estilo, pero más

lento", respondió. "¿Todos?" "No. Unos cuantos apenas". Reanudé de nuevo la tarea de enjabonarle la barba. Otra vez me temblaban las manos. El hombre no podía darse cuenta de ello y ésa era mi ventaja. Pero yo hubiera querido que él no viniera. Probablemente muchos de los nuestros lo habrían visto entrar. Y el enemigo en la casa impone condiciones. Yo tendría que afeitar esa barba como cualquier otra, con cuidado, con esmero, como la de un buen parroquiano*, cuidando de que ni por un sólo poro fuese a brotar una gota de sangre. Cuidando de que en los pequeños remolinos no se desviara la hoja. Cuidando de que la piel quedara limpia, templada*, pulida, y que al pasar el dorso de mi mano por ella, sintiera la superficie sin un pelo. Sí. Yo era un revolucionario clandestino, pero era también un barbero de conciencia, orgulloso de la pulcritud* en su oficio. Y esa barba de cuatro días se prestaba para una buena faena.

Tomé la navaja, levanté en ángulo obicuo las dos cachas*, dejé libre la hoja y empecé la tarea, de una de las patillas hacia abajo. La respondía a la perfección. El pelo se presentaba indócil* y duro, no muy crecido, pero compacto. La piel iba apareciendo poco a poco. Sonaba la hoja con su ruido característico, y sobre ella crecían los grumos de jabón mezclados con trocitos de pelo. Hice una pausa para limpiarla, tomé la badana de nuevo y me puse a asentar* el acero, porque yo soy un barbero que hace bien sus cosas. El hombre, que había mantenido los ojos cerrados, los abrió, sacó una de las manos por encima de la sábana, se palpó la zona del rostro que empezaba a quedar libre de jabón, y me dijo: "Venga usted a las seis, esta tarde, a la Escuela". "¿Lo mismo del otro día?" le pregunté horrorizado. "Puede que resulte mejor", respondió. "¿Qué piensa usted hacer?" "No sé todavía. Pero nos divertiremos". Otra vez se echó hacia atrás y cerró los ojos. Yo me acerqué con la navaja en alto. "¿Piensa castigarlos a todos", aventuré* tímidamente. "A todos". El jabón se secaba sobre la cara. Debía apresurarme. Por el espejo, miré hacia la calle. Lo mismo de siempre: la tienda de víveres y en ella dos o tres compradores. Luego miré el reloj: las dos y veinte de la tarde. La navaja seguía descendiendo. Ahora de la otra patillia hacia abajo. Una barba azul, cerrada. Debía dejársela crecer como algunos poetas o como algunos sacerdotes. Le quedaría bien. Muchos no lo reconocerían. Y mejor para él, pensé, mientras trataba de pulir suavemente todo el sector del cuello. Porque allí sí que debía manejar con habilidad la hoja, pues el pelo, aunque en agraz*, se enredaba en pequeños remolinos. Una barba crespa*. Los poros podían abrirse, diminutos, y soltar su perla de sangre. Un buen barbero como yo finca su orgullo en que eso no ocurra a ningún cliente. Y éste era un cliente de calidad. ¿A cuántos de los nuestros había ordenado matar? ¿A cuántos había ordenado que los mutilaran?... Mejor no pensarlo. Torres no sabía que yo era su enemigo. No lo sabía él ni lo sabían los demás. Se trataba de un secreto entre muy pocos, precisamente para que yo pudiese informar a los revolucionarios de lo que Torres estaba haciendo en el pueblo, y de lo que proyectaba hacer cada vez que emprendía una revolución para cazar revolucionarios. Iba a ser, pues, muy difícil explicar que lo tuve entre mis manos y lo dejé ir tranquilamente, vivo y afeitado.

La barba le había desaparecido casi completamente. Parecía más joven, con menos años de los que llevaba a cuestas cuando entró. Yo

*parroquiano: cliente

*templada: firme

*pulcritud: cuidado, esmero

*cacha: cada una de las hojas de una navaja

*indócil: rebelde, difícil

*asentar: afilar

*aventurar: arriesgarse a decir algo

*en agraz: antes del tiempo regular o estipulado

*crespo: rizado, ensortijado

*manzana: nuez del cuello

supongo que eso ocurre siempre con los hombres que entran y salen de
90 la peluquerías. Bajo el golpe de mi navaja Torres rejuvenecía, sí, porque
yo soy un buen barbero, el mejor de este pueblo, lo digo sin vanidad. Un
poco más de jabón, aquí, bajo la barbilla, sobre la manzana*, sobre esta
gran vena. ¡Qué calor! Torres debe estar sudando como yo. Pero él no
tiene miedo. Es un hombre sereno que ni siquiera piensa en lo que ha de
95 hacer esta tarde con los prisioneros. En cambio yo, con esta navaja entre
las manos, puliendo y puliendo esta piel, evitando que brote sangre de
estos poros, cuidando todo golpe, no puedo pensar serenamente. Maldita
la hora en que vino, porque yo soy un revolucionario pero no soy un asesino. Y tan fácil como resultaría matarlo. Y lo merece. ¿Lo merece? No,
100 ¡qué diablos! Nadie merece que los demás hagan el sacrificio de convertirse en asesinos. ¿Qué se gana con ello? Pues nada. Vienen otros y otros y
los primeros matan a los segundos y éstos a los terceros y siguen y siguen
hasta que todo es un mar de sangre. Yo podría cortar este cuello, así ¡zas!,
¡zas! No le daría tiempo de quejarse y como tiene los ojos cerrados no
105 vería ni el brillo de la navaja ni el brillo de mis ojos. Pero estoy temblando
como un verdadero asesino. De ese cuello brotaría un chorro de sangre
sobre la sábana, sobre la silla, sobre mis manos, sobre el suelo. Tendría
que cerrar la puerta. Y la sangre seguiría corriendo por el piso, tibia, imbo-
rrable, incontenible, hasta la calle, como un pequeño arroyo escarlata.
110 Estoy seguro de que un golpe fuerte, una honda incisión, le evitaría todo
dolor. No sufriría. Y qué hacer con el cuerpo? ¿Dónde ocultarlo? Yo tendría que huir, dejar estas cosas, refugiarme lejos, bien lejos. Pero me
perseguirían hasta dar conmigo. "El asesino del Capitán Torres. Lo

*degollar: cortar la
cabeza

degolló* mientras le afeitaba la barba. Una cobardía". Y por otro lado: "El
115 vengador de los nuestros. Un nombre para recordar (aquí mi nombre).
Era el barbero del pueblo. Nadie sabía que él defendía nuestra causa". ¿Y
qué? ¿Asesino o héroe? Del filo de esta navaja depende mi destino. Puedo
inclinar un poco más la mano, apoyar un poco más la hoja, y hundirla. La
piel cederá como la seda, como el caucho, como la badana. No hay nada
120 más tierno que la piel del hombre y la sangre siempre está ahí, lista a brotar. Una navaja como esta no traiciona. Es la mejor de mis navajas. Pero
yo no quiero ser un asesino, no señor. Usted vino para que yo lo afeitara.
Y yo cumplo honradamente con mi trabajo... No quiero mancharme de
sangre. De espuma y nada más. Usted es un verdugo y yo no soy nada más
125 que un barbero. Y cada cual en su puesto. Eso es. Cada cual en su puesto.

La barba había quedado limpia, pulida y templada. El hombre se
incorporó para mirarse en el espejo. Se pasó las manos por la piel y la
sintió fresca y nuevecita.

"Gracias", dijo. Se dirigió al ropero en busca del cinturón, de la pis-
130 tola y del kepis. Yo debía estar muy pálido y sentía la camisa empapada.
Torres concluyó de ajustar la hebilla, rectificó la posición de la pistola en
la funda y, luego de alisarse maquinalmente los cabellos, se puso el kepis.
Del bolsillo del pantalón extrajo unas monedas para pagarme el importe
del servicio. Y empezó a caminar hacia la puerta. En el umbral* se detuvo

*umbral: parte inferior
de la puerta

135 un segundo y volviéndose me dijo:

—Me habían dicho que usted me mataría. Vine para comprobarlo.
Pero matar no es fácil. Yo sé por qué lo digo—. Y siguió calle abajo.

PARA COMENTAR

*Trabajando en parejas conteste las siguientes preguntas sobre **Espuma y nada más**. Justifique su opinión cuando sea necesario. Luego puede comparar sus respuestas con las de otros compañeros.*

1. ¿Según el capitán Torres le informa al barbero, ¿qué va a ocurrir por la tarde en el pueblo?

2. ¿Por qué supone el barbero que el capitán lo tiene como a uno "de los partidarios del orden"? ¿De qué orden se trata?

3. ¿Por qué se lamenta el barbero de tener al capitán como cliente?

4. ¿Qué propósito, en su opinión, tienen en el cuento las preguntas que le hace el barbero al capitán Torres?

5. La tarea de afeitar se describe minuciosamente en el relato. ¿Qué efecto o sensación producen estas imágenes en el lector?

6. ¿Cree que la decisión final del barbero de no matar a Torres es correcta o prudente? ¿Qué habría hecho usted en su caso?

7. ¿Pensó que el barbero iba a matar al capitán? ¿En qué momento cambió de opinión? Busque la cita en el texto.

8. ¿A qué se refiere el título del cuento?

PARA ESCRIBIR

Lea los siguientes temas. Luego escoja el que le interese más para escribir sobre el mismo. Comparta su trabajo con otro(a) compañero(a) e intercambien comentarios sobre lo que han escrito.

1. ¿Cree que el barbero se comportó como un cobarde y un traidor a la revolución, o que es una persona de alta moral y de altos principios humanos? ¿Debió el barbero haber matado al capitán Torres? Considere las posibles consecuencias que hubiera tenido el matar al capitán y las que va a tener el no haberlo matado. Defienda su opinión.

2. ¿Es necesario aceptar la violencia como medio para ser un verdadero revolucionario? Explique su posición, y defina lo que significa e implica ser un verdadero revolucionario.

3. "Me habían dicho que usted me mataría. Vine para comprobarlo. Pero matar no es fácil. Yo sé por qué se lo digo". ¿Cómo entiende usted este sorprendente final?

4. Dele otro final al cuento, o continúe la narración después de que el capitán sale de la barbería.

Testimonio

Rigoberta Menchú, india quiché, nació en 1959, en Chimel, cerca de San Miguel de Uspantán, seno de una de las comunidades indígenas de Guatemala. No aprendió español hasta los veinte años de edad, cuando quiso compartir con el mundo su historia y denunciar la opresión y los
5 abusos cometidos contra su cultura, su tierra, su familia. Su voz es la voz

*La escritora y activista
guatemalteca Rigoberta Menchú,
ganadora del* Premio Nobel
de la Paz *en 1992.*

de los indígenas conquistados, la voz de los sufrimientos por los que han
pasado y aún pasan. Con la ayuda de la etnóloga Elizabeth Burgos-
Debray, Rigoberta Menchú se dio a la tarea de contar al mundo las miserias
de su familia, de su infancia, y las atrocidades horripilantes de los distintos gobiernos guatemaltecos contra los grupos indígenas. Así nació el ya
célebre libro *Me llamo Rigoberta Menchú y así me nació la conciencia.* Por su
papel combativo, en aras de la igualdad y justicia para todos los pueblos
indígenas, le fue concedido el Premio Nóbel de la Paz en 1992, el segundo obtenido por su pequeño país. En el campo de la literatura el
escritor Miguel Ángel Asturias lo había ganado en 1967.

Como notará al leer, el español no es el primer idioma de Menchú,
y esto se refleja en la forma del escrito, que es, además, una transcripción
de su discurso oral.

ANTES DE LEER

*En grupos de tres o cuatro estudiantes comente lo siguiente. Compartan
después sus observaciones con el resto de la clase.*

1. ¿Qué información tiene sobre la situación de los indígenas en
   Centroamérica?

2. El quinto centenario del descubrimiento de América se celebró
   en 1992. En su opinión, ¿qué ventajas y desventajas les ha traído a
   las poblaciones indígenas su contacto con la civilización europea?
   Haga una lista de las ventajas y desventajas más importantes para
   compartirla con su grupo.

(Cuando ocurrieron los hechos narrados por Rigoberta Menchú, su padre había empezado a trabajar en el movimiento pro-derechos de los indígenas de Guatemala para solicitar mejoras en las condiciones de trabajo, vida, y pago. El hermano menor de Rigoberta, de dieciséis años, había sido capturado junto a una compañera del pueblo. Los militares responsables informaron a todos los campesinos del área que debían presentarse en determinado, en cierta fecha, para ver "algo". Los indígenas, incluyendo la familia Menchú, acudieron al lugar. Allí llegaron los militares e hicieron bajar de unos camiones a un grupo de campesinos que estaban torturando hacía cuestión de semanas, y que casí no podían ni pararse ya. Entre ellos estaba el hermanito de Rigoberta Menchú que había "desaparecido".)

...El caso de mi hermanito, estaba cortado en diferentes partes del cuerpo. Estaba rasurado* de la cabeza y también cortado de la cabeza. No tenía uñas. No llevaba las plantas de los pies. Los primeros heridos echaban agua de la infección que había tenido el cuerpo. Y el caso de la compañera, la mujer que por cierto yo la reconocí. Era de una aldea cercana a nosotros... Estaba toda mordida la compañera. No tenía orejas. Todos no llevaban parte de la lengua o tenía la lengua en partes. Para mí no era posible concentrarme, de ver que pasaba eso. Uno pensaba que son humanos y que qué dolor habrían sentido esos cuerpos de llegar hasta un punto irreconocible. Todo el pueblo lloraba, hasta los niños. Yo me quedaba viendo a los niños. Lloraban y tenían miedo. Se colgaban encima de sus mamás. No sabíamos qué hacer. Durante el discurso, cada vez el capitán mencionaba que nuestro Gobierno era democrático y que nos daba de todo. Qué más queríamos. Que los subversivos traían ideas extranjeras, ideas exóticas que nos llevaba a una tortura y señalaba a los cuerpos de los hombres. Y que si nosotros seguíamos las consignas exóticas, nos tocaba la muerte como les toca a ellos. Y que ellos tenían todas las clases de armas que nosotros querramos escoger, para matarnos. El capitán daba un panorama de todo el poder que tenían, la capacidad que tenían. Que nosotros como pueblo no teníamos la capacidad de enfrentar lo que ellos tenían. Era más que todo para cumplir sus objetivos de meter el terror en el pueblo y que nadie hablara. Mi madre lloraba. Casi, casi mi madre exponía la vida de ir a abrazar a ver a su hijo. Mis hermanos, mi papá tuvieron que detenerla para que no expusiera su vida. Mi papá, yo lo veía, increíble, no soltaba una lágrima sino que tenía una cólera. Y esa cólera claro, la teníamos todos. Nosotros más que todo nos pusimos a llorar, como todo el pueblo lloraba. No podíamos creer, yo no creía que así era mi hermanito. Qué culpa tenía él, pués. Era un niño inocente y le pasaba eso. Ya después, el oficial mandó a la tropa llevar a los castigados desnudos, hinchados. Los llevaron arrastrados y no podían caminar ya. Arrastrándoles para acercarlos a un lugar. Los concentraron en un lugar donde todo el mundo tuviera acceso a verlos. Los pusieron en filas. El oficial llamó a los más criminales, los "Kaibiles", que tienen ropa distinta a los demás soldados. Ellos son los más entrenados, los más poderosos. Llaman a los kaibiles y estos se encargaron de echarles gasolina a uno de los torturados. Y decía

el capitán, esto no es el último de los castigos, hay más, hay una pena
que pasar todavía. Y eso hemos hecho con todos los subversivos que
hemos agarrado, pues tienen que morirse a través de puros golpes. Y si
eso no les enseña nada, entonces les tocará a ustedes vivir esto. Es que
los indios se dejan manejar por los comunistas. Es que los indios,
como nadie les ha dicho nada, por eso se van con los comunistas, dijo.
Al mismo tiempo quería convencer al pueblo pero lo maltrataba en su
discurso. Entonces los pusieron en orden y les echaron gasolina. Y el
ejército se encargó de prenderles fuego a cada uno de ellos...

PARA COMENTAR

Trabajando en parejas conteste las siguientes preguntas sobre el testimonio de Menchú. Justifique su opinión cuando sea necesario. Luego puede comparar sus respuestas con las de otros compañeros.

1. Según cuenta el capitán, ¿de qué son culpables los prisioneros y por qué fueron torturados?

2. Compare la actitud de la madre con la del padre de Rigoberta Menchú.

3. ¿Por qué quieren los militares que todo el pueblo vea la ejecución de los prisioneros? ¿Qué pretenden lograr?

4. ¿Por qué es irónico que el militar diga que el gobierno es "democrático"?

5. En su opinión, ¿deben los Estados Unidos mantener vínculos económicos y políticos con los países que violan en forma flagrante los derechos humanos de sus ciudadanos? ¿Tienen los Estados Unidos que actuar en contra de los países que tienen un récord de atrocidades contra sus propios ciudadanos? ¿Por qué?

PARA ESCRIBIR

Escriba un párrafo, comparando las tácticas del capitán en **Espuma y nada más** *con las del capitán en el relato de Menchú.*

III. Mundos hispanos

Javier de Nicoló: Padre que ayuda a los gamines de Bogotá

Un ejemplo flagrante de otro tipo de injusticia y violación de derechos humanos es el caso de miles de niños desamparados que viven en las calles de muchas de las grandes ciudades latinoamericanas, donde personas que actúan como "vigilantes" o grupos secretos pagados por

El sacerdote Javier de Nicoló con un grupo de niñas "gamines" que ha rescatado de las calles de Bogotá.

5 alguien clandestinamente, los asesinan rutinariamente, en campañas de exterminio. Los que matan igual que los que mandan matar a los jóvenes callejeros, los consideran "estorbos" para los comercios y el turismo, y justifican su acción como un último recurso para prevenir el aumento de la delincuencia juvenil. Así ha ocurrido en el caso de muchos de los llama-
10 dos gamines, los niños desamparados que viven en las calles o los alcantarillados de Bogotá, Colombia; y de otros tantos que andan por las calles de ciudades de Brasil y otros países de Latinoamérica.

Un niño salvadoreño, que vive en un parque de su ciudad, declaró ante la prensa de televisión de su país: "Les pedimos que sean un poco
15 comprensivos, que no se manchen las manos en matar así a la gente. La verdad es que también nosotros somos humanos y no nos queremos morir de esa manera; queremos una oportunidad en la vida de ser alguien, de ser algo tan siquiera".[1]

Esa oportunidad se la ha dado a niños callejeros de Bogotá el sacer-
20 dote Javier de Nicoló, quien estableció un orfanato para brindarles hogar y comida. Lo que empezó en los años setenta con un grupo de veinte muchachos ha crecido a servir ochocientos jóvenes al año. A diferencia de otros programas, éste depende mucho de la fuerza de voluntad del niño mismo; él tiene que dar el primer paso para pedir ayuda, e incluso son los
25 niños que están a cargo de las operaciones del orfanato. Cientos de niños que eran drogadictos, sin esperanza en la vida, ahora son graduados de su programa y trabajan y tienen vidas productivas; algunos se han graduado de la universidad, otros han vuelto a continuar la buena obra de Nicoló.

[1]San Salvador-Associated Press. "Niños de la calle salvadoreños denuncian asesinatos". *El Nuevo Herald/The Miami Herald*. Americana Latina, Sección B, p. 3. Sábado, 5 de agosto, 1995.

ACTIVIDAD

Lea las siguientes preguntas. Luego anote sus respuestas y coméntelas en clase en grupos de tres o cuatro estudiantes.

1. ¿Se ven muchos niños(as) o jovencitos(as) (*teenagers*) en su pueblo o comunidad pidiendo dinero o comida? ¿Suelen reunirse en un lugar determinado? ¿En cuál?

2. ¿Dónde y cómo viven los niños huérfanos?

3. ¿Qué tipo de asistencia provee la ciudad, el condado, el estado o el gobierno federal para esos niños?

4. ¿Puede mencionar otras fuentes de ayuda que existen? ¿Cómo ayudan a aliviar el problema? ¿Qué ayuda hay en su comunidad?

5. ¿Qué proyectos podría formular usted para ayudar a los niños huérfanos o desamparados en los Estados Unidos? ¿En Latinoamérica?

IV. El arte de ser bilingüe

PROCLAMA SOBRE LOS DERECHOS HUMANOS

ACTIVIDAD

Basándose en lo leído y comentado a lo largo del capítulo, la clase va a redactar una proclama sobre los derechos humanos. Deben seguir estos pasos:

1. En grupos de tres o cuatro estudiantes compongan una lista de los derechos que consideren fundamentales para todo ser humano, cualquiera sea su nacionalidad, edad, raza, religión, sexo, u orientación sexual. Tengan en cuenta el modelo siguiente como guía.

> **Todo ser humano**
> 1. Debe tener libertad de palabra.
> 2. Ha de gozar...
> 3. Tiene derecho a...
> 4. Merece que...
> 5. Ha de respetar...

2. Escojan un representante de cada grupo para leerle la lista a la clase. Presten atención a la lectura y tomen notas de lo que escuchen para poder realizar el paso 3.

3. Comparen la lista de su grupo con las de los demás grupos en la clase para escribir en la pizarra una "lista maestra". Tengan en cuenta las semejanzas y diferencias de las listas leídas en clase para no repetir los mismos puntos.

4. Discutan las ideas de la "lista maestra" para llegar a un acuerdo general de lo que van a incluir en la proclama de la clase.

5. Escriban entre todos una proclama de una a dos páginas en la que combinen las ideas de todos los grupos de la clase.

6. Pueden presentar la proclama a una publicación hispana de la universidad o de la comunidad para su publicación.

PARA ESCRIBIR

Escoja uno de los temas siguientes para escribir un breve editorial para un periódico hispano de su comunidad. Puede usar las frases sugeridas en cada uno de los temas para comenzar su trabajo.

1. **Los niños desamparados en Latinoamérica**. ¿Qué hacer con los miles de niños desamparados que llenan las ciudades de Hispanoamérica?

    Una manera de aliviar la situación...

2. **La violación de los derechos humanos en el mundo.** ¿Qué papel y qué posición política deben adoptar los Estados Unidos en cuanto a las violaciones de los derechos humanos en países como Guatemala, Argentina, Chile, Cuba, China, Argelia, etc.?

    Los Estados Unidos deberían...

3. **La injusticia.** Frente a la pobreza extrema, el hambre, el analfabetismo, las represiones y violaciones de derechos humanos, ¿se justifica la violencia o se debe esperar sin remedio?

    Las soluciones a estos problemas...

4. **La violación de derechos humanos de grupos minoritarios en los Estados Unidos.** Escoja una situación apropiada, por ejemplo, los campamentos en los que se mantuvieron presos a miles de inocentes japoneses-americanos durante la Segunda Guerra Mundial; las leyes que discriminaban contra los africanos-americanos (*Jim Crow laws*) y la violencia del *Ku Klux Klan* y de otros grupos racistas. ¿Qué otros grupos minoritarios han sufrido o sufren todavía violaciones de sus derechos humanos? Si usted escribe sobre una época histórica determinada, adopte el punto de vista de una persona de esa época.

V. Unos pasos más: fuentes y recursos

A. PARA AVERIGUAR MÁS

Busque uno de los libros indicados a continuación u otro que su profesor o profesora le recomiende. Escoja un capítulo o una sección que le interese y prepare una lista de tres a cinco puntos principales, basados en la lectura. Anote sus impresiones generales. Prepárese para compartirlas oralmente en clase.

Derechos humanos: biliografía seleccionada

Argueta, Manlio. *Un día en la vida.* Madrid: Alfaguara, 1984.

Limón, Graciela. *En busca de Bernabé.* Houston: Arte Público Press, 1997. Original in English: *In Search of Bernabé.* Houston: Arte Público Press, 1993.

Menchú, Rigoberta. *Crossing Borders.* Translated and edited by Ann Wright. London and New York: Verso, 1998.

Menchú, Rigoberta, con Elizabeth Burgos Debray. *Me llamo Rigoberta Menchú.* Barcelona: Seix Barral, 1993.

Padilla, Humberto. *Fuera del juego.* Río Piedras: Editorial San Juan, 1971. (Bibliografía del "Caso Padilla").

Partnoy, Alicia. *The Little School: Tales of Disappearance & Survival in Argentina.* Traducida por la autora con Lois Athey y Sandra Braunstein. Pittsburgh: Cleis Press, 1986. (El original se titula *La escuelita.*)

Rodríguez, Ana, and Glenn Garvin. *Diary of a Survivor: Nineteen Years in a Cuban Prison.* New York: St. Martin's Press, 1995.

Thomson, Marilyn. *The Women of El Salvador: The Price of Freedom.* Sponsored by the Comisión de Derechos Humanos de El Salvador. Philadelphia: Institute for the Study of Human Issues, 1986.

Timerman, Jacobo. *Chile: Death in the South.* (Traducido por Robert Cox de un manuscrito en español no publicado.) New York: Vintage Books, 1987.

——. *Cuba: A Journey.* Traducido al español por Toby Talbot. New York: Alfred A. Knopf, 1990.

——. *Preso sin nombre, celda sin número.*

Thornton, Lawrence. *Naming the Spirits.* New York: Doubleday, 1995.

Valladares, Armando. *Contra toda esperanza: 22 años en el 'Gulag de las Américas'.* 1ra. edición para Hispanoamérica. Buenos Aires: Kosmos, 1985. Traducido al inglés bajo el título: *Against All Hope: The Prison Memoirs of Armando Valladares.* Traducido del español por Andrew Hurley. New York: Alfred A. Knopf, Random House, 1986.

B. PARA DISFRUTAR Y APRENDER

Películas en video

Con uno, dos o más compañeros(as) de clase, escojan y vean una de las películas sobre violaciones de los derechos humanos recomendadas en la lista a continuación. Consulten las indicaciones dadas en el capítulo 4 para escribir individualmente una breve reseña de un mínimo de dos páginas y un máximo de tres. Entregue el trabajo a máquina. Consulte con su profesor(a) acerca de la posibilidad de dar un informe oral a la clase.

La historia oficial ("The Official Story"). Trata de los desaparecidos en Argentina durante la dictadura militar. Obtuvo el premio Oscar a la mejor película extranjera. Argentina, 1984.

Las Madres de la Plaza de Mayo ("The Mothers of the Plaza de Mayo"). Documental sobre las madres de hijos desaparecidos en Argentina durante la "Guerra Sucia". Testimonios, entrevistas con las madres. Argentina, 1985.

La noche de los lápices ("The Night of the Pencils"). Basada en sucesos verdaderos, trata de la vida de un estudiante de secundaria que sufrió prisión durante el período de la dictadura militar. Argentina.

No habrá más penas ni olvido. ("Funny Dirty Little War"). Un film de Héctor Olivera acerca de la Argentina peronista. En español con títulos en inglés. Argentina, 1983.

Romero. Con Raúl Juliá, en el papel del arzobispo Oscar Arnulfo Romero (1917–1980), de San Salvador, defensor de los pobres y de los derechos humanos, asesinado mientras celebraba una misa. Estados Unidos, 1989.

Salvador. Sobre un periodista y fotógrafo estadounidense que documentó los sucesos relativos al conflicto civil del país. Estados Unidos, 1985.

El Salvador: The Seeds of Liberty. Documental de 30 minutos que narra el conflicto en El Salvador por medio de entrevistas con militares, líderes politicos y religiosos; contiene escenas del funeral del asesinado Arzobispo Romero y examina la violencia en contra de las misioneras norteamericanas en ese país. Estados Unidos, 1981.

Dateline: San Salvador. Documental sobre la guerra civil en El Salvador. Estados Unidos, 1987.

Missing. Película de los Estados Unidos, con Jack Lemmon y Sissy Spaceck, sobre la violencia, tortura y los desaparecidos en Latinoamérica. Estados Unidos, 1989.

Niños desaparecidos. Documental de Estela Bravo acerca de las madres y las abuelas que andan buscando a sus hijos y nietos desaparecidos durante la llamada *Guerra Sucia* en los años setenta y ochenta. En español sin títulos en inglés; 24 mins., 1985.

State of Siege. Película sobre el terrorismo, dirigida por el mismo director de *Missing*, Costa Gravas. 1973.

Rigoberta Menchú: Broken Silence. Vídeo de 25 minutos en el que la ganadora del Premio Nóbel de la Paz de 1992, habla acerca de sus experiencias y aspiraciones para los pueblos indígenas. En inglés. Estados Unidos.

Conducta impropia ("Improper Conduct"). Documental del cinematógrafo Néstor Almendros sobre las violaciones de derechos humanos y la represión de los homosexuales en Cuba. Estados Unidos, Francia 1984.

Nobody Listened. Documental/reportaje de PBS que contiene entrevistas y testimonios que cuentan sobre las violaciones de los derechos humanos en Cuba comunista. Estados Unidos, 1990.

Apartment 0. Filme de suspenso acerca de un inglés que vive en Argentina y que le alquila una habitacíon a un hombre que tal vez no sea quien dice que es. En inglés y español. 1989.

Death and the Maiden. Película con Ben Kinsley, dirigida por Roman Polanski y basada en una obra de Ariel Dorfman, acerca de una mujer (interpretada por Sigourney Weaver) que cree haberse encontrado de nuevo con la persona que la había torturado. Estados Unidos, 1995.

Rodrigo D: No Future. Acerca de los jóvenes callejeros de Medellín, la capital de las drogas en Colombia. En español con títulos en inglés. Colombia, 1990.

School of the Americas, School of Assassins. Narrado en inglés por Susan Sarandon, este video de 20 minutos describe la asistencia militar y entrenamiento que los Estados Unidos ofrecen a naciones latinoamericanas en el conocido "U.S. Army School of the Americas." Films from the Humanities, distribuidor.

Los olvidados. Clásico del cine de Luis Buñuel, sobre los niños mendigos en México. México, 1950.

Los niños abandonados ("The Abandoned Children"). Los protagonistas son niños de las calles de una ciudad colombiana. En español con títulos en inglés. Colombia, 1974.

Pixote. Fuerte película sobre la vida dura de los niños que viven en las calles en Brasil. En portugués con títulos en inglés. Brasil, 1981.

Midnight Express. Filme norteamericano sobre la experiencia de un joven turista norteamericano en una prisión turca. Estados Unidos, 1978.

Territorio Comanche. Cuenta la historia de una periodista, Laura, que va a Sarajevo. Conoce allí a Mikel y a otros periodistas con quienes comparte la vida durante los peores momentos de esa ciudad. España, 1997.

Recursos de la red (WWW)

Si desea explorar la red, vaya a http://www.wiley.com/college/nuevosmundos, donde encontrará una lista de sitios relacionados con el tema de este capítulo.

Capítulo Siete

La mujer y la cultura

"Los títulos de las novelas acerca de mujeres en América Latina son significativos: Santa o Monja, casada, virgen y mártir".
Elena Poniatowska, *Mujer y literatura en América Latina*

Mujer de Tehuantepec, *foto tomada por la fotógrafa Tina Modotti, 1929.*

Para ver cuánto sabe del tema del capítulo, responda a este cuestionario lo mejor que pueda. Escoja la respuesta apropiada. Luego compruebe sus conocimientos consultando la lista de respuestas que aparecen invertidas al pie de este ejercicio.

1. ¿Quién fue la primera latina elegida al Congreso de los Estados Unidos?
   a. Nydia Velázquez
   b. Ileana Ros-Lehtinen
   c. Linda Chávez

2. Sor Juana Inés de la Cruz
   a. fue una monja feminista del siglo XVII.
   b. escribió un famoso ensayo autobiográfico, *Respuesta a sor Filotea*, en defensa del desarrollo de las habilidades intelectuales.
   c. fue llamada la décima musa y el fénix de América por su gran erudición.
   d. todo lo anterior.

3. Las adelitas, mujeres soldados de la Revolución Méxicana, tomaron su apodo del nombre de la amante de Pancho Villa.
   a. verdadero
   b. falso

4. ¿Cómo se llamaba la traductora azteca de Hernán Cortés que le ayudó a conquistar Tenochtitlán?
   a. Doña Marina
   b. Malintzín
   c. La Malinche
   d. todo lo anterior

5. Eva Perón, conocida por millones como Evita, llegó a ser vicepresidenta de Argentina durante la presidencia de su marido, Juan Perón.
   a. verdadero
   b. falso

6. Ellen Ochoa es
   a. la primera hispana miembro del Gabinete de un presidente norteamericano.
   b. la primera locutora hispana de un programa de noticias de una de las grandes cadenas de la televisión.
   c. la primera astronauta latina.

Respuestas: 1b, 2d, 3a, 4d, 5b, 6c

I. Conversación y cultura

La mujer y la sociedad en el mundo hispano

A pesar de los estereotipos que existen de la mujer latinoamericana y de figuras destacadas de la historia o de la cultura popular (tales como Sor Juana Inés de la Cruz, Eva Perón y Carmen Miranda), la realidad es que la mujer latinoamericana, igual que la mujer española, se ha
5 ido inventando su propia versión no sólo de lo que significa ser mujer, sino también de lo que significa ser feminista en sus circunstancias históricas.

Por muchos años, mujeres pobres, mujeres de la clase media y de las clases económicas más acomodadas, han ido involucrándose cada
10 vez más en la vida social, cultural, y política de la comunidad y de sus respectivos países. Sin embargo, llegar a altos cargos del poder gubernamental les resulta todavía difícil en algunos países. Igualmente, aun cuando hay más mujeres en profesiones que eran antes tradicionalmente masculinas, son los hombres los que controlan y predominan en
15 el ámbito del comercio internacional, en el mundo de los negocios y en

Self-Portrait with Cropped Hair, *Frida Kahlo, 1940. (Oil on canvas, 15¾"×11". The Museum of Modern Art, NY. Gift of Edgar Kaufmann, Jr. Photography © 1998 The Museum of Modern Art, NY.)*

la política interior y exterior. La etnicidad, la raza y la clase económica de la persona—sea hombre o mujer—también han sido factores que han separado y a veces han unido a las mujeres, como clase en sí o como grupo social.

20   En Latinoamérica, igual que en los Estados Unidos, muchas mujeres trabajan muy duro desde el amanecer hasta el anochecer para luego llegar al hogar y seguir trabajando para el marido y la familia, limpiando, cocinando y cuidando a los niños, o sea, haciendo el trabajo del que tradicionalmente se han ocupado. El machismo de la cultura hispana, la
25 tradición, las costumbres culturales y los valores religiosos han perpetuado por siglos la idea de que la mujer debe ser una virgen santa como lo es la Virgen María, y han ayudado a mantenerla en un rol inferior al del hombre.

    Hoy día en muchos sectores de Latinoamérica y España, es obvio
30 que el rol de la mujer ha variado. Muchas mujeres desempeñan nuevos y difíciles papeles en la sociedad de sus respectivos países. Unas veces por derecho propio y otras por sentido de independencia e igualdad, las mujeres han llegado a altos puestos directivos en empresas y en puestos gubernamentales. A veces, sin embargo, la mujer ha tenido que lanzarse a
35 trabajar y competir en la economía por necesidad. En Nicaragua, por ejemplo, más de la mitad de los hogares están encabezados por mujeres. La necesidad económica de la clase media y de la clase baja, la inestabilidad política y la extendida pobreza en Latinoamérica, además del deseo humano de superarse y de avanzar en la vida, son sólo algunos de los fac-
40 tores que ayudan a explicar los cambios que están ocurriendo aun si se realizan a pasos lentos.

MESA REDONDA

A.   En grupos pequeños, contesten las preguntas y comenten los temas siguientes.

1.   ¿Cree usted que los niños y las niñas son educados de la misma manera en la sociedad de los EE.UU.?

2.   ¿Y en la sociedad hispana se educa a los dos sexos de la misma forma o en forma diferente?

3.   ¿Qué diferencias puede usted observar entre su educación y la de sus hermanos o hermanas? Haga una lista breve y compare sus apuntes con sus compañeros(as). Si cree que no hay diferencias en la educación, explique.

B.   En grupos de tres o cuatro, hagan dos columnas, una con los adjetivos que describan las características que tradicionalmente se han considerado "masculinas" y otra con las "femeninas". Comparen sus listas con las de otros grupos y comenten las semejanzas y las diferencias. Al finalizar podrán hacer un diagrama de Venn en la pizarra, en el que combinen las características mencionadas por todos los grupos de la clase.

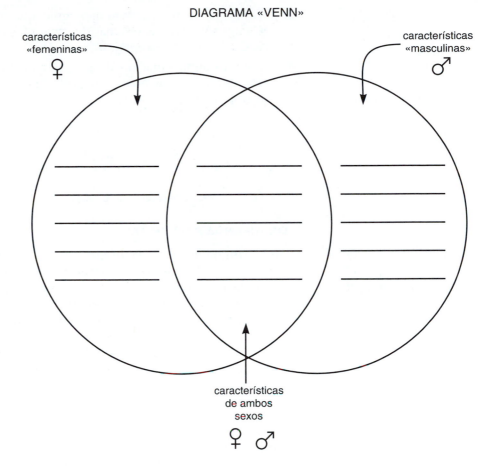

DIAGRAMA «VENN»

características «femeninas» ♀

características «masculinas» ♂

características de ambos sexos

♀ ♂

II. Lectura

Ensayo

ANTES DE LEER

En grupos de tres o cuatro estudiantes comenten lo siguiente. Compartan después sus observaciones con el resto de la clase.

1. ¿Cree que las mujeres ya han logrado conseguir la igualdad social en los Estados Unidos? ¿Piensa que todavía queda algo por hacer? ¿Qué?

2. ¿Cree usted que las mujeres han logrado conseguir igualdad en el poder político de los Estados Unidos? Explique su respuesta.

3. ¿Cree que se trata a la mujer igual que al hombre en el trabajo? ¿Cuáles son algunas ventajas de ser mujer en el mundo de los negocios? ¿Y algunas desventajas?

4. ¿Piensa que la situación de la mujer en los EE.UU. ha mejorado o empeorado como consecuencia del movimento feminista? Explique su respuesta.

¿Iguales o diferentes? El feminismo que viene

POR AMANDA PALTRINIERI

Cambiaron muchas cosas desde que las sufragistas del siglo pasado comenzaron a luchar para conseguir el voto femenino. Si hace treinta años todavía se ridiculizaba a las feministas como arpías*, histéricas o varoneras y viejas feas que se metían a activistas porque no podían conseguir un hombre. Hoy esas caricaturas ya no corren.

Muchos de los postulados* feministas hicieron carne en la sociedad: ya no se discute que la mujer puede ocupar cualquier espacio; nadie mira como bichos raros a quienes deciden vivir solas, no casarse o no tener hijos, y lentamente se comienzan a combatir el acoso sexual y la violencia doméstica.

Quedan temas pendientes, pero lo cierto es que algo cambió, y muchas agrupaciones plantean que la igualdad está conseguida (o, al menos, instalada su idea) y que es tiempo de mirar hacia atrás, valorar aciertos, corregir errores y poner el acento en los valores femeninos: en otras palabras, en la diferencia.

Pocos dicen que la Revolución Francesa no podría haberse hecho sin el protagonismo activo de las mujeres. Sin embargo fueron ellas quienes marcharon hacia Versalles y obligaron a Luis XVI a ir a París, desde donde iba a serle más difícil escapar.

En medio de aquella efervescencia se crearon numerosos clubes de mujeres, muchas de las cuales incluso tomaron las armas. Pero si pensaron que las cosas iban a cambiar para ellas, se equivocaron fuertemente: establecida la República, les dieron las gracias y las mandaron a casa. Acto seguido se negó la propuesta del marqués de Condorcet de dar la misma educación a mujeres y a varones.

Probablemente pocos movimientos feministas se hayan sentido tan traicionados como los de esa época. Olympe de Gouges, quien pertenecía a los sectores más moderados de la Revolución, autora de la Declaración de derechos de la mujer y la ciudadana, fue a parar a la guillotina. En 1793 fueron cerrados los clubes de mujeres y al año siguiente les prohibieron cualquier tipo de actividad política. De derechas o de izquierdas, las más destacadas perdieron la cabeza (literalmente) o debieron exiliarse.

Paralelamente, la Revolución Industrial produjo una paradoja: mientras las mujeres de clases acomodadas se quedaban en su hogar, las

*arpías: *una mujer fea y antipática*

*postulados: *propuestas*

Una muchacha moderna.

35 menos pudientes* fueron incorporadas masivamente a las fábricas, pues les pagaban menos que a los varones y eran más sumisas que éstos. Esta situación dio origen en el siglo XIX al movimiento sufragista. La del voto no era la única reivindicación, sino sólo la primera y la que podía unir a todas las mujeres más allá de sus diferencias políticas y sociales. En cada
40 país el movimiento tuvo sus propias características: en los Estados Unidos, por ejemplo, estaba ligado a la lucha contra la esclavitud.

Las sufragistas protagonizaron huelgas y manifestaciones, y sufrieron fuertes represiones. Cada 8 de marzo, Día Internacional de la Mujer, se recuerda a las obreras estadounidenses que murieron que-
45 madas en 1908, cuando se declaró un incendio en la fábrica que habían tomado.

La idea de que las mujeres eran tan explotadas como los obreros volcó a muchas feministas hacia el marxismo. Otro fiasco: aunque éste denunciaba la explotación económica y sexual de la mujer, la restringía
50 al marco de la lucha de clases y cualquier pretensión fuera de ese marco era considerada una "desviación burguesa". Los reclamos, en todo caso, había que dejarlos para después de la revolución. Pero la experiencia soviética dejó en claro que una cosa no tiene que ver con la otra: se estableció la igualdad por decreto, pero no se hizo nada por cambiar la
55 mentalidad de la sociedad en ese aspecto.

Hoy parece absurdo considerar que la mujer no está capacitada para elegir autoridades o ser parte activa de la vida política y económica de cualquier sociedad. Sin embargo, el derecho a votar sólo se consiguió en las primeras décadas de este siglo (y no en todo el mundo). Eso sí: quedó
60 demostrado que las sufragistas habían acertado al suponer que el voto sería sólo el primer paso, especialmente después de la Segunda Guerra

Mundial, cuando la economía de tantos países descansó sobre los hombros femeninos.

*títere: marioneta

Durante los años sesenta y setenta no quedó títere* con cabeza: si algo caracterizó esas décadas fueron los cuestionamientos. En ese período el feminismo resurgió y ganó la calle con reclamos, como el derecho de la mujer a disponer de su propio cuerpo o tener igualdad económica y profesional.

Por boca de autoras como las estadounidenses Kate Millet y Sulamith Firestone comenzaron a oírse términos como "patriarcado", "género", "casta sexual", y con ellos los planteos sociales entraron también en el terreno de lo privado. "Lo personal es político", era la consigna. ¿Qué significa esto? Que como nuestra sociedad es patriarcal todos los varones, no importa la clase social a la que pertenezcan, se benefician económica, sexual y psicológicamente. El ejemplo más claro es el del trabajo hogareño, que suele estar a cargo de la mujer (aunque ella además tenga un empleo fuera de su casa) y que carece de retribución.

Al llevar las discusiones a la esfera privada comenzaron a gestarse grupos de autoconciencia. Estos grupos permitieron dar otra dimensión al movimiento feminista: más que desde la teoría se comenzó a pensar desde las experiencias personales. Sin descuidar los espacios para estudiar y organizarse, se crearon otros que atendían a las necesidades de las mujeres de carne y hueso tales como las de tener guarderías o centros para mujeres maltratadas o víctimas de la violencia sexual.

Como todo movimiento, el feminismo evolucionó a la par de la sociedad: su escandalizadora irrupción en los años sesenta y setenta con manifestaciones en favor del aborto o actos como la quema de corpiños mostró—al igual que el hippismo o los movimientos estudiantiles—que los valores tradicionales de la sociedad occidental estaban en crisis y que debían discutirse. Los ochenta fueron años más conservadores y mostraron una paradoja que encuentra el ejemplo más acabado en la figura de Margaret Thatcher. Una mujer llegó a gobernar uno de los llamados "países centrales". Pero ¿hubo algo más masculino que ella? ¿Hay que masculinizarse para ganar un espacio en una sociedad de varones? Entonces, ¿a qué clase de mujer—y a qué clase de sociedad—se aspira?

Los noventa fueron precisamente eso, años de barajar y dar de nuevo. De la discusión—todavía no acabada—surge un nuevo feminismo que viene pisando fuerte: el de la diferencia.

Betty Friedan, fundadora de la principal organización feminista de los Estados Unidos, revisó su postura y opina que "no debemos dejar los valores de la familia a la derecha". Jane Roe, la mujer cuyo caso llevó a legalizar el aborto en ese país, se convirtió al catolicismo. Naomi Wolf, una de las más conocidas militantes del feminismo norteamericano, también cambió su posición ante el tema desde que tuvo una hija.

Probablemente el gran cambio es la aceptación del derecho a elegir cualquier opción. Ya no se trata de mirar por encima del hombro a la mujer que elige trabajar en su hogar o considerar "desnaturalizada" a quien prefiere no casarse o no tener hijos. Incluso cambió el con-

cepto de familia. El modelo tradicional ya no es el único: las familias a cargo de una sola persona siguen en aumento, y ya no extraña ver a un varón que cambia pañales o que se encarga de buena parte del trabajo hogareño. "El hombre y la mujer han de asumir nuevos papeles—dice
115 la escritora Erica Jong—, y yo creo que muchas parejas jóvenes se esfuerzan en experimentar con ello... Los hombres también están pasando malos momentos".

Así como el feminismo actual no es el mismo de los años sesenta, la sociedad incorporó muchos de sus planteos en esferas que podrían pare-
120 cer insólitas. Es el caso, por ejemplo, de infinidad de empresas que (tras comprobar sus bondades) optaron por lo que se podría llamar estilo gerencial femenino, en el que las decisiones se toman desde la partici- pación, en contraposición al estilo masculino, vertical, inapelable y sujeto a errores. Muchas compañías—japonesas especialmente—están muy
125 contentas con los resultados que obtuvieron desde que implementaron este sistema.

Ahora, bien: ¿qué es esto de un pensamiento femenino? "La mujer tiene una diferencia en relación con el hombre—opina la italiana Alessandra Bocchetti—, no sólo biológica, sino también histórica y de
*cotidiana: perteneciente de la vida diaria
130 práctica cotidiana* que, les proporciona un saber. Las mujeres conocen a los seres humanos desde el lado menos heroico, en sus necesidades, en su cotidianidad, en sus debilidades... Creo que ésa es su gran fuerza, su gran aporte a la sociedad: un don de realismo".

Para la sexóloga Shere Hite "el feminismo de los noventa debe estar
135 basado en la diversidad: diversidad en los estilos de vida, en los objetivos y en las opiniones: a medida que crecemos, podemos asimilar y disfrutar de nuestras diferencias y conocernos mutuamente".

Portrait of the Artist as the Virgin of Guadalupe, *Yolanda M. López, 1978.*

No todas las feministas coinciden con ellas: "Donde las situaciones de poder son jerárquicas—opina la española Celia Amorós—lo diferente queda bloqueado en el lugar de lo desigual". Para Susan Faludi, la idea de que la igualdad ya se ha conseguidoa es un engaño, pues considera que el patriarcado tiene numerosos recursos para perpetuarse.

"El fin del patriarcado no quiere decir que no exista dominio patriarcal—responden las partidarias de la diferencia—, sino que ya no significa nada en la mente de la mujer, e incluso ya en la de muchos varones".

Desde esta óptica, ya no hay más banderas de guerra: ellas sostienen que es tiempo de mediación y que las llamadas políticas de igualdad empequeñecen el sentido original de la diferencia sexual. Para ellas ya no se trata de pedir reconocimiento, sino de negociar, precisamente, desde la fuerza y la autoridad que da la diferencia.

*cupo: cuota

La ley de cupo* femenino, por la que uno de cada tres cargos electivos corresponde a una mujer, es un buen ejemplo de esta discusión. Desde un ángulo, la medida cubre un bache: la política siempre estuvo dominada por los varones y con esta ley la mujer tiene una representación que tradicionalmente le fue negada. Desde el otro ángulo, es sólo un paliativo que suena a limosna. ¿Por qué plantear treinta por ciento para las mujeres? ¿Por qué no decir que ninguno de los dos sexos puede ocupar más de setenta por ciento de los cargos?

Lo cierto es que muchas dicotomías (ama de casa/trabajadora, esposa y madre/mujer sola) han desaparecido, y no se trata de competir o no con el varón. "El hecho de que una mujer sea libre vuelve necesaria la amistad entre hombres y mujeres—afirma Alessandra Bocchetti, política y teórica feminista italiana. La vuelve obligatoria. Si no hay amistad entre hombre y mujer no existe posibilidad de hacer sociedad."
Investigación: Leonel Giordano © Nueva, 1997

PARA COMENTAR

Trabajando en parejas conteste las siguientes preguntas sobre el artículo. Justifique su opinión cuando sea necesario. Luego puede comparar sus respuestas con las de otros compañeros.

1. Según el artículo, ¿cuál fue el papel de las mujeres en la Revolución Francesa?

2. De acuerdo con la autora, ¿cuál fue el origen del movimiento sufragista?

3. ¿A qué evento histórico se hace homenaje el 8 de marzo, Día Internacional de la Mujer?

4. ¿De qué década era la consigna feminista: "Lo personal es político"?

5. Según la sexóloga Shere Hite, ¿en qué debe basarse el feminismo de los noventa?

6. ¿Qué es la ley de cupo femenino? Explíquela.

PARA ESCRIBIR

Lea los siguientes temas. Luego escoja el que le interese más para escribir sobre el mismo. Comparta su trabajo con otro(a) compañero(a) e intercambien comentarios sobre lo que han escrito.

1. Describa la mujer que más impacto ha tenido en su vida. Usando ejemplos basados en hechos reales, destaque una o dos de sus cualidades más admirables.

2. Describa el personaje femenino que más admira, bien sea de la literatura, del cine, o de algún programa de televisión. Explique de forma detallada por qué la admira.

3. Dé su opinión sobre el feminismo, sus logros y sus fallos. Respalde sus ideas con hechos concretos.

Poesía

ANTES DE LEER

En grupos de tres o cuatro estudiantes comenten lo siguiente. Compartan después sus observaciones con el resto de la clase.

1. La virginidad y la castidad de la novia eran un requisito estricto en los matrimonios del pasado. ¿Cómo ha cambiado esta situación en la sociedad moderna?

2. ¿Cuáles son los derechos que la mujer ha conquistado en la sociedad moderna y cuáles se le niegan todavía? ¿Por qué sucede eso?

3. ¿Se diferencian la mujer hispanoamericana y la norteamericana en sus responsabilidades domésticas y laborales (educación de los hijos, manejo del dinero, tareas)?

4. ¿Cuáles son las virtudes que busca un hombre en la mujer actualmente? ¿Cuáles son las que la mujer busca en el hombre?

5. ¿Tienen los prejuicios tradicionales masculinos la culpa de la condición social de la mujer en algunas áreas de Hispanoamérica? ¿O es otra la causa? Explique.

Sor Juana Inés de la Cruz (1648–1695) es la figura literaria más famosa del período colonial de Hispanoamérica. Nació en México, durante el virreinato español. Su padre era español y su madre, que era analfabeta, era criolla. Según Sor Juana nos cuenta en uno de sus escritos autobiográfi-
5 cos, ya había aprendido a leer a los tres años. Se cuenta que desde una temparana edad (a los doce años) la niña precoz quería asistir a clases en la universidad, aunque fuera disfrazada de hombre, ya que en su época la universidad era solamente para hombres.
   A los trece años de edad fue a la corte donde vivió como dama de
10 honor de la virreina. Se destacó continuamente por su brillante inteligencia y sus diversos talentos. Entró a los dieciséis años en un convento de la

Sor Juana Inés de la Cruz,
Miguel Cabrera, 1780.

orden de las Carmelitas Descalzas, y a partir de 1669 hasta su muerte, fue
monja de la orden de San Jerónimo.

Su obra poética, escrita bajo la influencia del barroco español, ha
15 sido considerada una de las cumbres artísticas de la época. Una gran parte
de sus versos son de tema amoroso. Tan notoria fue su figura y su arte en
el México colonial que aun durante su vida la llamaron la "décima musa
de México". Sus escritos le ocasionaron serios conflictos con las autoridades eclesiásticas, y cuatro años antes de su muerte, siguiendo la orden
20 del obispo de México, abandonó su quehacer literario y vendió su gran
biblioteca, tal vez la más grande que hubiera entonces en el continente.
Mientras cuidaba a las monjas enfermas en su convento, ella también se
enfermó y murió durante la plaga que hacía estragos durante esa época. El
gran escritor mexicano Octavio Paz escribió su biografía: *Sor Juana Inés de*
25 *la Cruz, o las trampas de la fe*. En 1991 la directora argentina María Luisa Bem-
berg realizó una película sobre la vida de Sor Juana: *Yo, la peor de todas*.

 ## REDONDILLAS

*Arguye de inconsecuentes el gusto y la censura de los hombres que en
las mujeres acusan lo que causan*

necio: ignorante, tonto

   Hombres necios* que acusáis
a la mujer sin razón,
sin ver que sois la ocasión
de lo mismo que culpáis:
5   si con ansia sin igual

desdén: desprecio

liviandad: ligereza, desvergüenza

recatarse: cuidarse, tener prudencia

templada: severa, rigurosa

la que cae de rogada: la que "cae" después de recibir ruegos

o el que ruega de caído: ruega después de haber caído

la que peca por la paga: una prostituta

el que paga por pecar: el que usa los servicios de la prostituta

afición: inclinación, entusiasmo o gusto por algo

fundo: llego a ver, supongo

lidiar: tener que ver, ocuparse

solicitáis su desdén*,
¿por qué queréis que obren bien
si las incitáis al mal?

10   Combatís su resistencia
y luego, con gravedad,
decís que fue liviandad*
lo que hizo la diligencia.

[...]
     Con el favor y el desdén

15 tenéis condición igual,
quejándoos, si os tratan mal,
burlándoos, si os quieren bien.
     Opinión, ninguna gana;
pues la que más se recata*,

20 si no os admite, es ingrata,
y si os admite, es liviana.
     Siempre tan necios andáis
que, con desigual nivel,
a una culpáis por cruel

25 y a otra por fácil culpáis.
     ¿Pues cómo ha de estar templada*
la que vuestro amor pretende,
si la que es ingrata, ofende,
y la que es fácil, enfada?

30 [...]
     Dan vuestras amantes penas
a sus libertades alas,
y después de hacerlas malas
las queréis hallar muy buenas.

35   ¿Cuál mayor culpa ha tenido
en una pasión errada:
la que cae de rogada*,
o el que ruega de caído*?
     ¿O cuál es más de culpar,

40 aunque cualquiera mal haga:
la que peca por la paga*,
o el que paga por pecar*?
     Pues, ¿para qué os espantáis
de la culpa que tenéis?

45 Queredlas cual las hacéis
o hacedlas cual las buscáis.
     Dejad de solicitar,
y después, con más razón,
acusaréis la afición*

50 de la que os fuere a rogar.
     Bien con muchas armas fundo*
que lidia* vuestra arrogancia,
pues en promesa e instancia,
juntáis diablo, carne y mundo.

PARA COMENTAR

Trabajando en parejas conteste las siguientes preguntas sobre la poesía. Justifique su opinión cuando sea necesario. Luego puede comparar sus respuestas con las de otros compañeros.

1. ¿Por qué se culpa al hombre de la debilidad morial de la mujer, en el poema de Sor Juana?

2. ¿Cómo describiría usted a los "hombres necios" a los que se dirige el poema?

3. Según se dice en *Redondillas*, la mujer nunca gana ("si no os admite... / si os admite..."). ¿Se refleja también en estas líneas la vida actual?

4. El poema de Sor Juana da a entender que en la época de la colonia (siglo XVII), se catalogaba a la mujer de acuerdo con una serie de códigos creados por el hombre. ¿En qué partes del poema se puede hallar prueba de esto?

5. ¿Cuál es la recomendación que hace Sor Juana a los "hombres necios"?

6. ¿Qué quiere decir en la última estrofa, "... en promesa e instancia, / juntáis diablo, carne y mundo"?

Poesía

Alfonsina Storni (1892–1938) nació en Suiza, pero creció y vivió la mayor parte de su vida en Argentina. Trabajó como maestra en Rosario y en

La poeta argentina Alfonsina Storni, 1892–1938.

Buenos Aires. Ganó fama primero en ese país, y luego en todo el mundo de habla española, por sus poemas y su actitud feminista. Su poesía de la
5 primera etapa trata de las relaciones entre el hombre y la mujer en la sociedad argentina e hispanoamericana de la época. Storni critica en su obra la situación de la mujer, mediante una fina y lírica ironía. Más tarde, hacia el final de su vida, su labor creativa adquirió un carácter más intelectual. En 1938, al saber que padecía de un cáncer incurable, se suicidó.

ANTES DE LEER

En grupos de tres o cuatro estudiantes comenten lo siguiente. Compartan después sus observaciones con el resto de la clase.

1. ¿Cuando se enamora, qué exige usted de la otra persona? ¿Por qué?

2. ¿Piensa que todavía se cree que el llanto de los hombres es una señal de debilidad, una indicación de una característica poco masculina? ¿De qué depende esa actitud?

3. ¿Qué entiende usted por feminismo? ¿Por qué aboga ese movimiento?

4. ¿Cree que existen dos patrones diferentes para juzgar al hombre y a la mujer en la vida social y profesional?

5. ¿Tienen su padre, hermano(s) o tío(s) una actitud diferente o igual a la suya en relación con los derechos de la mujer? ¿Por qué?

TÚ ME QUIERES BLANCA

De la colección El dulce daño (1918)

Tú me quieres alba;
me quieres de espuma;
me quieres de nácar*,
Que sea azucena*
5 sobre todas, casta.
De perfume tenue*.
Corola* cerrada.

Ni un rayo de luna
filtrado me haya,
10 ni una margarita*
se diga mi hermana.
Tú me quieres blanca;
tú me quieres nívea*;
tú me quieres casta.

15 Tú, que hubiste todas
las copas a mano,
de frutos y mieles
los labios morados.

nácar: substancia dura que producen las conchas de mar

azucena: tipo de flor (lily)

tenue: delicado, suave

corola: cubierta exterior de la flor

margarita: tipo de flor (daisy)

nívea: de blancura similar a la nieve

pámpano: *rama de la vid,*
el árbol de la uva

Baco: *dios griego del*
vino y las fiestas

estrago: *daño, ruina*

Tú, que en el banquete
20 cubierto de pámpanos*,
dejaste las carnes
festejando a Baco*.
Tú, que en los jardines
negros del Engaño,
25 vestido de rojo
corriste al Estrago*.

Tú, que el esqueleto
conservas intacto,
no sé todavía
30 por cuáles milagros
(Dios te lo perdone),
me pretendes casta
(Dios te lo perdone),
me pretendes alba.
35 Huye hacia los bosques;
vete a la montaña;
límpiate la boca;
vive en las cabañas;
toca con las manos
40 la tierra mojada;
alimenta el cuerpo
con raíz amarga;
bebe de las rocas;
duerme sobre la escarcha*;

escarcha: *el rocío (dew)*
de las plantas

salitre: *nitrato de potasio,*
compuesto químico del
mar

levarse: *levantarse*

tornada: *devuelta*

45 renueva tejidos
con salitre* y agua;
habla con los pájaros
y lévate* al alba.
Y cuando las carnes
50 te sean tornadas*,
y cuando hayas puesto
en ellas el alma,
que por las alcobas
se quedó enredada,
55 entonces, buen hombre,
preténdeme blanca,
preténdeme nívea,
preténdeme casta.

 ## PESO ANCESTRAL

Tú me dijiste: no lloró mi padre;
tú me dijiste: no lloró mi abuelo;
no han llorado los hombres de mi
    raza,
5 eran de acero.

Así diciendo te brotó una lágrima
y me cayó en la boca...; más veneno
yo no he bebido nunca en otro vaso
así pequeño.

10   Débil mujer, pobre que entiende,
dolor de siglos, conocí al beberlo.
Oh, el alma mía soportar no puede
todo su peso.

 ## HOMBRE PEQUEÑITO

Hombre pequeñito, hombre pequeñito,
suelta a tu canario que quiere volar...
yo soy el canario, hombre pequeñito,
déjame saltar.

5   Estuve en tu jaula, hombre pequeñito,
hombre pequeñito que jaula me das.
Digo pequeñito porque no me entiendes,
ni me entenderás.

Tampoco te entiendo, pero mientras tanto
10 ábreme la jaula, que quiero escapar;
hombre pequeñito, te amé media hora,
no me pidas más.

PARA COMENTAR

Trabajando en parejas conteste las siguientes preguntas sobre los poemas de Storni. Justifique su opinión cuando sea necesario. Luego puede comparar sus respuestas con las de otros compañeros.

1. "Tú me quieres blanca", le dice Storni al hombre. ¿Se refiere este adjetivo a la raza de la autora o a otro aspecto? ¿Qué interpretación le daría usted?

2. ¿Por qué le dice la voz lírica al "buen hombre" en el mismo poema que debe ir a la montaña, vivir en el bosque con los animales, dejar la ciudad y probar la naturaleza?

3. Después de cumplir con las recomendaciones el "buen hombre" puede pretenderla "blanca... / ...casta". ¿Por qué se hace posible lo que al principio se negaba?

4. ¿Por qué describe Storni en *Peso ancestral* la lágrima del hombre como "veneno"?

5. ¿A qué piensa que se refieren las palabras "peso ancestral"?

6. ¿Cómo describiría al "hombre pequeñito" según lo sugerido por Storni en su poema?

7. ¿Cómo se relacionan el "hombre pequeñito", el "canario" y la "jaula" en el poema de Storni?

8. ¿Por qué quiere escapar de esa relación la autora?

Poesía

Rosario Castellanos nació en la ciudad de México en 1925 y falleció en Tel Aviv, Israel, en 1974, mientras servía de embajadora de su país. Se destacó en la poesía, la novela, el teatro y el ensayo. Varios de sus cuentos y novelas reflejan su preocupación por la población indígena de su país.
5 Otro tema central de su obra es el papel que desempeña la mujer en la sociedad mexicana moderna. Los tres poemas siguientes son ejemplos de su poesía feminista coloquial.

KINSEY REPORT NO. 6

Señorita. Sí, insisto. Señorita.
Soy joven. Dicen que no fea. Carácter
llevadero*. Y un día
vendrá el Príncipe Azul, porque se lo he rogado
5 como un milagro a San Antonio. Entonces
vamos a ser felices. Enamorados siempre.

*llevadero: soportable, fácil de tratar

Rosario Castellanos (1925–1974), la escritora mexicana. Uno de los temas que trata su obra es el papel que desempeña la mujer en la sociedad contemporánea mexicana.

¿Qué importa la pobreza? Y si es borracho
lo quitaré del vicio. Si es un mujeriego
yo voy a mantenerme siempre tan atractiva,
10   tan atenta a sus gustos, tan buena ama de casa,
tan prolífica* madre
y tan extraordinaria cocinera
que se volverá fiel como premio a mis méritos
entre los que, el mayor, es la paciencia.

15   Lo mismo que mis padres y los de mi marido
celebraremos nuestras bodas de oro
con gran misa solemne.

No, no he tendido novio. No, ninguno
todavía. Mañana.

prolífica: que tiene muchos hijos

PARA COMENTAR

1. En *Kinsey Report no. 6*, ¿qué haría la narradora si su esposo resultara ser mujeriego y borracho?

2. ¿Por qué insiste en que la llamen señorita? ¿Qué implicaciones tiene esto en la cultura hispanoamericana?

3. En su opinión, ¿por qué la narradora no ha tenido nunca ningún novio?

4. Si tuviera que describir la actitud de la narradora con un sólo adjetivo, ¿cuál escogería? ¿Por qué?

PARA ESCRIBIR

1. Escoja la poesía que más le haya gustado de esta sección.

2. Léala nuevamente y apunte dos o tres ideas sobre los aspectos que considere más importantes.

3. Basándose en sus apuntes, escriba un párrafo en el que explique lo que usted entendió después de leerla y analizarla nuevamente.

4. Comparta su trabajo con otro(a) compañero(a) e intercambien comentarios sobre lo que han escrito.

Cuento

ANTES DE LEER

En grupos de tres o cuatro estudiantes comenten lo siguiente. Compartan después sus observaciones con el resto de la clase.

1. ¿Cómo se sintió usted o cómo se imagina que sentiría la primera semana después de casarse?

LA MUJER Y LA CULTURA **189**

2. En su opinión, ¿es importante que una persona sea virgen cuándo se case? ¿Por qué? ¿Cree que la importancia de la virginidad es la misma para el novio que para la novia? ¿Piensa que sus padres opinan igual que usted?

3. ¿Cree usted que cada sexo debe desempeñar tareas específicas en el hogar? ¿Cuáles? ¿Por qué sí o no?

4. Se dice que toda persona tiene tres personalidades: la que muestra ante el mundo profesional y social, la que muestra en casa con su familia, y otra interior, que no muestra a nadie. ¿Cuánto sabe su pareja o su mejor amigo(a) de su personalidad interior? ¿Cuánto cree usted que sabe de la suya?

El cuento siguiente se encuentra en una colección de Rosario Castellanos titulada *Álbum de familia*.

NOTA: *La selección contiene muchas palabras poco comunes. Probablemente usted no las entienda a todas, pero es preferible que lea todo el cuento y trate de seguir el hilo de lo que lee sin detenerse para buscar una palabra en el diccionario cada vez que tenga dudas. Así comprenderá el mensaje principal de la obra y su impacto emocional sin tener que interrumpir la lectura.*

Lección de cocina

La cocina resplandece de blancura. Es una lástima tener que mancillarla con el uso. Habría que sentarse a contemplarla, a describirla, a cerrar los ojos, a evocarla. Fijándose bien esta nitidez, esta pulcritud carece del exceso deslumbrador que produce escalofríos en los sanatorios. ¿O es el
5 halo de desinfectantes, los pasos de goma de las afanadoras, la presencia oculta de la enfermedad y de la muerte? Qué me importa. Mi lugar está aquí. Desde el principio de los tiempos ha estado aquí. En el proverbio alemán la mujer es sinónimo de *Küche, Kinder, Kirche*. Yo anduve extraviada en aulas, en calles, en oficinas, en cafés; desperdiciada en destrezas
10 que ahora he de olvidar para adquirir otras. Por ejemplo, elegir el menú. ¿Cómo podría llevar al cabo labor tan improba sin la colaboración de la sociedad, de la historia entera? En un estante especial, adecuado a mi estatura, se alinean mis espíritus protectores, esas aplaudidas equilibristas que concilian en las páginas de los recetarios las contradicciones más irre-
15 ductibles: la esbeltez y la gula, el aspecto vistoso y la economía, la celeridad y la suculencia. Con sus combinaciones infinitas: la esbeltez y la economía, la celeridad y el aspecto vistoso, la suculencia y... ¿Qué me aconseja usted para la comida de hoy, experimentada ama de casa, inspiración de las madres ausentes y presentes, voz de la tradición, secreto a
20 voces de los supermercados? Abro un libro al azar y leo: "La cena de don Quijote." Muy literario pero muy insatisfactorio. Porque don Quijote no tenía fama de gourmet sino de despistado.
[...]

Abro el compartimiento del refrigerador que anuncia "carnes" y
25 extraigo un paquete irreconocible bajo su capa de hielo. La disuelvo en
agua caliente y se me revela el título sin el cual no habría identificado
jamás su contenido: es carne especial para asar. Magnífico. Un plato sencillo y sano. Como no representa la superación de ninguna antinomia ni
el planteamiento de ninguna aporía, no se me antoja.

30   Y no es sólo el exceso de lógica el que me inhibe el hambre. Es también el aspecto, rígido por el frío; es el color que se manifiesta ahora que
he desbaratado el paquete. Rojo, como si estuviera a punto de echarse a
sangrar.

        Del mismo color teníamos la espalda, mi marido y yo después de las
35 orgiásticas asoleadas en las playas de Acapulco. El podía darse el lujo de
"portarse como quien es" y tenderse boca abajo para que no le rozara la
piel dolorida. Pero yo, abnegada mujercita mexicana que nació como la
paloma para el nido, sonreía a semejanza de Cuauhtémoc en el suplicio
cuando dijo "mi lecho no es de rosas y se volvió a callar". Boca arriba
40 soportaba no sólo mi propio peso sino el de él encima del mío. Y gemía,
de desgarramiento, de placer. El gemido clásico. Mitos, mitos.

        Lo mejor (para mis quemaduras, al menos) era cuando se quedaba
dormido. Bajo la yema de mis dedos—no muy sensibles por el prolon-
gado contacto con las teclas de la máquina de escribir—el nylon de mi
45 camisón de desposada resbalaba en un fraudulento esfuerzo por parecer
encaje. Yo jugueteaba con la punta de los botones y esos otros adornos
que hacen parecer tan femenina a quien los usa, en la oscuridad de la
alta noche. La albura de mis ropas, deliberada, reiterativa, impúdica-
mente simbólica, quedaba abolida transitoriamente. Algún instante quizá
50 alcanzó a consumar su significado bajo la luz y bajo la mirada de esos ojos
que ahora están vencidos por la fatiga.

        Unos párpados que se cierran y he aquí, de nuevo, el exilio. Una
enorme extensión arenosa, sin otro desenlace que el mar cuyo
movimiento propone la parálisis; sin otra invitación que la del acantilado
55 al suicidio.

        Pero es mentira. Yo no soy el sueño que sueña, que sueña, que
sueña; yo no soy el reflejo de una imagen en un cristal; a mí no me
aniquila la cerrazón de una conciencia o de toda conciencia posible. Yo
continúo viviendo con una vida densa, viscosa, turbia, aunque el que está
60 a mi lado y el remoto, me ignoren, me olviden, me pospongan, me aban-
donen, me desamen.

        Yo también soy una conciencia que quiero clausurarse, desamparar
a otro y exponerlo al aniquilamiento. yo... La carne, bajo la rociadura de
la sal, ha acallado el escándalo de su rojez y ahora me resulta más tolera-
65 ble, más familiar. Es el trozo que vi mil veces, sin darme cuenta, cuando
me asomaba, de prisa, a decirle a la cocinera que...

        No nacimos juntos. Nuestro encuentro se debió a un azar ¿feliz? Es
demasiado pronto aún para afirmarlo. Coincidimos en una exposición,
en una conferencia, en un cine-club; tropezamos en un elevador; me
70 cedió su asiento en el tranvía; un guardabosques interrumpió nuestra
perpleja y, hasta entonces, paralela contemplación de la jirafa porque era
hora de cerrar el zoológico. Alguien, él o yo, es igual, hizo la pregunta

idiota pero indispensable: ¿Usted trabaja o estudia? Armonía del interés y de las buenas intenciones, manifestación de propósitos "serios". Hace un año yo no tenía la menor idea de su existencia y ahora reposo junto a él con los muslos entrelazados, húmedos de sudor y de semen. Podría levantarme sin despertarlo, ir descalza hasta la regadera. ¿Purificarme? No tengo asco. Prefiero creer que lo que me une a él es algo tan fácil de borrar como una secreción y no tan terrible como un sacramento.

Así que permanezco inmóvil, respirando rítmicamente para imitar el sosiego, puliendo mi insomnio, la única joya de soltera que he conservado y que estoy dispuesta a conservar hasta la muerte. Bajo el breve diluvio de pimienta la carne parece haber encanecido. Desvanezco este signo de vejez frotando como si quisiera traspasar la superficie e impregnar el espesor con las esencias. Porque perdí mi antiguo nombre y aún no me acostumbro al nuevo, que tampoco es mío. Cuando en el vestíbulo del hotel algún empleado me reclama yo permanezco sorda, con ese vago malestar que es el preludio del reconocimiento. ¿Quién será la persona que no atiende a la llamada? Podría tratarse de algo urgente, grave, definitivo, de vida o muerte. El que llama se desespera, se va sin dejar ningún rastro, ningún mensaje y anula la posibilidad de cualquier nuevo encuentro. ¿Es la angustia la que oprime mi corazón? No, es su mano la que oprime mi hombro. Y sus labios que sonríen con una burla benévola, más que de dueño, de taumaturgo.

Y bien, acepto mientras nos encaminamos al bar (el hombro me arde, está despellejándose) es verdad que en el contacto o colisión con él he sufrido una metamorfosis profunda: no sabía y sé, no sentía y siento, no era y soy.

Habrá que dejarla reposar así. Hasta que ascienda a la temperatura ambiente, hasta que se impregne de los sabores de que la he recubierto. Me da la impresión de que no he sabido calcular bien y de que he comprado un pedazo excesivo para nosotros dos. Yo, por pereza, no soy carnívora. Él, por estética, guarda la línea. ¡Va a sobrar casi todo! Sí, ya sé que no debo preocuparme: que alguna de las hadas que revolotean en torno mío va a acudir en mi auxilio y a explicarme cómo se aprovechan los desperdicios. Es un paso en falso de todos modos. No se inicia una vida conyugal de manera tan sórdida. Me temo que no se inicie tampoco con un platillo tan anodino como la carne asada.

Gracias, murmuro, mientras me limpio los labios con la punta de la servilleta. Gracias por la copa transparente, por la aceituna sumergida. Gracias por haberme abierto la jaula de una rutina estéril para cerrarme la jaula de otra rutina, que, según todos los propósitos y las posibilidades, ha de ser fecunda. Gracias por darme la oportunidad de lucir un traje largo y caudaloso, por ayudarme a avanzar en el interio del templo, exaltada por la música del órgano. Gracias por...

¿Cuánto tiempo se tomará para estar lista? Bueno, no debería de importarme demasiado porque hay que ponerla al fuego a última hora. Tarda muy poco, dicen los manuales. ¿Cuánto es poco? ¿Quince minutos? ¿Diez? ¿Cinco? Naturalmente, el texto no especifica. Me supone una intuición que, según mi sexo, debo poseer pero que no poseo, un sentido sin el que nací que me permitiría advertir el momento preciso en que la carne está a punto.

¿Y tú? ¿No tienes nada que agradecerme? Lo has puntualizado con una solemnidad un poco pedante y con una precisión que acaso pre-
125 tendía ser halagadora pero que me resultaba ofensiva: mi virginidad. Cuando la descubriste yo me sentí como el último dinosaurio en el planeta del que la especie había desaparecido. Ansiaba justificarme, explicar que si llegué hasta ti intacta no fue por virtud ni por orgullo ni por fealdad sino por apego a un estilo. No soy barroca. La pequeña imperfección
130 en la perla me es insoportable. No me queda entonces más alternativa que el neoclásico y su rigidez es incompatible con la espontaneidad para hacer el amor. Yo carezco de la soltura del que rema, del que juega al tenis, del que se desliza bailando. No practico ningún deporte. Cumplo un rito y el ademán de entrega se me petrifica en un gesto estatuario.

135 ¿Acechas mi tránsito a la fluidez, lo esperas, lo necesitas? ¿O te basta este hieratismo que te sacraliza y que tú interpretas como la pasividad que corresponde a mi naturaleza? Y si la tuya corresponde ser voluble te tranquilizará pensar que no estorbaré tus aventuras. No será indispensable—gracias a mi temperamento—que me cebes, que me ates de pies y manos con
140 los hijos, que me amordaces con la miel espesa de la resignación. Yo permaneceré como permanezco. Quieta. Cuando dejas caer tu cuerpo sobre el mío siento que me cubre una lápida, llena de inscripciones, de nombres ajenos, de fechas memorables. Gimes inarticuladamente y quisiera susurrarte al oído mi nombre para que recuerdes quién es a la que posees.

145 Soy yo. ¿Pero quién soy yo? Tu esposa, claro. Y ese título basta para distinguirme de los recuerdos del pasado, de los proyectos para el porvenir. Llevo una marca de propiedad y no obstante me miras con desconfianza. No estoy tejiendo una red para prenderte. No soy una mantis religiosa. Te agradezco que creas en semejante hipótesis. Pero es falsa.

150 Esta carne tiene una dureza y una consistencia que no caracterizan a las reses. Ha de ser de mamut. De esos que se han conservado, desde la prehistoria, en los hielos de Siberia y que los campesinos descongelan y sazonan para la comida. En el aburridísimo documental que exhibieron en la Embajada, tan lleno de detalles superfluos, no se hacía la menor
155 alusión al tiempo que dedicaban a volverlos comestibles. Años, meses. Y yo tengo a mi disposición un plazo de...

¿Es la alondra? ¿Es el ruiseñor? No, nuestro horario no va a regirse por tan aladas criaturas como las que avisaban el advenimiento de la aurora a Romeo y Julieta sino por un estentóreo e inequívoco despertador.
160 Y tú no bajarás al día por la escala de mis trenzas sino por los pasos de una querella minuciosa: se te ha desprendido un botón del saco, el pan está quemado, el café frío.

Yo rumiaré, en silencio, mi rencor. Se me atribuyen las responsabilidades y las tareas de una criada para todo. He de mantener la casa impe-
165 cable, la ropa lista, el ritmo de la alimentación infalible. Pero no se me paga ningún sueldo, no se me concede un día libre a la semana, no puedo cambiar de amo. Debo, por otra parte, contribuir al sostenimiento del hogar y he de desempeñar con eficacia un trabajo en el que el jefe exige y los compañeros conspiran y los subordinados odian. En mis ratos
170 de ocio me transformo en una dama de sociedad que ofrece comidas y cenas a los amigos de su marido, que asiste a reuniones, que se abona a la ópera, que controla su peso, que renueva su guardarropa, que cuida la

lozanía de su cutis, que se conserva atractiva, que está al tanto de los chismes, que se desvela y que madruga, que corre el riesgo mensual de la
175 maternidad, que cree en las juntas nocturnas de ejecutivos, en los viajes de negocios y en la llegada de clientes imprevistos; que padece alucinaciones olfativas cuando percibe la emanación de perfumes franceses (diferentes de los que ella usa) de las camisas, de los pañuelos de su marido; que en sus noches solitarias se niega a pensar por qué o para qué
180 tantos afanes y se prepara una bebida bien cargada y lee una novela policiaca con ese ánimo frágil de los convalescientes.

¿No sería oportuno prender la estufa? Una lumbre muy baja para que se vaya calentando, poco a poco, el asador "que previamente ha de untarse con un poco de grasa para que la carne ne se pegue". Eso se me
185 ocurre hasta a mí, no había necesidad de gastar en esas recomendaciones las páginas de un libro.

Y yo, soy muy torpe. Ahora se llama torpeza; antes se llamaba inocencia y te encantaba. Pero a mí no me ha encantado nunca. De soltera leía cosas a escondidas. Sudando de emoción y de vergüenza. Nunca me
190 enteré de nada. Me latían las sienes, se me nublaban los ojos, se me contraían los músculos en un espasmo de náusea.

El aceite está empezando a hervir. Se me pasó la mano, manirrota, y ahora chisporrotea y salta y me quema. Así voy a quemarme yo en los apretados infiernos por mi culpa, por mi culpa, por mi grandísima culpa.
195 Pero, niñita, tú no eres la única. Todas tus compañeras de colegio hacen lo mismo, o cosas peores, se acusan en el confesionario, cumplen la penitencia, las perdonan y reinciden. Todas. Si yo hubiera seguido frecuentándolas me sujetarían ahora a un interrogatorio. Las casadas para cerciorarse, las solteras para averiguar hasta dónde pueden aventurarse.
200 Imposible defraudarlas. Yo inventaría acrobacias, desfallecimientos

La Criada, *1974, Fernando Botero.*

sublimes, transportes como se les llama en *Las mil y una noches*, récords. ¡Si me oyeras entonces no te reconocerías, Casanova!

Dejo caer la carne sobre la plancha e instintivamente retrocedo hasta la pared. ¡Qué estrépito! Ahora ha cesado. La carne yace silenciosa-
205 mente, fiel a su condición de cadáver. Sigo creyendo que es demasiado grande.

Y no es que me hayas defraudado. Yo no esperaba, es cierto, nada en particular. Poco a poco iremos revelándonos mutuamente, descubriendo nuestros secretos, nuestros pequeños trucos, aprendiendo a complacer-
210 nos. Y un día tú y yo seremos una pareja de amantes perfectos y entonces, en la mitad de un abrazo, nos desvaneceremos y aparecerá en la pantalla la palabra "fin".

¿Qué pasa? La carne se está encogiendo. No, no me hago ilusiones, no me equivoco. Se puede ver la marca de su tamaño original por el con-
215 torno que dibujó en la plancha. Era un poco más grande. ¡Qué bueno! Ojalá quede a la medida de nuestro apetito.

Para la siguiente película me gustaría que me encargaran otro papel. ¿Bruja blanca en una aldea salvaje? No, hoy no me siento inclinada ni al heroísmo ni al peligro. Más bien mujer famosa (diseñadora de
220 modas o algo así), independiente y rica que vive sola en un apartamento en Nueva York, París o Londres. Sus "affaires" ocasionales la divierten pero no la alteran. No es sentimental. Después de una escena de ruptura enciende un cigarrillo y contempla el paisaje urbano al través de los grandes ventanales de su estudio.

225 Ah, el color de la carne es ahora mucho más decente. Sólo en algu-
nos puntos se obstina en recordar su crudeza. Pero lo demás es dorado y exhala un aroma delicioso. ¿Irá a ser suficiente para los dos? La estoy viendo muy pequeña.

Si ahora mismo me arreglara, estrenara uno de esos modelos que
230 forman parte de mi trousseau y saliera a la calle ¿qué sucedería, eh? A lo mejor me abordaba un hombre maduro, con automóvil y todo. Maduro. Retirado. El único que a estas horas puede darse el lujo de andar de cacería.

¿Qué rayos pasa? Esta maldita carne está empezando a soltar un
235 humo negro y horrible. ¡Tenía yo que haberle dado vuelta! Quemada de un lado. Menos mal que tiene dos.

Señorita, si usted me permitiera... ¡Señora! Y le advierto que mi marido es muy celoso... Entonces no debería dejarla andar sola. Es usted una tentación para cualquier viandante. ¿Transeúnte? Sólo los periódicos
240 cuando hablan de los atropellados. Es usted una tentación para cualquier x. Silencio. Sig-ni-fi-ca-ti-vo. Miradas de esfinge. El hombre maduro me sigue a prudente distancia. Más le vale. Más me vale a mí porque en la esquina ¡zas! Mi marido, que me espía, que no me deja ni a sol ni a sombra, que sospecha de todo y de todos, señor juez. Que así no es
245 posible vivir, que yo quiero divorciarme.

¿Y ahora qué? A esta carne su mamá no le enseñó que era carne y que debería de comportarse con conducta. Además yo no sé de dónde puede seguir sacando tanto humo si ya apagué la estufa hace siglos. Claro, claro, doctora Corazón. Lo que procede ahora es abrir la ventana,

conectar el purificador de aire para que no huela a nada cuando venga
mi marido. Y yo saldría muy mona a recibirlo a la puerta, con mi mejor
vestido, mi mejor sonrisa y mi más cardial invitación a comer fuera.

[...]

No, no le va a hacer la menor gracia. Va a decir que me distraje, que
es el colmo del descuido. Y, sí, por condescendencia yo voy a aceptar sus
acusaciones.

Pero no es verdad, no es verdad. Yo estuve todo el tiempo pendiente
de la carne, fijándome en que le sucedían una serie de cosas rarísimas.
Con razón Santa Teresa decía que Dios anda en los pucheros. O la mate-
ria que es energía o como se llame ahora.

Recapitulemos. Aparece, primero el trozo de carne con un color,
una forma, un tamaño. Luego cambia y se pone más bonita y se siente
una muy contenta. Luego vuelve a cambiar y ya no está tan bonita. Y sigue
cambiando y cambiando y cambiando y lo que uno no atina es cuándo
pararle el alto. Porque si yo dejo este trozo de carne indefinidamente
expuesto al fuego, se consume hasta que no queden ni rastros de él. Y el
trozo de carne que daba la impresión de ser algo tan sólido, tan real, ya
no existe.

¿Entonces? Mi marido también da la impresión de solidez y de realidad cuando estamos juntos, cuando lo toco, cuando lo veo. Segura-
mente cambia, y cambio yo también, aunque de manera tan lenta, tan
morosa que ninguno de los dos lo advierte. Después se va y brusca-
mente se convierte en recuerdo y... Ah, no, no voy a caer en esa trampa:
la del personaje inventado y el narrador inventado y la anécdota inven-
tada. Además, no es la consecuencia que se deriva lícitamente del episodio de la carne.

La carne no ha dejado de existir. Ha sufrido una serie de metamorfosis. Y el hecho de que cese de ser perceptible para los sentidos no significa que se haya concluido el ciclo sino que ha dado el salto cualitativo.
Continuará operando en otros niveles. En el de mi conciencia, en el de
mi memoria, en el de mi voluntad, modificándome, determinándome, esta-
bleciendo la dirección de mi futuro.

Yo seré, de hoy en adelante, lo que elija en este momento. Seduc-
toramente aturdida, profundadamente reservada, hipócrita. Yo impon-
dré, desde el principio, y con un poco de impertinencia, las reglas del
juego. Mi marido resentirá la impronta de mi dominio que irá dilatán-
dose, como los círculos en la superficie del agua sobre la que se ha arrojado una piedra. Forcejeará por prevalecer y si cede yo le corresponderé
con el desprecio y si no cede yo no seré capaz de perdonarlo.

Si asumo la otra actitud, si soy el caso típico, la femineidad que soli-
cita indulgencia para sus errores, la balanza se inclinará a favor de mi
antagonista y yo participaré en la competencia con un *handicap* que,
aparentemente, me destina a la derrota y que, en el fondo, me garantiza
el triunfo por la sinuosa vía que recorrieron mis antepasadas, las humildes, las que no abrían los labios sino para asentir, y lograron la obediencia ajena hasta al más irracional de sus caprichos. La receta, pues, es
vieja y su eficacia está comprobada. Si todavía lo dudo me basta preguntar
a la más próxima de mis vecinas. Ella confirmará mi certidumbre.

Sólo que me repugna actuar así. Esta definición no me es aplicable y
300 tampoco la anterior, ninguna corresponde a mi verdad interna, ninguna
salvaguarda mi autenticidad. ¿He de acogerme a cualquiera de ellas y
ceñirme a sus términos sólo porque es un lugar común aceptado por la
mayoría y comprensible para todos? Y no es que sea una *rara avis*. De mí
se puede decir lo que Pfandl dijo de Sor Juana: que pertenezco a la clase
305 de neuróticos cavilosos. El diagnóstico es muy fácil ¿pero qué consequen-
cias acarrearía asumirlo?

Si insisto en afirmar mi versión de los hechos mi marido va a
mirarme con suspicacia, va a sentirse incómodo en mi compañía y va a vivir
en la continua expectativa de que se me declare la locura.
310 Nuestra convivencia no podrá ser más problemática. Y él no quiere
conflictos de ningun índole. Menos aún conflictos tan abstractos, tan
absurdos, tan metafísicos como los que yo le plantearía. Su hogar es el
remanso de paz en que se refugia de las tempestades de la vida. De
acuerdo. Yo lo acepté al casarme y estaba dispuesta a llegar hasta el sacri-
315 ficio en aras de la armonía conyugal. Pero yo contaba con que el sacrificio, el renunciamiento completo a lo que soy, no se me demandaría más
que en la Ocasión Sublime, en la Hora de las Grandes Resoluciones, en el
Momento de la Decisión Definitiva. No con lo que me he topado hoy que
es algo muy insignificante, muy ridículo. Y sin embargo...

PARA COMENTAR

Trabajando en parejas, conteste las siguientes preguntas sobre **Lección de
cocina**. *Justifique su opinión cuando sea necesario. Luego puede comprobar
sus respuestas con las de otros compañeros.*

1. No hay ninguna descripción física de la mujer ni de su marido en el
   cuento; ¿cómo se los imagina usted?

2. ¿En qué circunstancias conoció la narradora a su marido? ¿Puede
   compararlas con la forma en que usted conoció a su pareja actual o a
   su mejor amigo(a)?

3. En su opinión, ¿qué profesión ejercía la mujer antes de casarse?
   Busque indicios en el texto que respaldan su respuesta.

4. ¿Por qué el color de la carne cruda le recuerda a la narradora su viaje
   de luna de miel? ¿Por qué cree que el color rojo de la carne motiva a
   la narradora a hacer una descripción de ella y su marido en la cama?

5. ¿Cómo cambia el aspecto de la carne según transcurre el cuento?

6. ¿Hubiera sido diferente el cuento si la narradora hubiera sacado un
   trozo de pollo o de pescado de la nevera en vez de "carne especial
   para asar"? ¿Por qué?

7. ¿Cómo entrelaza la narradora sus descripciones de cocina con sus
   pensamientos sobre su marido, su vida y su matrimonio? ¿Son brus-
   cos o suaves los cambios de un tema al otro?

8. Al imaginar su futuro junto a su esposo, la narradora describe "una
   pareja de amantes perfectos", abrazándose. Luego, dice, "aparecerá

en la pantalla la palabra 'fin'." ¿Piensa usted que la narradora realmente cree en el futuro que acaba de describir? ¿Cuál piensa usted que será el destino de la pareja?

PARA ESCRIBIR

A. Vocabulario

En grupos de tres o cuatro estudiantes, dividan el cuento en tres o cuatro secciones, de modo que cada integrante del grupo tenga una sección de aproximadamente el mismo largo. Cada uno debe seguir luego estos pasos:

1. Haga una lista de las palabras de su sección que no entienda o que piense que pueden ser problemáticas para otros miembros de la clase. Deje espacio para anotar las definiciones de cada palabra, como se indica en el paso 2.

2. Busque la definición de cada palabra en el diccionario y anótela en el espacio correspondiente.

3. Reúnase nuevamente con su grupo. Comparta su lista con los demás integrantes del grupo. Formen una "lista maestra" de grupo. Léanle la lista (sin las definiciones) al resto de la clase.

4. Siga con su lista de grupo la lectura de las listas de los otros grupos para saber cuáles son las palabras que tienen las listas en común y cuáles son las que faltan.

5. La clase deberá decidir cuáles son las palabras de todas las listas leídas cuyas definiciones son necesarias para una mejor comprensión del cuento, a fin de hacer una "lista maestra".

6. Uno o dos estudiantes escribirán esa "lista maestra" en la pizarra para hacer un glosario en el mismo orden que aparecen las palabras en el texto.

7. Relea el texto, usando el glosario para poder entender más a fondo el cuento.

8. Comente con otros(as) compañeros(as) cómo el glosario de clase lo ayudó en su lectura.

B. Análisis y explicación

Escoja una de las siguientes citas y explíquela dentro de su contexto, con sus propias palabras. Luego, analícela detalladamente, con referencias específicas al texto, en uno o dos párrafos. Comparta su trabajo con otros(as) compañeros(as) e intercambien comentarios sobre lo que han escrito.

1. "¿Purificarme? No tengo asco. Prefiero creer que lo que me une a él es algo tan fácil de borrar como una secreción y no tan terrible como un sacramento".

2. "He de mantener la casa impecable, la ropa lista, el ritmo de la alimentación infalible. Pero no se me paga ningún sueldo, no se me concede un día libre a la semana, no puedo cambiar de amo".

3. "Para la siguiente película me gustaría que me encargaran otro papel. ¿Bruja blanca en una aldea salvaje? No, hoy no me siento inclinada ni al heroísmo ni al peligro. Más bien mujer famosa (diseñadora de modas o algo así), independiente y rica que vive sola en un apartamento en Nueva York, París o Londres. Sus 'affaires' ocasionales la divierten pero no la alteran".

4. "¿Y ahora qué? A esta carne su mamá no le enseñó que era carne y que debería de comportarse con conducta. Además yo no sé de dónde puede seguir sacando tanto humo si ya apagué la estufa hace siglos. Claro, claro, doctora Corazón".

Ensayo

Mercedes Ballesteros es una ensayista, novelista y cuentista española de familia aristocrática, nacida en 1913, en Madrid. Después de estudiar filosofía y letras en la Universidad de Madrid, comenzó a publicar principalmente artículos humorísticos en periódicos y revistas de la época. Sus novelas y
5   cuentos se centran en la mujer y los niños españoles, hacia los cuales Ballesteros muestra gran simpatía. Así se aprecia en el breve ensayo siguiente, donde la escritora hace uso de un fino sentido del humor y de ironía.

Open Air School, *Diego Rivera, 1932. (Lithograph, printed in black composition, 12½″×16⅜″. The Museum of Modern Art, NY. Gift of Abby Aldrich Rockefeller. Photography © 1998 The Museum of Modern Art, NY.)*

ANTES DE LEER

A.   Hagan la siguiente encuesta en parejas. Tomen notas de las respuestas de su compañero(a). Luego, compartan los resultados de la encuesta con otras parejas. Pueden hacer una gran tabla en la pizarra con los resultados de toda la clase.

1.   ¿Cuál ha sido el libro que más le ha impactado, y por qué? Comente sobre el tema, la trama, el mensaje y los personajes.

2.   Qué prefiere leer: ¿cuentos, biografías, historias de misterio, de amor, de ciencia ficción, de aventuras?

3.   ¿Qué autoras ha leído en inglés o español?

4.   ¿Está suscrito(a) a algún club de libros por correspondencia?

5.   ¿Compra libros a menudo? ¿Frecuenta las librerías de libros nuevos o prefiere las de libros usados? ¿Cuál es su librería favorita?

6.   ¿Cuáles son los tópicos que más le interesan?

7.   ¿Marca o señala usted sus libros cuando encuentra una idea interesante?

8.   ¿Les presta sus libros a amigos y familiares?

9.   ¿Se deshace del libro una vez que lo lee? ¿Lo vende, lo regala?

10. ¿Qué opina usted de la gente que bota los libros? ¿Qué otro uso podrían darse a estos libros que no tienen otro destino mejor?

B.   En grupos de tres o cuatro estudiantes comenten lo siguiente. Compartan después sus observaciones con el resto de la clase.

1.   Según su opinión, ¿existen todavía áreas de la vida cotidiana, cultural o profesional que son sólo dominio del hombre, y otras sólo de la mujer?

2.   De sus padres, ¿a quién le gusta más la lectura, a su padre o a su madre? ¿A qué lo atribuye?

3.   ¿Por qué razón se le hacía dificultoso a la mujer en el pasado el acceso a los estudios de nivel superior?

4.   ¿Qué se puede adquirir a través de la lectura y del estudio de libros, además de una profesión o un oficio?

5.   ¿Por qué diría usted que los libros son tan importantes en la vida moderna?

6.   ¿Cuál cree usted que es el futuro del libro, en vista de los rápidos cambios tecnológicos que están ocurriendo?

La mujer y los libros

El índice de analfabetismo femenino entre la clase media española fue muy crecido hasta el pasado siglo. Tan penoso estado de cosas se superó a principios de éste, pero sin mayor provecho. Las mujeres sabían leer, pero no leían. La sirvienta nueva, al llegar a una casa, solía pre-

Alejandra, *Bernadita Zegers*, 1994.

*pasar por las mientes: ocurrírsele, considerarlo
*frac: chaqueta de hombre
*Gustavo Adolfo Bécquer: (1836–1870) poeta español, famoso por su poesía amorosa
*Ramón de Campoamor: (1817–1901), poeta español muy popular en su tiempo
*tirada: serie de palabras
*José de Espronceda: (1808–1842), poeta romántico español
*regirse: guiarse
*a deshora: tarde, no a la hora acordada
*pantufla: zapatilla
*chapado: educado, formado
*acatamiento: respeto, obediencia
*motu proprio: a su manera
*labores de aguja: labores para coser o bordar algo
*osada: atrevida, valiente
*rapar: arrebatar, quitar violentamente

5 guntar qué procedimiento debía usar para limpiar "los libros del señor". No se le pasaba por las mientes* que la señora usase la biblioteca. El libro se consideraba un objeto específicamente masculino, como podría serlo un frac*.

Cierto que alguna que otra dama leía las *Rimas* de Bécquer*, las *Doloras* de Campoamor* y hasta las había tan cultas que se sabían tiradas* de versos de "El tren expreso" de Espronceda*; pero de ahí no pasaban.

Muy culpables de semejante atraso fueron los varones pertenecientes a esa generación que se regía* por el cortés precepto de la "mujer honrada, la pata quebrada y en casa". Y ya se sabe que la mujer española de la clase media es especialmente virtuosa y, en consecuencia, se pasaba el día encerrada, con las zapatillas del marido debajo del brazo por si al rey del hogar se le ocurría venir a deshora* y no encontraba a punto la cómoda pantufla* con la que descansar de sus viriles quehaceres. No hay que olvidarse de que también era peculiaridad muy destacada del marido chapado* a la antigua tener un genio de todos los demonios y si no se le rendía el reverente acatamiento* a que estaba acostumbrado—índice de que la mujer no tenía aún la pata bastante quebrada—se la quebraba él de motu proprio*.

Frotando dorados y haciendo empanadillas y labores de aguja* se le pasaba la vida a la dama de antes, de la cual solía decir su marido con orgullo de sultán "es una santa" y de paso le proporcionaba todos los medios para alcanzar la santidad.

En las casas entraba la prensa, pero ya se sabía que era "el periódico del señor" y la mujer más osada* no se habría atrevido a echarle una ojeada a las noticias. Si alguna se arriesgaba a hacerlo, su esposo la reconvenía rapándole* el papel: "Tú de eso no entiendes", y le daba a cambio una patata para que la pelara.

aguantar la mecha:
soportardolo todo
zurcir: remendar, arreglar
una prenda de vestir con
hilo y aguja

achicharrado: quemado

Después de pasarse la mencionada esposa siglo tras siglo aguantando mecha*, con una resignación y una paciencia que al mismo Job le harían ponerse colorado, llegó un día en que dijo: "Basta". Tiró por la ventana el calcetín que estaba zurciendo* y echó una mirada alrededor para ver qué era eso que les hacía decir a los hombres que la vida era una cosa tan agradable. Cogió un libro, se interesó en su lectura y sólo se decidió a soltarlo cuando la empezaba a ahogar la humareda que salía de la cocina. La pierna de cordero se había achicharrado*; pero la mujer había dado un paso de gigante en el camino de la civilización. El paso de gigante le costó una buena bronca; pero ya se sabe que las broncas alegran la vida del matrimonio.

PARA COMENTAR

*Trabajando en parejas, conteste las siguientes preguntas sobre **La mujer y los libros**. Justifique su opinión cuando sea necesario. Luego puede comprobar sus respuestas con las de otros compañeros.*

1. ¿Por qué, ya sabiendo leer la mujer española a principios de este siglo, no leía o leía poco?

2. ¿Qué significa el dicho "la mujer honrada, la pata quebrada y en casa" según la lectura?

3. ¿Cómo se puede relacionar el acatamiento (obediencia) que el hombre esperaba de su mujer en la casa, con el hecho de que la mujer no tenía acceso a los libros o no tenía la costumbre de leer?

4. ¿Cómo explica usted la siguiente afirmación irónica de Ballesteros: "solía decir su marido con orgullo de sultán 'es una santa' "?

5. ¿Por qué, al empezar a leer con libertad, ha dado la mujer "un paso de gigante en el camino de la civilización"?

6. ¿Hasta qué punto es similar la situación narrada aquí con la que existía o existe en muchos países de Hispanoamérica, o en algunas comunidades de los Estados Unidos?

7. ¿Qué hay detrás de la afirmación "las broncas alegran la vida del matrimonio"?

PARA ESCRIBIR

Lea los siguientes temas. Luego escoja el que le interese más para escribir sobre el mismo. Comparta su trabajo con otro(a) compañero(a) e intercambien comentarios sobre lo que han escrito.

1. Escriba uno o dos párrafos acerca de las características que definían en el pasado a la mujer española de clase media. ¿Cuáles eran las limitaciones impuestas por el matrimonio de entonces? ¿Qué esperaba de ella el esposo?

2. Escriba un párrafo sobre un libro que haya leído en español o en inglés, o que le gustaría leer por recomendación de amigos, de familiares o de reseñas en revistas especializadas.

3. Escriba una breve composición de una a dos páginas sobre el tema: "El estudiante hispano en los Estados Unidos y la importancia de la lectura en español".

III. Mundos hispanos

Mercedes Sosa

Mercedes Sosa ha sido llamada "la voz de América Latina", "la diva del folklore" en Hispanoamérica. Ella es en efecto una de las voces más famosas y personales del continente. Su música es tan poderosa y única que a sus conciertos acude un público de variadas tendencias políticas, al
5 cual seduce apasionadamente su arte.

Mercedes Sosa nació en 1935, en la provincia de Tucumán, Argentina, región de ese país donde se mantuvo la población indígena aun después de la colonización y la independencia. Su padre era un trabajador ocasional y su madre lavandera. En ella confluyeron la san-
10 gre quechua paterna, y la francesa, materna. Fue a partir de 1962 que se dio a conocer en el mundo de la música, con su participación en el

La famosa cantante argentina, Mercedes Sosa.

entonces floreciente movimiento de la nueva canción o nueva trova, de claro tinte político e ideológico. Desde entonces se ha presentado en toda Hispanoamérica, Europa y en los Estados Unidos, con éxito rotundo.

Su música trata principalmente de la injusticia imperante en muchos países de América Latina, y también de la opresión bajo las dictaduras militares, así como de la desigualdad económica y social en su país y de otros del continente. Mercedes Sosa se ha manifestado por un arte en defensa de los derechos humanos y de los oprimidos de cualquier parte del mundo.

Durante la dictadura militar que sufrió Argentina a partir de 1976 Mercedes Sosa continuó cantando en el país, pero su situación se fue volviendo cada vez más precaria y peligrosa, por lo cual decidió abandonar su patria, y exiliarse en Francia y España, en 1979. Por tres años actuó en Europa, llevando su voz y su mensaje al público europeo. Cuando la democracia fue reestablecida en su patria la cantante retornó y su regreso se convirtió en una fiesta nacional.

Mercedes Sosa ha interpretado las canciones de los más distinguidos "trovadores" del continente; entre ellos, Chico Buarque, Milton Nascimento, Silvio Rodríguez, Pablo Milanés, y otros. Sus versiones son justamente famosas, porque tanto letra como música adquieren una nueva y potente dimensión en su voz y personalidad. Su arte conmueve profundamente y traspasa las barreras del idioma, de las ideologías y culturas.

La cantante ya cuenta con más de sesenta años, pero se ha mantenido sumamente activa, y realiza a menudo giras continentales, habiendo estado en diferentes ciudades de los Estados Unidos varias veces. Últimamente, aunque sus convicciones políticas no han cambiado, Sosa ha interpretado canciones más convencionales, de amor—uno de sus últimos discos se titula "Gestos de amor"—, pero con la misma pasión y excepcional creatividad de siempre.

En 1995 Sosa recibió el Premio de Aniversario del Fondo de Desarrollo para la Mujer de las Naciones Unidas (UNIFEM), "People Who Have Moved Us", condecoración que celebra su preocupacion por divulgar la problemática de la mujer en Hispanoamérica, y sus llamados al desarrollo social y al respeto de los derechos humanos en el mundo.

ACTIVIDAD

En grupos de tres o cuatro estudiantes, o individualmente, trate de escuchar grabaciones de Mercedes Sosa o de ver un video de una de sus actuaciones. Algunos de sus álbumes más conocidos son *Mercedes Sosa, en vivo en la Argentina*, y *Escondido en mi país*. Luego, escriba uno o dos párrafos con sus impresiones sobre lo que ha visto o escuchado y léalo en clase. Si trabaja en grupo, combine sus párrafos con los de sus compañeros(as). Podrán así realizar un breve informe en conjunto y presentarlo oralmente en clase.

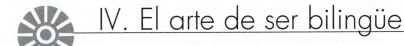

IV. El arte de ser bilingüe

BREVES REPRESENTACIONES TEATRALES

ACTIVIDAD

Basándose en lo leído y comentado en clase a lo largo del capítulo, van a trabajar en parejas para crear diálogos en español basados en las siguientes situaciones redactadas en inglés. Deben seguir estos pasos:

1. Con un(a) compañero(a) de clase, escojan una de las situaciones. Decidan quién va a representar a cada personaje independientemente del sexo de cada uno. (Las mujeres pueden representar a los hombres y viceversa).

2. Lean cuidadosamente la situación escogida y hagan una lista del vocabulario en español que necesitarán para representar esa situación.

3. Escriban entre los dos un bosquejo del diálogo que tendrá lugar entre los dos personajes, dividiéndose entre los dos las palabras anotadas en el paso 2. Tengan en cuenta que algunas de las palabras anotadas pueden ser usadas por ambos(as).

4. Lean individualmente la parte correspondiente al personaje elegido y hagan las correcciones necesarias. Cada uno(a) puede también agregar otros elementos a su parte, si lo considera necesario.

5. Ahora ensayen una lectura del diálogo en pareja. No olviden darle la entonación y los gestos necesarios para hacer "realista" la lectura.

6. Leánle su escena a la clase. Antes de comenzar deberán indicar qué papel representa cada uno, el hombre o la mujer.

7. Presten atención a la lectura de los demás. Se realizará una votación en clase para escoger las dos mejores escenas.

Escena 1: *Your in-laws, who love gourmet food, are coming to dinner and you have an important exam to study for. You had agreed to make a special dinner that evening but suddenly you realize that you need much more time to study. Your partner does not really know how to cook but you need to convince him/her to do the cooking or you won't do well on the test. Your partner refuses even to try because he/she does not want to make a fool of himself/herself. Convince him/her to work it out somehow.*

Escena 2: *You left school in order to marry. You have stayed at home raising three children and they are already going to primary school. Now you want to go back to school to finish your degree. But your partner does not support the idea at all, and there have been arguments about this issue. Your partner thinks you should stay home until the kids start high school. You strongly disagree. Convince your partner of your personal and professional need for self-improvement.*

Escena 3: *Even though you started a full-time job, you have been doing all of the housework. You get home very tired and you have repeatedly asked your partner to do his/her share of the work. Somehow it never gets done, however, and there is always* *an excuse. This situation is poisoning the relationship. Convince your partner of the need to divide the chores. Your partner is going to point out that he/she is overworked, and that he/she cannot do anymore. Get your partner to agree to change his/her stance.*

Escena 4: *You have been denied promotion while one of your close work associates of the opposite sex has been promoted. You think you are being discriminated against because of your gender, and you say it directly to your supervisor, who denies it and says that it is all in your mind. Convince your supervisor that he/she has been unjust.* Use usted *form of address.*

Escena 5: *You have a job interview at a big corporation. You are certain you have the qualifications for this post, but you sense that the interviewer thinks otherwise, judging by the questions he/she is asking you. The position requires extensive travel to Latin America and the ability to make executive decisions on the spot. Convince the interviewer that you meet and surpass the qualifications for the job.* Use usted *form of address.*

V. Unos pasos más: fuentes y recursos

A. PARA AVERIGUAR MÁS

Busque uno de los libros indicados a continuación u otro que su profesor o profesora le recomiende. Escoja un capítulo o una seción que le interese y prepare una lista de tres a cinco puntos principales basados en la lectura. Anote sus impresiones generales. Prepárese para compartir esto oralmente en clase.

La mujer—bibliografía selecta

Castillo-Speed, Lillian. *Chicana Studies Index. Twenty Years of Gender Research, 1971–1991.* Berkeley: Chicano Studies Library Publications, 1992.

Chaney, Elsa M. *Muchachas No More: Household Workers in Latin America and the Caribbean.* Philadelphia: Temple University Press, 1989.

Erro-Peralta, Nora and Caridad Silva-Nuñez, eds. *Beyond the Border: A New Age in Latin America's Women's Fiction.* San Francisco: Cleis Press, 1991.

García Lorca, Federico. *La casa de Bernarda Alba* en *Obras completas.* Madrid: Aguilar, 1993.

Marting, Diane E. *Women Writers of Spanish America: An Annotated Bio-Bibliographical Guide.* New York: Greenwood Press, 1987.

Miller, Francesca. *Latin American Women and the Search for Social Justice.* Hanover: University Press of New England, 1991.

Mujica, Bárbara. *La despedida* en *Nosotras, Latina Literature Today.* Tempe: Bilingual Press/Editorial Bilingüe, 1986.

Navarro-Aranguren, Marysa. *Latin American Feminism.* En *Americas: New Interpretive Essays.* Alfred Stepan, ed. New York: Oxford University Press, 1992.

Partnoy, Alicia. *You Can't Drown the Fire. Latin American Women Writing in Exile*. Pittsburgh: Cleis Press.

Silva-Velázquez, Caridad. *Puerta abierta: La nueva escritora latinoamericana*. México: Joaquín Mortiz, S.A., 1986.

Spanish American Women Writers. New York: Greenwood Press, 1990. (Reference Work).

Autoras hispanas—bibliografía selecta

LATINOAMÉRICA

Allende, Isabel. *La casa de los espíritus*. España: Plaza & Janes, 1983.

Bombal, María Luisa. *La última niebla*. Buenos Aires: Ediciones Andina (5ª edición), 1970.

Cabrera, Lydia. *Cuentos negros de Cuba*. 3ª edición. Miami: Ediciones Universal, 1993.

Castellanos, Rosario. *Álbum de familia*. México: Joaquín Mortiz, 1979.

———. *Meditación en el umbral*. México: Fondo de Cultura Económica,1985.

———. *Oficio de tiniemblas*. México: Joaquín Mortiz, 1972.

———. *Poesía no eres tú: Obra poética 1948–1971*. México: Fondo de Cultura Económica, 1975.

De Vallbona, Rima. *Mujeres y agonías*. Houston: Arte Público Press, 1986

Esquivel, Laura. *Como agua para el chocolate*. New York: Doubleday/Bantam Doubleday Publishing Group, 1989.

Ferré, Rosario. *Antología personal: 1992–1976*. Río Piedras: Editorial Cultural, 1994.

———. *Sitio a Eros*. México: Joaquín Mortiz,1980.

Garro, Elena. *Los recuerdos del porvenir*. Madrid: Ediciones Siruela, 1994.

Naranjo, Carmen. *Mujer y cultura*. Ciudad Universitaria Rodrigo Facio, Costa Rica: Editorial Centroamericana, 1989.

———. *Otro rumbo para la rumba*. Ciudad Universitaria Rodrigo Facio, Costa Rica: Editorial Centroamericana, 1989.

Peri Rossi, Cristina. *El museo de los esfuerzos inútiles*. Barcelona: Seix Barral, 1983.

———. *Otra mirada sobre el mismo paisaje: Encuentro con mujeres escritoras*. Oviedo: Fundación de Cultura/Ayuntamiento de Oviedo, 1995.

Poniatowska, Elena. *Testimonios de una escritora: Elena Poniatowska en micrófono*. En *la sartén por el mango*, editado por Patricia Elena González and Eliana Ortega.

———. *El recado*. En *Cuentistas mexicanos siglo XX*. México: Universidad Nacional Autónoma, 1976, 285–286.

———. *Querido Diego, te abraza, Quiela*. México: Ediciones Era, 1978.

———. *Tinísima*: Novela. México: Ediciones Era, 1992. [Tina Modotti]

Porzencanski, Teresa. *Historias para mi abuela*. 1970.

Somers, Armonía. *La inmigrante*. En *Puerta abierta: La nueva escritora Latinoamericana*. Editado por Caridad Silva-Velázquez y Nora Erro-Orthman. México: 1988, 205–222.

LOS ESTADOS UNIDOS

Álarcón, Norma, ed. *Chicana Critical Issues*. Berkeley: Third Woman Press, 1993.

Álvarez, Julia. *How the García Girls Lost Their Accents*. Chapel Hill: Algonquin Books of Chapel Hill, 1991.

Castillo, Ana. *Massacre of the Dreamers: Essays on Xicanisma*. Albuquerque: Univ. of New Mexico, 1994.

————. *The Mixquiahuala Letters*. New York: Anchor Books, Doubleday, 1992.

Chávez, Denise. *Last of the Menu Girls. Houston: Arte Público Press, 1987*.

Hospital, Carolina, Ed. *Los atrevidos: Cuban American Writers*. Ediciones Ellas/Linden Lane Press, 1988.

García, Cristina. *Las hermanas Agüero*. New York: Vintage Español, 1997. (Publicado originalmente en inglés.)

Mohr, Nicholasa. *Nilda*. Houston: Arte Público Press, 1986.

————. *Rituals of Survival. A Woman's Portfolio*. Houston: Arte Público Press, 1985.

Morraga, Cherríe. *This Bridge Called My Back: Writings by Radical Women of Color,* 1981. [La traducción al español se titula: *Esta puente, mi espalda: voces de mujeres tercermundistas en los Estados Unidos.* Cherrie Moraga y Ana Castillo, Eds. Traducido por Ana Castillo y Norma Alarcón. San Francisco: ISM Press, 1988.]

Obejas, Achy. *We Came All the Way from Cuba so You Could Dress Like This?* San Francisco: Cleis Press, 1994.

Rebolledo, Tey Diana, and Eliana S. Rivero, eds. *Infinite Divisions: An Anthology of Chicana Literature*. Tucson: Arizona University Press, 1993.

Rebolledo, Tey Diana. *Women Singing in the Snow: A Cultural Analysis of Chicana Literature*. Tucson: University of Arizona Press, 1995.

B. PARA DISFRUTAR Y APRENDER

PELÍCULAS EN VIDEO

Con uno, dos o más compañeros(as) de clase, escojan y vean una de las películas recomendadas de la lista a continuación. Consulten las indicaciones dadas en el capítulo 4 para escribir individualmente una breve reseña de un mínimo de dos páginas y un máximo de tres. Entregue el trabajo a máquina. Consulte con su profesor(a) acerca de la posibilidad de un informe oral para la clase.

FILMS

¡Ay Carmela! (España), 1991, 105 min.

Bodas de sangre (España), 1981

Camila (Argentina), 1984, 105 min.

Como agua para el chocolate (México), 1992, 105 min.

Cría (España), 1977, 115 min.

Danzón (México), 1992, 103 min.

De eso no se habla (Argentina), 1994, 102 min.

El nido (España), 1987, 109 min.

Eva Perón, 1996, 97 min.
Fortunata y Jacinta (España), 1969, 108 min.
Frida (México), 1984, 108 min.
La Belle Epoque (España), 1993, 109 min.
La flor de mi secreto (España), 1996, 107 min.
La historia oficial (Argentina), 1985, 110 min.
La mitad del cielo (España), 1986, 127 min.
La regenta (España), 1974, 90 min.
Las flores amarillas en la ventana (Argentina)
Lucía (Cuba), 1985, 160 min.
Mujeres al borde de un ataque de nervios (España), 1988, 88 min.
Retrato de Teresa (Cuba), 1979, 119 min.
Secretos del corazón (España)
Susana (España), 1951, 87 min.
Tristana (España), 1970, 98 min.
Viridiana (España), 1961, 1980 (VHS), 90 min.
Yo, la peor de todas (México), 1990, 107 min.

DOCUMENTALES

Women of Latin America. Serie bastante nueva de 13 videos disponibles en español o en inglés, que nos deja ver cómo es la vida en diferentes países de Latinoamérica. Producido por RTVE, cada video dura 58 minutos. Distribuición: *Films for the Humanities.*

In Women's Hands. 60 minutos. Video de la serie de 10 videos llamada *Americas,* televisada en PBS. Narrado por Raúl Juliá. Para más información, llamar a *The Annenberg/CPB* (1-800-LEARNER).

Miss Universe in Perú. 32 minutos, 1986. Sobre el concurso de belleza de 1982, muestra los grandes contrastes que existen en la sociedad peruana: la belleza del concurso se opone a la pobreza y la miseria de la mayoría de las mujeres. Para más información, llamar a *Women Make Movies* (212-925-0606).

Women of Hope: Latinas abriendo camino. 29 minutos. Trata de los logros de mujeres latinas de los Estados Unidos. Entre las mujeres que hallamos en el filme están: la puertorriqueña congresista Nydia Velázques; la escritora chicana Sandra Cisneros y muchas más. Contiene mucha información histórica. Producido por el *Bread and Roses Cultural Project* y distribuida por *Films for the Humanities.* En inglés.

The Status of Latina Women. 26 mins. Explora las diferencias entre las latinas de Estados Unidos y las mujeres de Latinoamérica. Distribuido por *Films for the Humanities.* En inglés.

Recursos de la red (WWW)

Si desea explorar la red, vaya a http://www.wiley.com/college/nuevosmundos, donde encontrará una lista de sitios relacionados con el tema de este capítulo.

Capítulo Ocho

Nuevos mundos del futuro

Muchos estudiantes de periodismo adquieren experiencia en publicaciones como el Diálogo, de Puerto Rico. (Foto cortesía DIÁLOGO-UPR por Ricardo Alcaraz Díaz.)

Tanto el World Wide Web como el uso de la computadora para escribir y mandar artículos por correo electrónico, ya forman parte de una tecnología indispensable para los que trabajan en los diversos medios de comunicación.

Para entrar en onda

Para ver cuánto sabe del tema del capítulo, responda a este cuestionario lo mejor que pueda. Escoja la respuesta apropiada. Luego compruebe sus conocimientos, consultando la lista de respuestas que aparecen invertidas al pie de este ejercicio.

1. María Hinojosa es
    a. una destacada especialista en tecnología.
    b. una conocida periodista del programa "Latino USA" de *National Public Radio.*
    c. una famosa novelista y dramaturga mexicana.

2. Es posible tener acceso a noticias en español las veinticuatro horas del día por medio de la computadora.
    a. verdadero   b. falso

3. *Televisa* es una de las la productoras de televisión más grandes del mundo y forma el conglomerado más importante de medios de comunicación en español.
    a. verdadero   b. falso

4. Editorial América, que publica las revistas *Vanidades, Hombre, Mecánica Popular,* y *Cosmopolitan en español,* está ubicada en
    a. Nueva York.   c. Los Ángeles.
    b. El Paso.   d. Miami.

5. Oprah Winfrey dice que ella es la "Cristina en inglés", refiriéndose a Cristina Saralegui, conductora del programa el *Show de Cristina.*
    a. verdadero   b. falso

6. ¿Qué universidad estadounidense (fuera de Puerto Rico) ofrece una maestría (*masters degree*) en periodismo en español?
    a. La Universidad de California en Los Ángeles
    b. La Universidad de Nuevo México en Albuquerque
    c. La Universidad Internacional de la Florida en Miami
    d. No se otogran títulos de periodismo en español en los Estados Unidos

Respuestas: 1b, 2a, 3a, 4d, 5a, 6c

I. Conversación y cultura

¡Extra! ¡La prensa latina en internet!

¿Le gustaría poder leer la edición eléctronica del periódico argentino llamado *Clarín* o prefiere leer *La Nación*? ¿Es usted colombiano y quisiera leer noticias de su país diariamente? ¿Sabía que puede leer *El Espectador* o *El Tiempo* (de Bogotá) y muchos más periódicos de Colombia en la red?

5 ¿Es usted cubanoamericano y quisiera aventurarse a leer por curiosidad la prensa sobre Cuba y desde Cuba, y las noticias publicadas en Miami donde hay tantos cubanos? Eche un vistazo a *Cubanews, Notinet, Radio y TV Marti, CubaPress, Granma* y *El Nuevo Herald* (periódico en español del Miami Herald). Si le gusta leer periódicos y revistas y le gusta estar al 10 tanto de lo que ocurre en el mundo, podrá buscar información fácilmente por medio del *Internet.*

¿Planea un viaje a España y quisiera informarse acerca de lo que está pasando en el país antes de partir? Busque *El País Digital, La Vanguardia, El ABC, El Correo gallego,* etc. ¿Su familia es mexicana y quisiera manten- 15 erse en contacto con las noticias de México? ¿Sabía que puede leer fácilmente *El Nacional, El Excelsior, El Diario de Yucatán, La Opinión, El Heraldo de Chihuahua* y muchos más?

Para encontrar rápidamente en el Internet las noticias de periódicos y revistas de Latinoamérica, clasificadas por país, sólo tiene que llegar a la 20 siguiente dirección de la red por medio de su computadora: http://

Las últimas noticias están a su alcance por el World Wide Web—*tanto en español como en inglés. Explore periódicos, revistas y programas de noticias en español por medio del* Internet.

latinworld.com.kiosco.htm. Verá lo fácil que le será leer las noticias del momento de los países que escoja.

¿Ha visto por televisión o ha visitado por computadora la página del programa de entrevistas *America Habla*? Si se conecta con la dirección
25 siguiente, podrá ver a quién han entrevistado, leer entrevistas que se le han hecho a presidentes de Latinoamérica y ver videos del programa. Vaya a: http://www.americahabla.com. ¡Diviértase! ¡Explore nuevos mundos!

MESA REDONDA

A.   En parejas, hagan la siguiente encuesta. Tomen nota de las respuestas de su compañero(a).

1.   ¿Tiene usted acceso al Internet? ¿Cuánto tiempo hace que lo usa?

2.   ¿Lo usa en su casa, en la universidad, o en ambos lugares?

3.   ¿Qué periódicos o revistas lee en la red? ¿Con qué frecuencia?

4.   ¿En qué idioma los lee? ¿En inglés o en español? ¿En los dos?

5.   ¿Tiene sitios favoritos que usa con frecuencia? ¿Cuáles son?

B.   Compartan los resultados de la encuesta anterior con otras parejas para hacer una tabla en la pizarra como se indica en la sección C.

C.   Escriban el número de cada pregunta en la pizarra y calculen un resultado total aproximado de la clase para cada pregunta.

D.   Observen individualmente los resultados de la encuesta. Compartan sus observaciones con la clase.

II. Lectura

Artículo periodístico

John Virtue es originalmente de Canadá. Trabajó con la United Press en Latinoamérica por más de diecisiete años. Vivió entonces en Venezuela, en Brasil y en México. En 1982 dejó el puesto de UPI para asumir el papel de director del diario *El Mundo* en San Juan, Puerto Rico. Es profesor de
5 periodismo y Editor de *Pulso*, publicación sobre periodismo, que realiza la Facultad de Periodismo de la *Florida International University* en Miami, accesible por el Internet: http://www.fiu.edu/edu~imc/pulso.htm.

ANTES DE LEER

Contesten las preguntas siguientes en grupos de tres o cuatro estudiantes. Compartan después sus observaciones con el resto de la clase.

1.   ¿Aproximadamente cuánto tiempo por semana usa una computadora semanalmente? ¿Para qué la usa? ¿Para buscar información? ¿Para escribir?

Los estudios televisivos de la cadena multinacional ECO. Las noticias ECO se ven por todo Latinoamérica y en los Estados Unidos.

2. ¿Usan computadoras sus padres? ¿Otros familiares? ¿Amistades? ¿Profesores o profesoras? ¿Cree usted que las usan en forma adecuada? ¿Por qué?

3. ¿Cómo trata usted de mantenerse al tanto de lo que ocurre en el mundo y en su comunidad? ¿Con qué frecuencia escucha las noticias por radio o televisión en inglés o en español? ¿Tiene algunos programas de noticias preferidos? ¿Tiene locutoras o locutores favoritos? ¿Cuáles son y por qué?

4. Si ha tenido la oportunidad de ver o escuchar los programas de noticias en inglés y en español, ¿qué parecidos y diferencias ha notado en cuanto a formato, estilo, calidad y contenido? Sea específico(a) en su respuesta.

5. ¿Qué papel piensa que va a desempeñar la computadora en la vida de sus hijos? ¿Cree que usted va a poder mantenerse más o menos al día con los adelantos tecnológicos que se producen a pasos gigantescos? Piense en cómo el teléfono, la máquina de fax, los teléfonos inalámbricos (celulares), los comunicadores vía satélite (los *beepers*), el correo electrónico y el uso de las computadoras en la casa y en el trabajo han impactado nuestra vida.

El futuro del periodismo[1]

Mientras que la prensa escrita apenas está sumergiendo la punta de los pies en las aguas de la prensa electrónica, la radio y la televisión han navegado siempre en ellas y prometen ser cada vez más poderosas.

5 Tengo una colega costarricense que vive en una granja solitaria a dos horas de San José, a donde no llega ningún repartidor de periódicos.

La comunicación de los nuevos mundos del futuro.

En los alrededores de la finca tampoco hay tiendas ni quioscos donde conseguir un ejemplar. Sin embargo, está más enterada de lo que ocurre en San José y en el mundo que muchos costarricenses.

Para saber cómo andan las cosas en el ámbito nacional, lee la página
10 de *La Nación* en Internet, desde su computadora personal, y escucha la radio. Las noticias internacionales las ve en televisión gracias a una antena parabólica que recibe señales vía satélite.

Si en lugar de ahora, hubiera vivido en esa granja hace cincuenta años, la radio hubiera sido su único medio de información. Y, setenta y
15 cinco años atrás, habría estado completamente ignorante de lo que ocurría más allá del portón de su finca: sin periódico, sin radio, sin televisión.

Hoy en día, mi colega está sacándole partido al más reciente adelanto en los medios de comunicación. ¿Pero qué le depara el futuro a los periódicos, a los medios electrónicos de prensa y al público que utiliza
20 estos servicios?

Echemos un vistazo a lo que algunos expertos auguran.

La cantidad de periódicos que, como *La Nación*, han abierto páginas en Internet, es un signo positivo de que los dueños de medios de prensa y los editores están conscientes de que la industria debe adaptarse a los
25 cambios revolucionarios que están produciéndose en las comunicaciones. Aun así, algunos expertos se cuestionan si la cultura del periódico es lo suficientemente adaptable como para adecuarse a los retos del siglo XXI.

"A la industria del periódico nunca le han gustado los cambios. Por el contrario, los ha mirado con recelo", afirma John Katz, exproductor
30 ejecutivo de CBS News. "En el fondo, los periódicos han sido renuentes a cambiar debido a la arraigada creencia de que son medios superiores, serios y valiosos, mientras que consideran a los medios electrónicos como triviales y corrientes".

John M. Eger, director del Centro Internacional para las Comunicaciones, de la Universidad Estatal de San Diego, asegura que los diarios han tratado de cambiar. "El problema es que los cambios están ocurriendo tan rápidamente, que la función básica del medio de prensa tradicional ha sido ignorada", escribió en una nota publicada en el *San Diego Union*. "La mayoría de los diarios y las revistas, por ejemplo, simplemente tratan de digitalizar el producto existente y entregarlo así mismo para su uso *on line*. Pero de esa manera no sirve".

Eger afirma que el mundo de los medios de comunicación *on line* es un medio completamente nuevo, y sus usuarios son "una audiencia impaciente e intolerante" que demanda una nueva visión y un nuevo producto. "El problema es que los periodistas no están en control de sus destinos", dijo.

Para la mayoría, más que tomar la iniciativa, la industria de la prensa escrita ha sido forzada a reaccionar. Una excepción fue Knight-Ridder, la compañía que publica el *Miami Herald*. En los ochenta y principios de los noventa invirtieron más de cincuenta millones de dólares en *Viewtron*, un nuevo sistema de vídeo interactivo. Básicamente la idea consiste en que el usuario puede decidir el contenido de su diario electrónico, utilizando incluso una computadora portátil en la habitación de un hotel.

"La prensa escrita no recuperará su posición dominante en los Estados Unidos—ni en ningún otro país—aferrándose a sus prácticas tradicionales", dijo Roger Fidler, director del laboratorio de diseño de información de Knight-Ridder en Boulder, Colorado, en un artículo reproducido en *Pulso* en 1993. "Lo que los periódicos necesitan con desesperación es una nueva visión para el siglo XXI, algo que no dependa del papel impreso".

Fidler predijo la aparición de un periódico electrónico portátil del tamaño de una revista corriente, de un poco más de medio kilogramo de peso, con una pluma que permitiría al lector escribir en el propio panel y hasta llenar crucigramas. Fidler les pidió a los lectores que trataran de imaginarse cómo recibirían las noticias en el 2010.

"Mi panel ha sido diseñado para que busque las noticias que me resulten de interés en todos los medios de prensa disponibles. Las páginas, que se asemejan a las de un diario tradicional, se despliegan a la mitad de su tamaño para que pueda echarle una mirada rápida a los titulares y fotografías. Puedo pasar las páginas sin estirar los brazos, lo único que hago es tocar la esquina de la página".

Por una decisión de tipo económico, Knight-Ridder tuvo que cancelar Viewtron el año pasado.

Pero el nuevo tipo de periódico que Fidler predijo en la pantalla de una computadora es el modelo que los periódicos han adoptado para Internet desde 1994. Sin embargo, la manera como se escriben y se editan los artículos tendrá que cambiar, pues la mayoría de los lectores serán personas acostumbradas a la televisión, que mantienen la atención en la palabra escrita por un período más corto.

Owen Youngman, director de prensa interactiva del *Chicago Tribune*, dijo a *Editor & Publisher* que es posible que ninguna noticia tenga más de veinticuatro líneas. "Si usted cree que a los lectores no les gustan los 'pases de página', piense entonces cómo se sentirán cuando tengan que lidiar con algo parecido", afirmó.

85   Ruth Gersh, director de los servicios de medios de comunicación múltiples de Associated Press, cree que la manera como el usuario tiene que moverse con la ayuda del cursor dentro de una página de computadora, algo inevitable en el caso de un periódico electrónico, obliga a buscar un estilo de redacción más simple. "El modelo de los medios elec-
90 trónicos funciona bien", manifestó. "Por ejemplo, utilizar los nombres primero, en lugar de al final, utilizar secciones cortas dentro de una misma noticia, repetir nombres porque cuesta más trabajo ir hacia atrás en una página *on line* que darle la vuelta a una página de un diario".

    Kevin McKenna, director editorial de *New York Times Electronic Media*,
95 dijo a *Editor & Publisher* que cree que los periodistas tendrán que comenzar a contar las noticias en serie, utilizando segmentos de 400 a 500 palabras.

    Steve Isaacs, exdirector de periódico, dijo a su propia publicación que el periodista de Internet tendrá que ser una persona experimentada, tanto en la prensa escrita como en la electrónica. Según opina, este tipo
100 de profesional de la prensa tendrá que valerse de todos esos conocimientos para poder entrar en algo llamado "multimedia". "Como el mismo telégrafo dio lugar a la invención de la pirámide invertida, es cierto que el nuevo medio de prensa cambiará el periodismo", aseveró.

    Muchos periodistas han comparado el impacto del nuevo perio-
105 dismo electrónico con el del surgimiento del telégrafo. La pirámide invertida fue creada por periodistas durante la Guerra Civil de los Estados Unidos (1865–70) cuando los corresponsales de guerra enviaban sus notas, utilizando el entonces modernísimo medio de comunicación llamado telégrafo. Pero los corresponsales nunca tenían la certeza de que
110 sus noticias habían llegado a su destino, pues los postes del telégrafo eran blancos militares frecuentes. Por lo tanto, decidieron cambiar el tradicional método cronológico de narrar los hechos y comenzaron a ubicar los elementos más importantes en el primer párrafo. Si tan sólo el primer párrafo llegaba, sus editores dispondrían de suficiente información para
115 sacar la noticia.

    Tanto la radio como la televisión ven Internet no como una amenaza, sino como un medio para continuar su crecimiento. Sólo hay que escuchar el criterio de Sean Silverthorne, en un artículo para *PC Week*:

    "La edad dorada de la radio no pasó hace mucho tiempo. De hecho,
120 podría estar de vuelta. Pero no se moleste encendiendo su radiocasetera. Lo mejor está en Internet, donde la nueva tecnología de compresión está creando todo un espectro de Web Sites que ofrecen ficheros de audio".

    Docenas de estaciones comerciales de radio en los Estados Unidos y Canadá están abriendo páginas en Internet y ofreciendo programas que
125 los oyentes pueden escuchar desde sus computadoras personales [...].

    El próximo gran cambio en la televisión será la transmisión de una señal digital en lugar de la señal analógica que hoy en día se utiliza. La señal digital abaratará el costo de la transmisión y permitirá la operación de más canales. La razón es que, a diferencia de la señal analógica, el sis-
130 tema de señal digital comprime la información, con lo que permite la salida de varios canales en lugar de uno, como hasta ahora.

La industria de la televisión espera que ambas señales coexistirán por un período de diez a quince años. Luego, quienes quieran seguir utilizando sus televisores actuales tendrán que comprar decodificadores digitales.

135   Esa cobertura a elección del usuario crea una amenaza para los diarios actuales y para el papel tradicional de los periódicos comunitarios. Eger, del Centro Internacional para las Comunicaciones, considera que la unidad nacional también podría verse afectada por el nuevo medio en surgimiento. "Se ha dicho que mientras más y más servicios nacionales y

140   locales de éstos dominen el mercado, ofreciendo—como ya lo hacen— más posibilidades a los lectores para tener acceso a cientos de miles de fuentes informativas e informaciones, podría producirse una fragmentación del público que normalmente sigue las grandes noticias que tienden a mantener unida nuestra nación, sirviendo como una suerte de

145   centro de chismografía nacional".

Gerald Flake, un alto ejecutivo de la cadena de periódicos Thomson dijo al *Journal*: "Existen preocupaciones, por supuesto, en cuanto al aspecto ético de ese tipo de periodismo—si *Microsoft* tendrá la misma integridad que *The New York Times*, por ejemplo—pero es un nuevo tipo de perio-

150   dismo. Sin embargo, de seguro los lectores y los televidentes saben cuando alguien ha cruzado la línea ética; cuando, por ejemplo, una compañía comete el pecado periodístico de disfrazar un comercial de noticia".

Todo esto parece bastante alejado de una tranquila granja de Costa Rica. Pero esa granja está dentro de la "Ciudad Global" que concibió Mar-

155   shall McLuhan, el gurú canadiense de los medios de prensa, que murió en 1980, mucho antes de que naciera Internet, pero sabía que algo así iba a surgir.

[1]Los desarrolos en la technolgía avanzan tan rápidamente que algunos datos de este artículo ya son "viejos" puesto que ya se ofrecen servicios interactivos por el Internet. CNN en Español *(http://www.cnnenespañol.com)* por ejemplo, es una magnífica fuente de noticias de último momento, disponible las veinticuatro horas.

PARA COMENTAR

Trabajando en parejas, conteste las siguientes preguntas sobre **En un barrio de Los Angeles.** *Justifique su opinión cuando sea necesario. Luego puede comprobar sus respuestas con las de otros compañeros.*

1.   ¿Cómo es que la colega costarricense del autor puede mantenerse totalmente al día acerca de lo que ocurre en el mundo, aun viviendo en un lugar apartado y aislado?

2.   Según el artículo, ¿en qué se diferencia leer las noticias por el Internet de leer las noticias en el periódico? ¿Qué ventajas tiene leer las noticias por medio de la computadora? ¿Y por medio del periódico? ¿Desventajas?

3.   Sólo alrededor de un 12% de la población de Latinoamérica tiene teléfono. ¿Cómo cree que esa situación pueda afectar el desarrollo económico, los medios de comunicación, los negocios y el comercio internacional?

4. ¿Cómo se compara, en su opinión, el uso de tecnología en los Estados Unidos con el de Latinoamérica? ¿Quiénes tienen más acceso a la tecnología y a la información y qué lo facilita?

5. ¿Cree que la falta de teléfonos de unos y el acceso a la tecnología de otros pueda crear un abismo más profundo entre las clases sociales en Latinoamérica?

PARA ESCRIBIR

Lea los siguientes temas. Luego escoja el que le interese más para escribir sobre el mismo. Comparta su trabajo con otro(a) compañero(a) e intercambien comentarios sobre lo que han escrito.

1. Imagíne que tiene un pariente, o un(a) amigos(a) que le huye a las computadoras. Escríbale una breve carta personal para tratar de convencerlo(la) sobre los aspectos positivos que tienen las computadoras. No se pase de 150 palabras.

2. Imagíne que usted ha tenido varios "desastres" con la computadora y no se quiere arriesgar a tener ni una sola crisis más. Escriba una carta de una a dos páginas por correo electrónico a su amigo(a) experto(a) en computadoras, explicándole lo que le ha pasado. Dígale también por qué usted no quiere usar más ni el Internet ni la computadora.

La conexión latina

Mientras Internet duplica su tamaño todos los años, los servidores latinoamericanos se triplican en ese mismo período

POR LUIS MANUEL DÁVILA

De entrada, es preciso dejar claro que es imposible—sí, totalmente imposible—medir el tamaño de Internet, o saber a ciencia cierta cúantos usuarios hay en sus mares. Pero la manía humana por las cifras no escapa de la red de redes. Aproximaciones sobran, pero quizás la más exacta de todas ellas
5 se encuentra en *Network Wizards*, una compañía que semestralmente realiza un estudio estadístico de los servidores conectados a Internet. "Consideramos que los números presentados en este estudio de dominios es razonablemente un buen calculo del tamaño mínimo de Internet. No podemos decir si hay servidores o dominios que no pudimos localizar" advierte el
10 reporte de *Network Wizards* antes de pasar a los números.

El estudio en cuestión mide la cantidad de servidores—una máquina con una dirección IP—conectados a Internet de acuerdo con los nombres de dominio. En julio de 1996, cuando se realizó el último estudio, había en la red 12,88 millones de servidores, de los cuales aproximadamente el
15 0,8% estaban localizados en América Latina. En Venezuela se encontraban apenas el 0,0013 por ciento de los "hosts" que conforman la red.

En estas cuentas los seis primeros lugares estaban ocupados por los dominios .com (25,8%), .edu (16,4%), .net (9,55%), .uk (4,5%), .de (4,25%), y .jp (3,85%). Se trata de nombres comerciales, educativos, de redes, del Reino Unido, de Alemania y de Japón, en ese orden. Pero hay que ver los datos en perspectiva. Hace dos años, los nombres relacionados con América Latina ocupaban apenas el 0,5% del total de Internet, lo cual implica un crecimiento sustancial en el número de servidores en la región. Los ocho países más activos de la región—Brasil, México, Chile, Argentina, Colombia, Costa Rica, Perú y Venezuela—sumaban en julio de 1996 la nada despreciable cifra de 101.156 máquinas.

En julio de 1995 ese guarismo era de 34.216 servidores, lo cual muestra una multiplicación por tres en el número de "hosts" pegados a la red de redes. Así mientras Internet duplica su tamaño entre doce y quince meses, los servidores latinoamericanos se triplican en ese mismo período.

Quiénes y en dónde

La carrera de Internet en la tierra del realismo mágico ha tenido grandes impulsos. Argentina pasó de 248 servidores hasta 9.415 entre julio del 94 y julio del 96. Colombia creció de 144 hasta 5.265 "hosts" en el mismo período. Brasil saltó de 5.896 a las 46.854 máquinas también en dos años. Perú brincó de escasos 42 "hosts" hasta los 2.269 en las mismas fechas.

En Venezuela el despegue ha sido lento, si se compara con sus vecinos. En julio de 1994 había 399 servidores por estas tierras. Pasados dos años se encuentran 1.679 un crecimiento interanual del 100 por ciento, que no dice mucho respecto a los grandes brincos cibernáuticos de Argentina, Colombia, Brasil y Perú.

Medidos en número de servidores, el "ranking" del Internet latino quedaría así: Brasil, México, Chile, Argentina, Colombia, Costa Rica, Perú y Venezuela. Pero las cifras engañan. Entre el país carioca y la nación azteca se concentran el 65 por ciento de los latinoamericanos, lo cual, evidentemente, los hace cantidades para los primeros lugares cuando vemos las cifras en bruto.

Damos entonces vueltas a los números. Haciendo una relación entre el número de habitantes y la cantidad de servidores se obtienen datos más digeribles. Hechas la cuentas, el nuevo "cuadro de medallas" es como sigue: Chile, Costa Rica, Brasil, Argentina, México, Colombia, Perú y, de nuevo de última, Venezuela.

Con sus catorce millones de habitantes y 13.239 servidores repartidos por su angosta geografía, el país austral se sitúa a la cabeza de los latinoamericanos. Algunos datos empíricos confirman esta posición: el único servidor de IRC de toda América Latina se encuentra en Chile.

Poniendo la lupa en otro ángulo, una mirada al "valor agregado" sirve como excusa para llevarnos hasta las páginas del archipopular *Yahoo!* en donde existe una categoría para almacenar las páginas de cada país. Si bien es cierto que no se trata de un índice completo y que las páginas que tienen que ver, por ejemplo, con Perú, no están necesariamente alojadas en servidores de la nación inca, constituye una buena aproximación (otra vez esa palabra) del valor agregado Web hecho desde esta parte del Sur.

Viendo las cosas así, Costa Rica ocupa el primer lugar, con 226 páginas producidas entre sus 3,5 millones de habitantes. En la cola siguen México, Chile, Brasil, Argentina, Venezuela, Perú y Colombia.

¿Y los latinonautas?

El número de usuarios es un dato que admite las mayores aproxima-
70 ciones. Un estudio realizado por la agencia de noticias Inter Press Service
en abril de este año estimaba el número de cibernautas latinoamericanos
en un millón, de los cuales el 70% se ubicarían entre Brasil y México. Un
reporte de Reuters fechado a fines de junio de este año situaba la cantidad de usuarios en 400.000. La mitad de ellos serían mexicanos o
75 brasileros. "En Argentina el número de usuarios de Internet ha pasado de
5.000 hace apenas un año hasta los 50.000" dijo Blas García Moros, director de Mercados Emergentes Latinoamericanos de Microsoft. Sin
embargo se cuidó de aclarar que cualquier estimación del número de usuarios de Internet alrededor del mundo son "simples conjeturas" porque es
80 un dato muy difícil de monitorear.

De hecho, calcular el número de usuarios es una tarea demasiado
compleja. Un servidor puede alojar tanto a un usuario como a 5.000,
pero igualmente sigue siendo un usuario.

Las estimaciones indican que aproximadamente el 0,5 por ciento de
85 la población de América Latina está conectada. En Venezuela, con
alrededor de treinta y cinco mil usuarios surcando el ciberespacio, esa
cifra se reduce al 0,14 por ciento de la población total. Se calcula que el 7
por ciento de los adultos en los Estados Unidos tienen acceso a la *Web*.

El perfil de estos internautas se conforma por una mayoría de hom-
90 bres (superior al 80%), jóvenes y otros relacionados de alguna manera con
el campo de la informática, bien sea a través de universidades o de empresas
privadas. El número de usuarios conectados desde sus hogares a través de
proveedores privados representaría la tercera parte de los usuarios totales. A
nivel mundial, el perfil apunta hacia usuarios de los cuales la tercera parte
95 son mujeres, o usuarios que tienden a pertenecer a la clase media alta y que
están concentrados en centros urbanos de los Estados Unidos, Europa Orien-
tál, Australia, Nueva Zelandia y los países más desarrollados de Asia.

A nivel de proveedores privados del servicio, la revista *Internet World*
maneja *La Lista*, un compendio de *ISP* a nivel mundial. En agosto de este
100 año el dos por ciento de los 3.640 proveedores de *Internet* que hay en el
mundo pertenecían a América Latina. De nuevo, *La Lista* es apenas una
aproximación, porque los *ISP* deben registrarse en ella.

Lo que viene

En América Latina atentan contra *Internet* el número de líneas telefónicas
105 (sólo 11,2% tiene acceso a un teléfono desde su casa), los costos y
algunas condiciones culturales que no son compatibles con la cultura
on-line. "Los mexicanos no se sienten muy cómodos con las compras en
línea. Queremos conocer a la persona que nos está vendiendo algo y
tocar la mercancía" explicaba Alonso Carral, director de *InfoAccess*,
110 distribuidor de los servicios de *Compuserve* en México cuando le tocaron
el tema. Sin embargo, todas las estimaciones apuntan a un crecimiento
sostenido del servicio, al mismo ritmo que lo ha estado haciendo hasta
la fecha.

"Aunque en estos momentos el índice de penetración de Internet
115 en la región es sólo de un 0,5%, se espera que éste se triplique durante
1997 para alcanzar aproximadamente tres millones de usuarios" dijo
Mauricio Santillán, director regional para América Latina en la Cuarta
Conferencia Empresarial Latinoamericana, organizada por el gigante del
software en junio pasado.

120 Hasta ahora cada uno de los países ha dado un gran salto. Probablemente 1997 sea el turno de Venezuela, que según estimaciones tiene por
lo menos doscientas mil computadoras con capacidades para conectarse
de inmediato a Internet.

PARA ESCRIBIR

*En no más de una página a doble espacio, escriba un resumen de la lectura
de **La Conexión Latina**.*

Cuento

Marco Denevi nació en 1922 en Buenos Aires, Argentina. Ha escrito fábu-
las, cuentos, y obras dramáticas. En 1955 se hizo famoso con su primer
libro, *Rosaura a las diez,* una obra policíaca. Ganó el premio *Life* en español por su *Ceremonia Secreta* (1960), una novela. Entre los jueces que lo
5 premiaron estaban Octavio Paz, Federico de Onís, Arturo Uslar Pietri y
otros ilustres escritores. Entre otras obras que Denevi publicó después,

*El escritor argentino Marco
Denevi.*

hallamos *Falsificaciones* y *Hierba del Cielo*. El siguiente cuento es una muestra de su fértil imaginación, que muchas veces recurre a la fantasía en busca de inspiración.

ANTES DE LEER

En grupos de tres o cuatro estudiantes comenten lo siguiente. Compartan después sus observaciones con el resto de la clase.

1. Si tuviera que quedarse con sólo tres de las máquinas y aparatos electrónicos que existen ¿cuáles serían? ¿Por qué?

2. Si pudiera escoger un invento que en su opinión no se debería haber inventado, ¿cuál sería? ¿Por qué?

3. Si pudiera vivir en otro siglo del pasado o del futuro ¿cuál sería y por qué lo escogería?

Apocalipsis

La extinción de la raza de los hombres se sitúa aproximadamente a fines del siglo XXXII. La cosa ocurrió así: las máquinas habían alcanzado tal perfección que los hombres ya no necesitaban comer, ni dormir, ni leer, ni hablar, ni escribir, ni hacer el amor, ni siquiera pensar. Les bastaba
5 apretar botones y las máquinas lo hacían todo por ellos. Gradualmente fueron desapareciendo las Biblias, los Leonardo da Vinci, las mesas y los sillones, las rosas, los discos con las nueve sinfonías de Beethoven, las

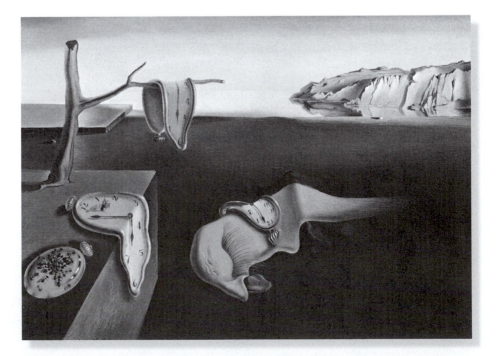

La Persistencia de la Memoria, *1931, Salvador Dalí.*

tiendas de antigüedades, el vino de Burdeos, las oropéndolas, los tapices flamencos, todo Verdi, las azaleas, el palacio de Versailles. Sólo había
10 máquinas. Después los hombres empezaron a notar que ellos mismos iban desapareciendo gradualmente, y que, en cambio, las máquinas se multiplicaban. Bastó poco tiempo para que el número de los hombres quedase reducido a la mitad y el de las máquinas aumentase al doble. Las máquinas terminaron por ocupar todo el espacio disponible. Nadie podía
15 moverse sin tropezar con una de ellas. Finalmente, los hombres desaparecieron. Como el último se olvidó de desconectar las máquinas, desde entonces seguimos funcionando.

PARA COMENTAR

*Trabajando en parejas, conteste las siguientes preguntas sobre **Apocalipsis**. Justifique su opinión cuando sea necesario. Luego puede comprobar sus respuestas con las de otros compañeros.*

1. En la lista de todo lo que va desapareciendo gradualmente del mundo, el autor incluye tanto obras artísticas como objetos de uso diario. ¿Por qué piensa usted que mezcló las dos categorías? ¿Qué logros artísticos incluiría usted en una lista representativa de su generación?

2. ¿Cree usted que siempre controlaremos la tecnología, o que la tecnología terminará controlándonos a nosotros? Explique su respuesta con ejemplos concretos.

3. Piense en el título del cuento. ¿Conoce usted otras versiones del Apocalipsis? ¿Cuáles?

PARA ESCRIBIR

A. Listas breves

En una hoja aparte haga breves listas de lo que se indica en los temas siguientes. Compárelas luego con las de sus compañeros(as).

1. Haga dos breves listas, una de las formas en que la tecnología ha mejorado la situación actual del mundo, y otra de las formas en que la ha empeorado. En su opinión, ¿la tecnología nos brinda más ventajas o más desventajas?

2. Si la clase tuviera que enterrar una cápsula de tiempo, ¿qué incluiría usted para que si algún día alguien la encontrara tuviera una idea de la época en que estamos viviendo actualmente? ¿Por qué?

B. Ensayo

Lea los siguientes temas. Luego escoja el que le interese más para escribir un ensayo de dos a tres páginas.

1. ¿Ha leído a Jules Verne, Aldous Huxley, Ray Bradbury, H. G. Wells u otro autor que haya tratado del futuro? Escoja a uno de ellos y compare su visión del futuro con la que presenta Denevi en su cuento.

2. Compare la versión del Apocalipsis que presenta el cuento con la versión bíblica del mismo. (Deberá leer o releer esa sección de la *Biblia* si escoge este tema.)

3. ¿Cuál es su visión del mundo del futuro? Sitúese en un año determinado, el año 2100, por ejemplo, y use la imaginación para describirlo.

4. La visión de Denevi es pesimista. Use un tono optimista para escribir un cuento corto sobre el mundo del futuro.

Ensayo

Gabriel García Márquez (1928, Colombia) es considerado por la crítica como uno de los novelistas más importantes del siglo XX, no sólo en español, sino en cualquier idioma. Inició su carrera de escritor trabajando como periodista en Cartagena y Bogotá. Su novela más conocida es *Cien*
5 *años de soledad* (1967), un magnífico ejemplo del estilo conocido como realismo mágico. Ganó el Premio Nobel de Literatura en 1982 y ha seguido escribiendo y publicando ininterrumpidamente a través de los años.

ANTES DE LEER

1. En una hoja aparte haga una lista de las 10 palabras en español que usa con más frecuencia. Intercámbiela con un(a) compañero(a).

2. Lea la lista de su compañero(a) y observe las semejanas y diferencias que existen con las palabras que usted ha incluido. ¿Tienen la lista palabras en común? ¿Cuántas? ¿Cuáles son?

Gabriel García Márquez (1928–), el renombrado novelista y periodista colombiano, ganador del Premio Nóbel de Literatura *en 1982. Su novela más conocida es* Cien años de soledad, *la cual se ha traducido a muchísimos idiomas.*

3. ¿En qué situaciones usa usted las palabras incluidas en su lista? ¿Se refieren esas palabras a algún tema especial? ¿A cuál?

4. ¿Tiene usted problemas con la ortografía cuando escribe en español? ¿Y con la gramática? ¿Cuáles? Haga una lista de cuatro o cinco problemas.

5. ¿Qué propondría usted para simplificar la gramática y la ortografía españolas? Haga una breve lista de cuatro o cinco puntos. Intercámbiela con su compañero(a).

6. Proceda de la misma forma que en el punto 2, observando en este caso las sugerencias de su compañero(a).

Botella al mar para el dios de las palabras

A mis 12 años de edad estuve a punto de ser atropellado por una bicicleta. Un señor cura que pasaba me salvó con un grito: ¡Cuidado! El ciclista cayó a tierra. El señor cura, sin detenerse, me dijo: "¿Ya vio lo que es el poder de la palabra?" Ese día lo supe. Ahora sabemos, además, que
5 los mayas lo sabían desde los tiempos de Cristo, y con tanto rigor que tenían un dios especial para las palabras.

Nunca como hoy ha sido tan grande ese poder. La humanidad entrará en el tercer milenio bajo el imperio de las palabras. No es cierto que la imagen esté desplazándolas ni que pueda extinguirlas. Al contrario,
10 está potenciándolas: nunca hubo en el mundo tantas palabras con tanto alcance, autoridad, y albedrío como en la inmensa Babel de la vida actual. Palabras inventadas, maltratadas o sacralizadas por la prensa, por los libros desechables, por los carteles de publicicdad; habladas y cantadas por la radio, la televisión, el cine, el teléfono, los altavoces públicos; gritadas a
15 brocha gorda en las paredes de la calle o susurradas en las penumbras del amor. No: el gran derrotado es el silencio. Las cosas tienen ahora tantos nombres en tantas lenguas que ya no es fácil saber cómo se llaman en ninguna. Los idiomas se dispersan sueltos de madrina, se mezclan y confunden, disparados hacia el destino ineluctable de un lenguaje global.
20 La lengua española tiene que prepararse para un oficio grande en ese provenir sin fronteras. Es un derecho histórico. No por su prepotencia económica, como otras lenguas hasta hoy, sino por su vitalidad, su dinámica creativa, su vasta experiencia cultural, su rapidez y su fuerza de expansión, en un ámbito propio de 19 millones de kilómetros cuadrados
25 y 400 millones de hablantes al terminar este siglo. Con razón un maestro de letras hispánicas en Estados Unidos ha dicho que sus horas de clase se le van en servir de intéprete entre latinoamericanos de distintos países. Llama la atención que el verbo *pasar* tenga 54 significados, mientras en la República de Ecuador tienen 105 nombres para el órgano sexual mas-
30 culino, y en cambio la palabra *condoliente*, que se explica por sí sola, y que tanta falta nos hace, aún no se ha inventado. A un joven periodista francés lo deslumbran los hallazgos poéticos que encuentra a cada paso en nuestra vida doméstica. Que el niño desvelado por el balido intermitente y triste de un cordero dijo: "Parece un faro". Que una vivandera de

la Guajira colombiana rechazó un cocimiento de toronjil porque le supo a Viernes Santo. Que don Sebastián de Covarrubias, en su diccionario memorable, nos dejó escrito de su puño y letra que el amarillo es "la color" de los enamorados. ¿Cuántas veces no hemos probado nosotros mismos un café que sabe a rincón, una cerveza que sabe a beso?

Son pruebas al canto de la inteligencia de una lengua que desde hace tiempo no cabe en su pellejo. Pero nuestra contribución no debería ser la de meterla en cintura, sino al contrario, liberarla de sus fierros normativos para que entre en el siglo ventiuno como Pedro por su casa. En ese sentido me atrevería a sugerir ante esta sabia audiencia que simplifiquemos la gramática antes de que la gramática termine por simplificarnos a nosotros. Humanicemos sus leyes, aprendamos de las lengua indígenas a las que tanto debemos lo mucho que tienen todavía para enseñarnos y enriquecernos, asimilemos pronto y bien los neologismos técnicos y científicos antes de que se nos infiltren sin digerir, negociemos de buen corazón con los gerundios bárbaros, los qués endémicos, el dequeísmo parasitario, y *devuélvamos* al subjuntivo presente el esplendor de sus esdrújulas: váyamos en vez de vayamos, cántemos en vez de cantemos, o el armonioso muéramos en vez del siniestro muramos. Jubilemos la ortografía, terror del ser humano desde la cuna, enterremos las haches rupestres, firmemos un tratado de límites entre la ge y jota, y pongamos más uso de razón en los acentos escritos, que al fin y al cabo nadie ha de leer lagrima donde diga lágrima ni confundirá revólver con revolver. ¿Y qué de nuestra be de burro y nuestra ve de vaca, que los abuelos españoles nos trajeron como si fueran dos y siempre sobra una?

Son preguntas al azar, por supuesto, como botellas arrojadas a la mar con la esperanza de que le lleguen al dios de las palabras. A no ser que por estas osadías y desatinos, tanto él como todos nosotros terminemos por lamentar, con razón y derecho, que no me hubiera atropellado a tiempo aquella bicicleta providencial de mis 12 años.

PARA COMENTAR

Trabajando en parejas, conteste las siguientes preguntas sobre **Botella al mar para el dios de las palabras**. *Justifique su opinión cuando sea necesario. Luego puede comprobar sus respuestas con las de otros compañeros.*

1. ¿Quién casi atropella al autor cuando tenía doce años? ¿Cómo se salvó?

2. ¿Qué quiere decir García Márquez cuando se refiere a haber aprendido "el poder de la palabra"?

3. ¿Por qué cree usted que le gustaría al escritor simplificar la gramática y la ortografía españolas? ¿Está de acuerdo o no? (Puede referirse a los puntos 7 y 8 de **Antes de leer**.)

4. ¿Qué le parece la idea del autor de enterrar la letra h? ¿Por qué cree que esta idea sería o no aceptada?

5. ¿Piensa usted que vamos hacia un lenguaje global? ¿Por qué?

6. ¿Ha tenido usted problemas para comunicarse con hispanohablantes de otros países? ¿Cuáles?

PARA ESCRIBIR

Escriba un breve ensayo de 150 a 200 palabras sobre la importancia que le presta la sociedad al arte de escribir bien. Incluya por lo menos tres razones por las cuales se debería hacer un esfuerzo por mejorar la escritura.

Explique cómo, según su experiencia, se puede mejorar la escritura gradualmente. Refiérase a la importancia que ha tenido la lectura, en inglés o en español, en su caso. Comparta su trabajo con otros(as) compañeros(as) e intercambien comentarios sobre lo que han escrito. Puede corregir su trabajo después de escuchar las observaciones de sus compañeros(as) y antes de entregárselo a su profesor(a).

III. Mundos hispanos

Cristina Saralegui (1948- , La Habana, Cuba) es la conocida periodista del programa de televisión, *El Show de Cristina*, trasmitido cinco veces a la semana desde Miami y visto por más de cien mil millones de personas a nivel internacional, haciéndolo el programa televisivo de mayor audiencia en el mundo entero. Cristina estudió comunicaciones en la Universidad de Miami y muy pronto comenzó a trabajar con Editorial América en revistas tales como *Vanidades* y *Cosmopolitan en español*. En la siguiente selección de su reciente autobiografía, *¡Cristina! Confidencias de una rubia*, cuenta sobre la época de sus estudios universitarios, sobre el desarollo de sus destrezas lingüísticas en español y sobre las variedades léxicas que encontramos en la lengua.

La periodista cubanoamericana Cristina Saralegui, animadora del programa de televisión Cristina. *¿Ha visto el programa alguna vez?*

Me matriculé en la Universidad de Miami, estudiando comunicaciones, con una segunda especialización—lo que los norteamericanos llaman un *minor*—en redacción creativa (o *creative writing*). Durante el último año de estudios, la universidad requería un internado en alguna publicación:
5 todos mis compañeros decidieron hacer este internado en el diario principal de la ciudad, *The Miami Herald*, pero yo quise hacerlo en *Vanidades*, porque me avergonzaba haber perdido tanto el español. Era capaz de hablarlo en la casa pero no de escribirlo, porque es importante aclarar que mi educación fue en inglés.

10   [...]

La directora de *Vanidades* era Elvira Mendoza, una periodista colombiana sumamente inteligente y de un sarcasmo acerbo cuando se trataba de criticar a un empleado.... Aunque Elvira había descartado mi primer artículo durante mi internado, mi salvación fue que al menos le gustaba
15 mi estilo y mi manera de formular las preguntas en las entrevistas. Debido a ello... me asignaba algunos artículos para la revista, por los cuales me pagaba una pequeña suma aparte. Por supuesto, yo los escribía en inglés, y ella a su vez se los mandaba a traducir al jefe de redacción. Un buen día se hartó del procedimiento, porque aquello le estaba costando
20 doble. Veredicto: O aprendía a escribir en español, o no podía seguir en *Vanidades*.

Yo tenía ventitrés años cuando eso. Sin otra alternativa, me senté ante una máquina de escribir, con un diccionario de inglés a español y otro de sinónimos para tratar de redactar un artículo de belleza...y lo
25 escribí en español, aunque posiblemente en un español totalmente inventado por mí. Para mi alivio y desagravio, cuando se lo entregué a Elvira, le encantó. ¡Y me quedé en *Vanidades*! De más está decir que tuve que aprender al trote y sobre la marcha con Elvira Mendoza. Pasé los mayores sustos de mi vida durante esos primeros tiempos, pero
30 permanecí veinte años en esa empresa.

Hoy puedo decir que fue en *Vanidades*, en 1970, donde me inicié en el periodismo. Aprendí a redactar todo tipo de artículos, desde temas de belleza y modas, hasta noticias internacionales. Considero que mi mayor logro durante esa etapa fue la adquisición de un vocabulario panameri-
35 cano, que fue lo que más me sirvió para conseguir el trabajo que ahora desempeño en la televisión.

Vanidades circula en veintitrés países, y en cada uno se habla un español diferente, sin que necesariamente sea el castellano correcto. Siempre me ha maravillado que en algunos de nuestros países la gente
40 piense que ellos son los únicos poseedores de la verdad gramatical y de vocabulario con respecto a nuestro idioma, cuando al español correcto se lo llevó el viento, y ahora se encuentra en las páginas "vetustas" de un gigantesco mataburros* de la Real Academia. Y esto lo menciono para todos los idiotas que se pasan la vida corrigiendo al vecino.

45 Utilizar el vocabulario panamericano consiste, por ejemplo, en poder escribir una receta de cocina de un plato que se come en toda la América Latina, como los *frijoles* en cubano, y saber que en Puerto Rico se les llama *habichuelas*, que en Venezuela se les dice *caraotas*, que en Chile

mataburros: término despectivo y en slang que aquí se refiere al diccionario de la RAE.

se les conoce por *porotos*, y que en México se varía su pronunciación
50 a *frijoles*. ¡Y sólo me refiero a la palabra *frijoles*! Así, durante mis años
en *Vanidades* aprendí a expresarme en un español que no se encuentra
en ningún lado, pero que tiene la enorme ventaja de que todo el
mundo lo entiende. Ahora pienso que ese factor también me ayudó a
convertirme en una buena comunicadora en la televisión. Igualmente
55 aprendí—aunque en privado soy bastante mal hablada—a no decir
determinadas palabras que son obscenidades en otros países; detrás de
mi buró, como si fuese el onceavo mandamiento, colgué la frase NO
COGER. A pesar de que los cubanos y los españoles utilizamos el verbo
en su acepción correcta (como sinónimo de asir, agarrar, sujetar,
60 tomar), en México significa "tener relaciones sexuales". Los mexicanos
utilizan los sinónimos, pero nunca "coger". Ellos no "cogen", y si
"cogen", no lo cuentan. Ahora imagínese nuestra expresión cubana
"coger la guagua", que quiere decir "tomar el omnibus". En Chile
"guagua" significa "bebé". Así que, entre Chile y México, "coger la
65 guagua" quiere decir "tener relaciones sexuales con un bebé". ¡Y ya
bastante se dice de *El Show de Cristina* sin que yo meta la pata debido a
todas estas cuestiones idiomáticas!

ACTIVIDADES

1. Pregunte a un(a) compañero(a) si ha trabajado en alguna revista o
    periódico en inglés o en otro idioma. Si la respuesta es positiva, ¿que
    tipo de trabajo hacía? ¿Ha hecho alguna entrevista en español alguna
    vez? ¿Ha sido entrevistado usted o alguien que usted conoce por
    alguna razón? Cuente.

2. **El show de Cristina** En grupos de tres o cuatro estudiantes o indivi-
    dualmente vea el show de Cristina. Tome notas mientras lo ve acerca
    del desempeño de la conductora del programa y de los puntos más
    importantes del mismo. Escriba uno o dos párrafos con sus impre-
    siones y léalo en clase. Si trabaja en grupo, combine sus párrafos con
    los de los demás miembros del grupo para realizar un informe en
    conjunto y léanlo en clase.

3. **Autobiografía** Siguiendo el modelo de la biografía de Cristina,
    escriba su propia biografía. Incluya los siguientes puntos:
    a. Lugar de nacimiento y estudios realizados.
    b. Sus conocimientos de español y la utilidad que tuvieron en su
        primer trabajo (si necesitó emplearlo).
    c. Algún episodio gracioso o importante de su primer trabajo.
    d. Los logros que ha tenido en su vida hasta ahora. Cómo sus
        conocimientos de español lo(la) han ayudado para obtener esos
        logros.
    e. Cómo piensa seguir practicando y desarrollando sus conocimien-
        tos de español después de terminar este curso. Mencione tres acti-
        vidades, como mínimo, que piensa llevar a cabo.

IV. El arte de ser bilingüe

CÓMO PREPARAR UN RESUMÉ EN ESPAÑOL

Si piensa buscar trabajo en el mercado hablante de España, Latinoamérica y los Estados Unidos con personas hispanohablantos, le será necesario poder preparar su resumé (*curriculum vitae*) en español. Para hacerlo necesitará tener en cuenta la información siguiente.

DATOS PERSONALES

Apellido(s):
Nombre:
Lugar de nacimiento:
Nacionalidad:
Domicilio:
Lugar donde trabaja o estudia:
Dirección y teléfono:

PUESTO AL QUE ASPIRA

Estudios realizados y títulos
    (Fechas)   (Diplomas o títulos recibidos)
Experiencia profesional o empleo
    (Fechas)   (Puestos y compañías)

OTROS CONOCIMIENTOS O DESTREZAS

(Es importante decir aquí que usted es bilingüe)

REFERENCIAS

(Personas y compañías)

ACTIVIDADES

A. El resumé

1. Lea con cuidado la información anterior. Cópiela luego en una hoja aparte. Trate de completar los datos que se le piden, lo más detalladamente posible.
2. Intercambie lo que ha escrito con un(a) compañero(a). Corrija todos los errores de ortografía, puntuación y gramática de su compañero(a) y devuélvaselo. Intercambie sugerencias.

3. Lea con cuidado las correcciones que su compañero(a) ha hecho. Recuerde que ese resumé puede ayudarlo(la) a obtener el trabajo que usted desea.

4. Pase en limpio la versión final de su resumé.

B. La entrevista

1. Imagine que es el jefe o la jefa de personal de una compañía y que va a entrevistar a su compañero(a) que ha solicitado trabajo.

2. Piense en las preguntas que le haría a su compañero(a), basadas en el resumé que él o ella ha escrito y en el puesto que le va a ofrecer.

3. Piense en las preguntas que le haría a usted su posible empleador y en las respuestas que usted le daría.

4. Ahora represente con su compañero(a) la posible entrevista. Recuerde que cada uno(a) va a turnarse para representar al empleador y al posible empleado.

5. ¡Buena suerte! ¡Ojalá consiga el puesto!

V. Unos pasos más: fuentes y recursos

A. PARA AVERIGUAR MÁS

Busque una de las publicaciones indicadas a continuación, u otras que su profesor o profesora le recomiende. Escoja un artículo en español que le interese y prepare una lista de tres a cinco puntos basados en la lectura. Anote sus impresiones generales. Prepárese para compartirlas oralmente en clase. Si tiene acceso al intrenet, podrá explorar muchas de las siguientes publicaciones por medio de sus sitios en la red.

Periodismo: bibliografía seleccionada

Alcayaga, Cristina. *Agenda de la democracia. Serie: Sección de Periodismo y Ensayo.* México: Publicaciones Mexicanas, 1993.

Argudin, Yolanda. *Historia del periodismo en México.* Con la colaboración de María Luna Argudin. México: Panorama Editorial, 1987.

Cates, Jo A. *Journalism: A Guide to the Reference Literature.* Englewood: Libraries Unlimited, 1990.

González, Aníbal. *Journalism and the Development of Spanish American Narrative.* Cambridge and New York: Cambridge University Press, 1993.

Gutiérrez Palacio, Juan. *Periodismo de opinión, redacción periodística, editorial, columna, artículos, crítica, selección de textos.* Madrid: Parnunfo, 1984.

Henestrosa, Andrés. *Periódicos y periodistas de Hispanoamérica.* México: Publicaciones Mexicanas, 1990.

Iglesias Prieto, Norma. *Medios de comunicación en la frontera norte.* México: Fundación Manuel Buendía: Programa Cultural de las Fronteras, 1990.

Koch, Tom. *Journalism for the 21ˢᵗ Century: On Line Information, Electronic Databases, and the News*. New York: Greenwood Press, 1991.

Martín-Barbero, Jesús, et al. *Periodismo y cultura*. Bogotá: Tercer Mundo Ediciones, 1991.

Ordoñez, Jaime, ed. *Periodismo, derechos humanos y control del poder político en Centroamérica*. San José: Instituto Interamericano de Derechos Humanos, 1994.

Pulso del periodismo. Revista sobre periodismo. Miami: Programa de Periodismo de la Universidad Internacional de la Florida, 1990 (Vol. 1, no 1 (enero/marzo 1990)).

Saez, José L. *Periodismo e independencia en América Latina*. Santo Domingo: Ediciones MSC, 1990.

Sims, Robert Lewis. *El primer García Márquez: Un estudio de su periodismo de 1948–1955*. Potomac: Scripta Humanistica, 1991.

Torres, Micha. *Manual de periodismo ambiental*. San Isidoro: Fundación para la Conservación de la Naturaleza, 1994.

Periódicos

ABC (Madrid, España)
Actualidad Internet (España)
Américas (revista de la Organización de Estados Americanos—OEA)
El Economista (México)
El Nacional (México)
El Espectador (Columbia)
La Nación (Costa Rica)
La Nación (Argentina)
El Nuevo Herald (Miami)
El País (España)
El País (Montevideo, Uruguay)
El Tiempo (Columbia)

Revistas

Newsweek en español
People en español
Selecciones del Readers Digest
Time en español
Vanidades
Hola

 ## Recursos de la red (WWW)

Si desea explorar la red, vaya a http://www.wiley.com/college/nuevosmundos, donde encontrará una lista de sitios relacionados con el tema de este capítulo.

Diccionarios y otros recursos

Alvar, Manuel. Vox. *Diccionario actual de la lengua española.* Barcelona: Vox, 1990.

Bleznick, Donald W. *A Sourcebook for Hispanic Literature and Language: A Selected, Annotated Guide to Spanish, Spanish-American, and United States Hispanic Bibliography, Literature, Linguistics, Journals, and Other Source Materials.* Lanham and London: Scarecrow Press, 1995.

Campos, Juana G. y Ana Barella. *Diccionario de refranes.* Madrid: Espasa Calpe, 1993.

Carbonell Basset, Delfín. *A Dictionary of Proverbs, Sayings, Saws, Adages: English and Spanish / Diccionario de refranes, proverbios, dichos, adagios: castellano e inglés.* Barcelona: Ediciones del Serbal, 1996.

Corominas, Joan. *Breve diccionario etimológico castellano e hispánico.* Madrid: Ediciones Gredos, 1987.

Deneb, León. *Diccionario de equívocos: definiciones, expresiones, frases y locuciones.* Madrid: Biblioteca Nueva, 1997.

Diccionario de expresiones idiomáticas/Dictionary of Idioms. *Inglés-Español/ Español-Inglés.* Londres: Harrap's Books, Ltd., 1990.

Kaplan, Steven M. *Wiley's English-Spanish, Spanish-English Business Dictionary.* New York: Wiley, 1996.

Larousse Concise Spanish-English/English-Spanish Dictionary. *New York and France, 1993.*

Mántica, Carlos. *El habla nicaragüense y otros ensayos.* San José: Libro Libre, 1989.

Martínez de Sousa, José. *Diccionario de ortografía de la lengua española.* Madrid: Editorial Paraninfo, 1996.

Newton, Harry. *Newton's Telecom Dictionary. Spanish / Diccionario de telecomunicaciones.* New York: Flatiron, 1995. Translation by Luis Lazo and Daisy Ardois.

Orellana, Marina. *Glosario internacional para el traductor: Glossary of Selected Terms Used in International Organizations.* Santiago de Chile: Editorial Universitaria, 1990.

Real Academia Española. *Diccionario de la lengua española.* 21 ed. Madrid: Espasa Calpe, 1995.

Seco, Manuel. *Diccionario de dudas y dificultades de la lengua española.* Madrid: Espasa Calpe, 1998.

Smith, Colin, et al. *Collins Spanish-English, English-Spanish Dictionary: Unabridged.* Harper Collins, 1997.

The Oxford Spanish Dictionary. *Spanish-English/English-Spanish.* New York: Oxford University Press, 1997.

Vollnhals, Otto. *Dictionary of Information Technology: English-Spanish, Spanish-English.* Barcelona: Herder, 1997.

LIBROS DE GRAMÁTICA, DE TEXTO Y DE REFERENCIA

Canteli Dominicis, María y John J. Reynolds. *Repase y escriba: curso avanzado de gramática y composición.* New York: John Wiley & Sons, 1994.

Fernández Ramírez, Salvador. *Gramática española. 2da edición. 6 tomos.* Madrid, 1991.

Lapesa, Rafael. *Historia de la lengua española.* Octava edición. Madrid: Gredos, 1980.

Moreno Cabrera, J.C. *Fundamentos de sintaxis general.* Madrid: Síntesis, 1987.

Mozas, Antonio Benito. *Gramática práctica.* Madrid: Editorial EDAF, 1992.

Onieva Morales, Juan Luis. *Fundamentos de gramática estructural del español.* Madrid: Editorial Playor, 1986.

Seco, Manuel. *Gramática esencial del español: introducción al estudio de la lengua.* Madrid: Espasa Calpe, 1994.

Solé, Yolanda R. y Carlos A. Solé. *Modern Spanish Syntax: A Study in Contrast.* Lexington: D.C. Heath, 1977.

EL ESPAÑOL EN ESPAÑA, AMÉRICA LATINA Y LOS ESTADOS UNIDOS

Alvar, Manuel, con la colaboración de A. Llorente y G. Salvador, ed. *Atlas lingüístico y etnógrafo de Andalucía.* Madrid: Arco Libros, 1991.

Alvar, Manuel. *Lenguas peninsulares y proyección hispánica.* Madrid: South American Cooperation Institute, 1986.

Canfield, Lincoln D. *Spanish Pronunciation in the Americas.* Chicago: University of Chicago Press, 1981.

Dalbor, John B. *Spanish Pronunciation: Theory and Practice.* New York: Holt, Reinhart and Winston, 1997.

Entwistle, William J. *Las lenguas de España: castellano, catalan, vasco y gallego-portugués.* Madrid: Istmo, 1982.

Elías-Olivares, Lucía, et al, eds. *Spanish Language Use and Public Life in the United States.* Berlin and New York: Mouton de Gryuter, 1985.

Fontanella de Weinberg, María Beatriz. *El español de América.* Madrid, 1993.

Klee, Carol A. and Luis A. Ramos-García, eds. *Sociolinguistics of the Spanish-Speaking World: Iberia, Latin America, United States.* Tempe: Bilingual Review Press, 1991.

Lapesa, Rafael. *Historia de la lengua española.* Madrid: Gredos, 1986.

Lipski, John M. *El español de América.* Traducido del inglés, publicado por Longman en 1994. Madrid: Ediciones Cátedra, 1996.

Lope Blanch, Juan, ed. *El español hablado en el suroeste de los Estados Unidos.* México: Universidad Autónoma de México, 1990.

Quilis, Antonio. *Tratado de fonología y fonética españolas.* Madrid, 1993.

Roca, Ana and John B. Jensen, eds. *Spanish in Contact: Issues in Bilingualism.* Somerville: Cascadilla Press, 1996.

Roca, Ana and John M. Lipski, eds. *Spanish in the United States: Linguistic Contact and Diversity.* Berlin and New York: Mouton de Gruyter, 1993.

Rosenblat, Angel. *El castellano de España y el castellano de América: unidad y diferenciación.* Caracas: Instituto Andrés Bello, 1962.

Salvador, Salvador, et al. *Mapa lingüístico de la España actual.* Madrid, 1986.

Silva-Corvalán, Carmen. *Language Contact and Change: Spanish in Los Angeles.* Oxford: Clarendon Press; 1994, New York: Oxford University Press, 1994.

———. *Spanish in Four Continents: Studies in Language Contact and Bilingualism.* Washington: Georgetown University Press, 1995.

Sánchez, Rosaura. *Chicano Discourse: Socio-historic perspectives.* Rowley: Newbury House, 1983.

Seco, Manuel y Gregorio Salvador. *La lengua española de hoy.* Madrid: Fundación Juan March, 1995.

Siguan, Miguel. *Multilingual Spain. European Studies on Multilingualism.* Amsterdam: Swets & Zeitlinger, 1993.

——. *España plurilingüe.* Madrid: Alianza, 1992.

Teschner, Richard V. y Garland D. Bills and J. Craddock, eds. *Spanish and English of United States Hispanos: A Critical, Annotated Linguistic Bibliography.* Arlington: Center for Applied Linguistics, 1975.

Zentella, Ana Celia. *Growing Up Bilingual.* Oxford: Blackwell, 1997.

La red en español: direcciones útiles

 Altavista Un buscador (*search engine*) muy popular que permite buscar sitios en muchos idiomas.
http://www.altavista.digital.com/

Diccionario Anaya
http://www.anaya.es/diccionario/diccionar.htm

España hoy: noticias
http://www.ucm.es/OTROS/Periodico

Espéculo: revista literaria (Departamento de Filología Española III, Universidad Complutense de Madrid)
http://www.ucm.es/OTROS/especulo/numero2/index.htm

The Human Language Page Buscador disponible en español, inglés, francés, italiano, etc. Información sobre idiomas, diccionarios, servicios de traducción, lecciones de idiomas por el internet, academias de idiomas.
http://www.june29.com/HLP/

Instituto Cervantes Centro patrocinado por el gobierno español, ofrece una fuente de información cultural y académica. Provee gratuitamente al público libros, videos, y otros materiales educacionales. Número de teléfono en Nueva York: (212) 689-4232. Número de fax: (212) 545-8837.
http://www.cervantes.org/

Internet Resources for Hispanists
http://www.humnet.ucla.edu/humnet/spanport/hisplink.html

Internet Resources for Latin America, Spain, and Portugal
http://www.dizy.library.arizona.edu/users/ppromis/patricia.htm

Langenscheidt's New College Spanish Dictionary (125,000 references)
http://www.gmsmuc.de/english/look.html

La página del idioma español Contiene literatura; el I Congreso de la Lengua, ponencias de Cela, García Márquez, Octavio Paz; debates sobre temas de actualidad y sobre la lengua; una selección de diccionarios digitales; gramática; prensa en español, textos seleccionados por el Departamento de Español Urgente de EFE, enlaces y más.
http://www.webcom.com/rsoca/index.html

Library of Congress
http://lcwb.loc.gov/rr/hispanic/catalog.html

¡Olé! Un buscador (*search engine*) de España.
http://www.ole.com

Online Dictionaries, Translation Sources, and Language Learning Assistance, Florida International University
http://www.fiu.edu/~library/internet/subjects/languages/translat.html

Pulso del periodismo Mecanismos de búsqueda, referencias, datos para negocios, estadísticas, y múltiples otros enlaces útiles para académicos, periodistas, y estudiantes.
http://www.fiu.edu/~imc/recursos.htm

The Wall Street Journal Américas Noticias finacieras en español.
http://www.interactive.wsj.com/americas

Webspañol. Spanish Language Resources on Line
http://www.cyberramp.net/~mdbutler/

Yahoo! En Español Un buscador (*search engine*) muy popular.
http://español.yahoo.com

Otros recursos:
películas y videos

 Film and Video Distributors and Producers Compiled by the library at the University of California, Berkeley. Links to film and video producers and distributors, PBS, Arts in Entertainment, broadcast programming.
http://www.lib.berkeley.edu/MRC/Distributors.html

Web Site Vendor Catalogs A site at the University of Wisconsin which provides multiple links to media information sites at other universities, as well as information about film and video vendors for titles which can be rented or purchased.
http://www.uwm.edu/Library/Info/catalogs.html

Facets Multimedia Phone: (800) 331-6997. Facets Video, 1517 W. Fullerton Ave., Chicago, IL 60614.
http://www.facets.org

Films for the Humanities & Sciences Phone: (800) 257-5126. PO Box 2053, Princeton, NJ 08543-2053.
http://www.films.com

The Mexican Film Resource Page A page of information and links to Internet sources on Mexican cinema.
http://www.wam.umd.edu/~dwilt/mfb.html

Instituto Cervantes Lends videos at the cost of mailing.
http://www.cervantes.org/

Organization of American States (OAS) TV Videos Phone: (202) 458-3985. Offers copies of materials from its video archives, covering culture, history, politics, the arts, and others. Charges only for the cost of duplications, tapes, and mailing.
http://www.oas.org/SP/PINFO/vinfo.htm

Claqueta: Semanario de cine español y latinoamericano
http://www.claqueta.com/n36/pp.htm

Teaching Spanish as a Heritage Language: Recommended Readings

Aparicio, Frances R. "Diversification and Pan-Latinity: Projections for the Teaching of Spanish to Bilinguals." *Spanish in the United States: Linguistic Contact and Diversity.* Ed. Ana Roca and John M. Lipski. Berlin: Mouton, 1991.

———. "La enseñanza del español para hispanohablantes y la pedagogía multicultural." Colombi and Alarcón. 222–32.

Benjamin, Rebecca. "What Do Our Students Want? Some Reflections on Teaching Spanish as an Academic Subject to Bilingual Students." *ADFL Bulletin (Association of Departments of Foreign Languages/Modern Language Association).* 29.1 (Fall 1997): 44–47.

Columbi, M. Cecilia and Francisco X. Alarcón, ed. *La enseñanza del español a hispanohablantes: Praxis y teoría.* Boston: Houghton Mifflin, 1997.

Gutiérrez, John R. "Teaching Spanish as a Heritage Language: A Case for Language Awareness." *ADFL Bulletin.* 29.1 (Fall 1997): 33–36.

Merino, Barbara J., Henry T. Trueba and Fabián Samaniego, eds. *Language and Culture in Learning: Teaching Spanish to Native Speakers of Spanish.* Washington, D.C. and London: The Falmer Press/Taylor & Francis, 1993.

Roca, Ana. "Retrospectives, Advances, and Current Needs in the Teaching of Spanish to United States Hispanic Bilingual Students." *ADFL Bulletin.* 29.1 (Fall 1997): 37–44.

———. *Teaching Spanish as a Heritage Language.* New York: John Wiley & Sons, forthcoming.

Valdés, Guadalupe. "Bilinguals and Bilingualism." *International Journal of the Sociology of Language* (IJSL). 127. no.-(1997): 25–52.

———. "The Teaching of Minority Languages as Academic Subjects: Pedagogical and Theoretical Challenges." *The Modern Language Journal.* 79.3 (Fall 1995): 299–328.

———. "The Teaching of Spanish to Bilingual Spanish Students: Outstanding Issues and Unanswered Questions." Colombi and Alarcón. 8–24.

Valdés, Guadalupe, and Anthony G. Lozano, and Rodolfo García-Moya, eds. *Teaching Spanish to the Hispanic Bilingual in the United States: Issues, Aims, and Methods.* New York: Teachers College Press, 1981.

Mapas

España

MAR CANTÁBRICO

FRANCIA

La Coruña

Santander

San Sebastián

ANDORRA

Santiago

Bilbao

Vitoria

Pamplona

PIRINEOS

León

Burgos

Río Ebro

Río Duero

Zaragoza

Barcelona

Porto

Segovia

Taragona

Salamanca

MENORCA

PORTUGAL

Ávila

Madrid

E S P A Ñ A

MALLORCA

Río Tajo

Toledo

Valencia

IBIZA

ISLAS BALEARES

Lisboa

Río Guadiana

Alicante

Río Guadalquivir

Córdoba

Sevilla

Granada

SIERRA NEVADA

MAR MEDITERRÁNEO

Cádiz

Málaga

Estrecho de Gibraltar

Algeciras

ARGELIA

OCÉANO

ATLÁNTICO

MARRUECOS

| 0 | | 100 | | 200 Millas |

| 0 | | 100 | | 200 Kilómetros |

245

ESTADOS UNIDOS

San Diego
Calexico
Tijuana
Mexicali

Nogales
Heroica
Nogales
Ciudad
Juárez
El Paso

Río Bravo del Nort

Chihuahua

Piedras
Negras
Eagle Pass
Laredo
Nuevo
Laredo
Saltillo
Monterrey
Matamoros

GOLFO
DE
MÉXICO

La Paz

Durango
Zacatecas

Mazatlán

Tampico

Chichén-Itzá
Mérida
Cancún

OCÉANO

Puerto
Vallarta
Guadalajara
Guanajuato
MÉXICO

Uxmal
PENÍNSULA
DE
YUCATÁN
Tulum

Campeche

Colima
Morelia
México
Toluca
Cuernavaca
Puebla
Taxco
Veracruz
Villahermosa
Palenque

PACÍFICO

Jalapa

México

Acapulco
Oaxaca
Tuxtla Gutiérrez

BELICE

GUATEMALA

HONDURAS

EL SALVADOR

Golfo de California

BAJA CALIFORNIA

SIERRA MADRE OCCIDENTAL

SIERRA MADRE ORIENTAL

0   150   300 Millas
0   150   300 Kilómetros

110°   105°   100°   95°   90°

30°   25°   20°   15°

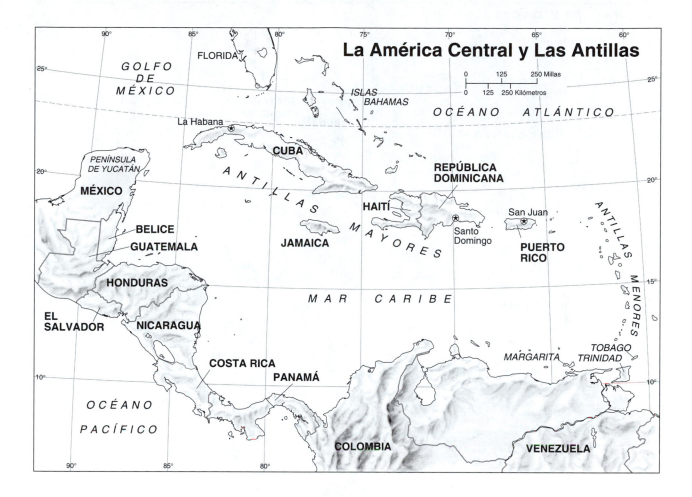

La América Central y Las Antillas

GOLFO DE MÉXICO

FLORIDA

ISLAS BAHAMAS

OCÉANO ATLÁNTICO

La Habana

CUBA

PENÍNSULA DE YUCATÁN

MÉXICO

A N T I L L A S

REPÚBLICA DOMINICANA

HAITÍ

San Juan

ANTILLAS MENORES

BELICE

GUATEMALA

JAMAICA

M A Y O R E S

Santo Domingo

PUERTO RICO

HONDURAS

MAR CARIBE

EL SALVADOR

NICARAGUA

COSTA RICA

PANAMÁ

MARGARITA

TOBAGO TRINIDAD

OCÉANO PACÍFICO

COLOMBIA

VENEZUELA

0   125   250 Millas
0   125   250 Kilómetros

MAR DEL CARIBE

80° 70° 60° 50° 40°

Barranquilla
•Maracaibo
⊛Caracas
10°

Medellín
Río Orinoc
VENEZUELA
GUYANA
GUAYANA
FRANCESA

OCÉANO

Bogotá
SURINAM
ATLÁNTICO

Cali
COLOMBIA

Río Magdalen

⊛Quito
Japurá
Río Negr
Equator 0°
ECUADOR
0°
Putumayo
Río Amazon
Guayaquil
Manaus
•Belém

Iquitos
Marañón

Río Madeira
Tapajós
BRASIL
10°

ANDES
PERU
10°

Lima

Lago Titicaca
La Paz
⊛Brasília

Arrequipa
BOLIVIA

Arica
Lago
⊛Sucre
Río Paraguay
Poopó
Iquique
20°

20°

PARAGUAY
São Paulo
Trópico de Capricorno
Antofagasta
Río Paraná
Río de Janeiro
Trópico de Capricorn

CHILE
Santos

Tucumán
⊛Asunción

ARGENTINA

Córdoba
URUGUAY
30°
30°

OCÉANO
ANDES
Rosario
OCÉANO

Mendoza
Buenos Aires

Valparaíso
La Plata
Montevideo
ATLÁNTICO
PACÍFICO
Santiago
Río de la Plata

Concepción

Bahía Blanca

Puerto Montt

40°
40°

América del Sur

ISLAS
MALVINAS
0   300   600 Millas

0   300   600 Kilómetros

Estrecho de Magallanes

Punta Arenas
Cabo de Hornos
50°

TIERRA DEL
FUEGO
50°

90° 80° 70° 60° 50° 40° 30° 20°

Photo Credits

Chapter 1 Page 1: © 1993 Grant LeDuc/Monkmeyer Press Photo. Page 3: William Powell, *The Discovery of the Mississippi by deSoto,* 1853. (Located at the Rotunda of the US Capitol Building.) Page 7: Peter Menzel. Page 11: Olivia Heussler/Impact Visuals. Page 15: Photo © Henry Cisneros, courtesy Susan Bergholz. Page 18: © Cynthia Farah, courtesy Joshua Odell Editions. Page 22: David Corio/Retna. Page 23: Jaime Colson (1901–1975), *Merengue,* 1938, óleo sobre cartón. Photo courtesy Museo Bellaport, República Dominicana. Page 25: José Gil de Castro, *Simón Bolivar en Lima,* 1825, Courtesy Biblioteca Nacional De Venezuela. Page 26: Diego Rivera (1886–1957), *Flower Day,* 1925. Oil on canvas, $58 \times 47\frac{1}{2}$ inches, Los Angeles County Museum of Art, Los Angeles County Fund. © 1998 Museum Associates. Reproduced with permission.

Chapter 2 Page 33: © Robert Frerck/Odyssey Productions. Page 35: Frida Kahlo, *El Camión,* 1929. Oil on canvas, 26×55 cm. Fundación Dolores Olmedo, Mexico City, D.F., Mexico/Art Resource. Page 36: Michael J. Howell/Gamma Liaison. Page 39: Juana Alicia. *Las Lechugueras,* 1983. Acrylic mural on stucco $30' \times 50'$. All rights reserved. Photo by Tim Drescher. Page 40: Courtesy Rosaura Sanchez. Page 46: Lesly Zavar. Page 48: Rick Gerharter/Impact Visuals. Page 49: Jeane Cummings/Archive Photos. Page 50: Courtesy Georges Borchardt, Inc.

Chapter 3 Page 57: Robert Daniel Ullmann/Monkmeyer Press Photo. Page 59: Ramón Frade, *El Pan Nuestro,* 1905. Óleo sobre lienzo, $60\frac{1}{4} \times 38\frac{1}{4}$ inches. Courtesy Instituto de Cultura Puertorriqueña. Page 60 (top): Hazel Hankin. Page 60 (bottom): P. Schneider/© Redferns/Retna. Page 62: © Robert Frerck/Odyssey Productions. Page 64: Parte del equipo de trabajo de DIÁLOGO, Universidad de Puerto Rico de izquierda a derecha. Hermes Ayala, estudiante redactor. Odalys Rivera, reportera-redactora y Mario Roche, reportero-redactor. Foto cortesia DIÁLOGO-UPR por Ricardo Alcaraz Díaz. Page 67: Courtesy José Olmo and Centro de Estudios Puertorriqueños Archives, Hunter College, CUNY. Page 69: © Frank Cantor. Page 76: Melinda Sue Gordon/ The Kobal Collection. Page 77: Meryl Levin/Impact Visuals.

Chapter 4 Page 81: Lydia Rubio, *The Sacred and the Profane,* 1989. Oil on canvas, 36″ × 36″. Page 83 (left): Courtesy Ballantine Books. Reproduced with permission. Page 83 (right): Courtesy Vintage Books. Reproduced with permission. Page 84: Abbas/Magnum Photos, Inc. Page 85: Mark Lewis/Tony Stone Images/New York, Inc. Page 87: Courtesy University of Miami Library, Coral Gables. Page 90: Prensa Latina/ Archive Photos. Page 93: ©1988 Lazaro Gomez Carriles. Page 95: James Harrington/Tony Stone Images/New York, Inc. Page 98: Frederico Brandt, *Interior con mecedora,* 1931. Óleo sobre carton piedra, 45 × 50; 35 × 30. Colección GAN, Archivo CINAP. Page 99: Ken Probst/Outline. Page 101: Courtesy Camillus House, Inc. Page 104: AP/Wide World Photos.

Chapter 5 Page 109: Ulrike Welsch Photography. Page 111: Mark Antman/The Image Works. Page 112: © Robert Frerck/Odyssey Productions. Page 115: Tomas Svoboda/Gamma Liaison. Page 116: Pablo Picasso, *Guernica.* 1937/Giraudon/Art Resource. Page 118: © Rosaio Castellanos/Efe. Page 120: © Juarn Antonio Fernandez-Oronoz. Page 122: Fotografía de Rogelio Robles Romero Saavedra, cortesia Fundación Frederico Garcia Lorca. Page 125: John Singer Sargent, *El Jaleo,* 1882. Oil on canvas; $91\frac{1}{2}″ × 140″$. Photo courtesy Isabella Steward Gardner Museum. Page 126: Photofest. Page 127: © Christina Garcia Rodero/Vu Agence de Photographes, Paris, France.

Chapter 6 Page 137: Agence France Presse/Corbis-Bettman. Page 139: M. Allemand/Impact Photos. Page 142: Courtesy Amnesty International. Page 143: © Andersen/Gaillarde/Gamma Liaison. Page 144: Courtesy Amnesty International. Page 147: Rupert Garcia, *El Grito de Rebelde,* 1975. © 1998 Rupert Garcia. Photo courtesy of the Rena Bransten Gallery, San Francisco, CA, and the Galerie Claude Samuel, Paris, France. Page 149: David Alfaro Siqueiros, *The Sob,* 1939. Enamel on composition board, $48\frac{1}{2}″ × 24\frac{3}{4}″$. The Museum of Modern Art, New York. Given anonymously. Photograph © 1998 The Museum of Modern Art, New York. Page 151: Photo © Esteban Peréz, courtesy Luisa Valenzuela. Page 153: Peter Menzel/Stock, Boston. Page 154: Fernando Botero, *Self Portrait,* 1994, courtesy Marlborough Gallery, NY. Reproduced with permission. Page 159: Paul S. Howell/Gamma Liaison. Page 162: Photo courtesy Ofelia Muños Castillo, *El Espectador.* Reproduced with permission.

Chaper 7 Page 169: Tina Modotti, *Woman of Tehuantepec,* 1929. Gelatin silver print, $8\frac{3}{8}″ × 7\frac{3}{8}″$. Photo by Lynn Rosenthal, courtesy Philadelphia Museum of Art. Gift of Mr. and Mrs. Carl Zigrosser. Page 171: Frida Kahlo, *Self-Portrait with Cropped Hair,* 1940. Oil on canvas, $15\frac{3}{4}″ × 11″$.

The Museum of Modern Art, New York. Gift of Edgar Kaufmann, Jr. Photography © 1998 The Museum of Modern Art. Page 174: Ted Horowitz/The Stock Market. Page 175: Yolanda M. Lopez, *Portrait of the Artist as the Virgin of Guadalupe,* 1978. Page 180: Miguel Cabrera, *Sor Juna Ines de la Cruz,* 1780. Óleo sobre tel. Photo courtesy Instituto Nacional de Antropología e Historia, Mexico. Page 182: Courtesy Alejandro Alfonso Storni. Page 186: Rogelio Cuellar. Page 188: Fernando Botero, *The Maid,* 1974, courtesy Marlborough Gallery, NY. Reproduced with permission. Page 197: Diego Rivera, *Open-Air School,* 1932. Lithograph, printed in black, composition: $12\frac{1}{2}'' \times 16\frac{3}{8}''$. The Museum of Modern Art, New York. Gift of Abby Aldrich Rockefeller. Photograph © 1998 The Museum of Modern Art, New York. Page 199: Bernardita Zegars/Kactus Foto, Santiago, Chile/SUPERSTOCK. Page 201: Globe Photos, Inc.

Chapter 8 Page 209: Parte del equipo de trabajo de DIÁLOGO, Universidad de Puerto Rico de izquierda a derecha. Hermes Ayala, estudiante redactor, Odalys Rivera, reportera-redactora y Mario Roche, reportero-redactor. Foto cortesía DIÁLOGO-UPR por Ricardo Alcaraz Díaz. Page 211: Courtesy CBS TeleNoticias. Page 211: Courtesy Data Pres Multimedia. Page 213: ECO-Noticias, Televisa Mexico. Page 221: Ernesto Monteavaro. Page 222: Salvador Dali, *La persistance de la mémoire,* 1931. Oil on canvas, $9\frac{1}{2}'' \times 13''$ (24.1 × 33cm). The Museum of Modern Art, New York. Given anonymously. Photograph © 1998 The Museum of Modern Art, New York. Page 224: Timothy Ross/The Image Works. Page 227: Courtesy Cristina Saralegui Enterprises, Inc.

guayaba" and "Ni te lo imagines" from *Cuando era puertorriqueña/When I was Puerto Rican* by Esmeralda Santiago. © 1993 Vintage Books and Esmeralda Santiago.

Chapter 4 "Mi raza" from *Lecturas hispanicas* by José Martí. © 1974. Reprinted with permission of Editorial Edil, Inc.; "Balada de los dos abuelos" by Nicolás Guillén. Reprinted with permission of heirs of Nicolás Guillén and Agencia Literaria Latinoamericana; Excerpts from *Antes que anochezca* by Reinaldo Arenas. © 1992 Tusquets Editores; "La Torre de Babel" by Belkis Cuza Malé. Reprinted with permission of *The Miami Herald.*

Chapter 5 "Calés y payos" by Juan de Dios Ramírez Heredia, from *Aqui si!* by García Serrano et al. © 1993 Heinle & Heinle Publishers. Reprinted with permission; "La Guitarra" and "Canción del jinete" by Federico García Lorca. Reprinted with permission of the heirs of Federico García Lorca and Mercedes Casanovas Agencia Literaria S.C.; Ana Roca and Adriana Buscot, *Workbook/Lab Manual to accompany PERSONAJES* by Klein and Guitart. © 1992 Houghton Mifflin Company. Reprinted with permission.

Chapter 6 "Esperanza," "Pastel de choclo," and "Dos màs dos," from *Pruebas al canto,* by Ariel Dorfman. © 1980 Editorial Nueva Imagen; "Esa tristeza que nos inunda" from *Esa Tristeza que nos inunda.* © 1985 by Angel Cuadra Landrove. Reprinted with permission of the author; "Canción del presidio político" from *La voz inevitable.* © 1994 by Angel Cuadra Landrove. Reprinted with permission of the author; "Los mejor calzados" from *Aqui pasan cosas raras* by Luisa Valenzuela. © 1991 Ediciones de la Flor. Reprinted with permission; "Espuma y nada más" by Hernando Telléz, from *Cenizas para el viento y otras historias.* © 1950, Bogotá; Excerpt from *Me llamo Rigoberta Menchú y así me nació la consciencia* by Elizabeth Burgos. © 1993 by Elizabeth Burgos. Reprinted with permission of Agencia Literaria Carmen Balcells, S.A.

Chaper 7 "¿Iguales o differentes? El feminismo que viene" by Amanda Paltrinieri, from *Nueva,* August 6, 1997; "Tú me quieres blanca," "Peso ancestral," and "Hombre pequeñito," by Alfonsina Storni. Reprinted with permission of Alejandro Alfonso Storni; "Kinsey Report No. 6" from *Meditación en el umbral: Antología poética* by Rosario Castellanos. © 1985 Fondo de Cultura Económica de México. Reprinted with permission; "Lección de cocina" from *Álbum de familia* by Rosario Castellanos. © 1990 Editorial Joaquín Mortíz, S.A; "La mujer y los libros" from *El Personal* by Mercedes Ballesteros. © 1975 by Mercedes Ballesteros.

Chapter 8 "El futuro del periodismo" by John Virtue, from *Pulso del Periodismo.* © 1996 International Media Center. Reprinted with permission; "La conexión latina" by Luis Manuel Davila, from *La Red* (www.ven.net/lared); "Apocalipsis" by Marco Denevi, from *Salón de Lectura.* © 1998 Ediciones Corregidor. Reprinted with permission; "Botella al mar para el dios de las palabras" © 1997 by Gabriel García Márquez, from *El pais digital (www.elpais.com).* Reprinted with permission of